U0138223

王晓明，1955 年生于上海，现为上海大学文化研究系、中文系教授，兼该校中国当代文化研究中心主任。主要从事当代文化分析和中国现代文学与思想研究。

无法直面的人生

鲁迅传

修订本

王晓明 著

生活·讀書·新知 三联书店

Copyright © 2021 by SDX Joint Publishing Company.
All Rights Reserved.

本作品版权由生活·读书·新知三联书店所有。

未经许可，不得翻印。

图书在版编目（CIP）数据

无法直面的人生：鲁迅传／王晓明著. —修订本. —北京：
生活·读书·新知三联书店，2021.1 （2021.11 重印）
（当代学术）
ISBN 978 - 7 - 108 - 06924 - 5

I．①无… Ⅱ．①王… Ⅲ．①鲁迅（1881-1936）－传记
Ⅳ．① K825.6

中国版本图书馆 CIP 数据核字（2020）第 142386 号

责任编辑　冯金红
特约编辑　张　婧
装帧设计　宁成春
责任校对　陈　明
责任印制　董　欢
出版发行　**生活·讀書·新知 三联书店**
　　　　　（北京市东城区美术馆东街 22 号　100010）
网　　址　www.sdxjpc.com
经　　销　新华书店
印　　刷　天津图文方嘉印刷有限公司
版　　次　2021 年 1 月北京第 1 版
　　　　　2021 年 11 月北京第 4 次印刷
开　　本　635 毫米 × 965 毫米　1/16　印张 23.5
字　　数　283 千字　图 11 幅
印　　数　21,001－31,000 册
定　　价　79.00 元
（印装查询：01064002715；邮购查询：01084010542）

1881 年 9 月 25 日，鲁迅在绍兴东昌坊口新台门周家诞生

鲁迅从 12 岁起，在这里读书（左）

鲁迅在日本（右上）

1904 年 4 月，鲁迅于弘文学院速成普通科毕业。这是他的毕业照（右下）

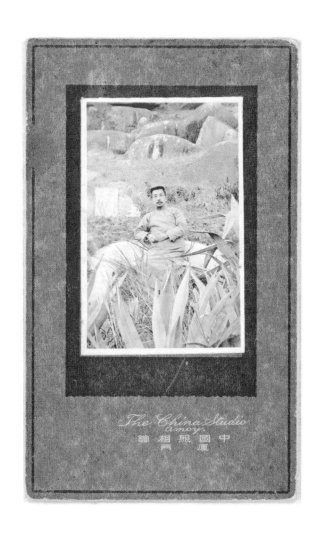

鲁迅在北京（左上）

北京宣武门外南半截胡同"绍兴会馆"（左下）

"我坐在厦门的坟中间"（右）

鲁迅与内山完造合影

53 岁生辰（左）

大病初愈后在大陆新村寓所门前（右）

1936 年在第二回全国木刻流动展览会上

当代学术

总　序

生活·读书·新知三联书店从 1986 年恢复独立建制以来，就与当代中国知识界同感共生，全力参与当代学术思想传统的重建和发展。三十年来，我们一方面整理出版了陈寅恪、钱锺书等重要学者的代表性学术论著，强调学术传统的积累与传承；另一方面也积极出版当代中青年学人的原创、新锐之作，力求推动中国学术思想的创造发展。在知识界的大力支持下，通过多年的努力，我们已出版众多引领学术前沿、对知识界影响广泛的论著，形成了三联书店特有的当代学术出版风貌。

为了较为系统地呈现中国当代学术的发展和成果，我们以上世纪八十年代以来刊行的学术成果为主，遴选其中若干著作重予刊行，其中以人文学科为主，兼及社会科学；以国内学人的作品为主，兼及海外学人的论著。

我们相信，随着当代中国社会的繁荣发展，中国学术传统正逐渐走向成熟，从而为百余年来中国学人共同的目标——文化自主与学术独立，奠定坚实的基础。三联书店愿为此竭尽绵薄。谨序。

生活·读书·新知三联书店

2017 年 3 月

目　录

三 联 版 序

这是第三次为《无法直面的人生——鲁迅传》的中文版写序了。最初是1992年，台北的业强出版社和上海文艺出版社分别印行这本书的繁体和简体字版。其次是2001年，上海文艺出版社换了封面和版式，要出修订版。当时我身在异地，缺乏仔细修订的条件，就只是改正了误植和错讹的字句，又增加一个由5篇长短文字组成的附录，以显示几个在正文中论述不够的方面。所以，2001年的那一版，纸本的样貌气派了许多，实际却只是"再版"，称不上"修订"的。

这一次，三联书店要再出新的版本，我是仔细改了一道了，虽没有在史料上多做增补，论述方面的长长短短的修改，却几乎每一章都有，越到后半部分，改得还越多。段落和字句也有调整，把长段截短，用句号和问号，取代过多的反问号和惊叹号。当年的阴郁和激愤自有其缘由，但我今天觉得，平实的叙述和尽可能不动声色的议论，是更合适的吧。总之，2020年将出的这一个版本，是真修订过的了。

这是一本鲁迅的思想传记。一些在别人眼中饶有趣味、值得细细铺排的事情，我从"思想"的角度来看却觉得意思不大，就都一笔带过，甚至略而不提了；另一些在别的角度上似乎不甚重要、可说可不说的事情，我却盯住不放，即便为此钻进了牛角尖，也不肯退出来。

当初之所以这么来讲鲁迅的生平，并不只是因为，在我动笔之前，已经有了多本堪称全面的鲁迅传记，我要再写新的，就该有所侧重；更是因为，我深信在现代中国，鲁迅不但是最重要的文学家，也是最重要的思想家，[1] 他在诗意的创造上，自是明显高过了几乎全部的同时代人，就是在思想上，在对那个时代的人生和社会的体认上，他也比无数的同时代人，明显高出了许多。我不止一次地对朋友感叹："他怎么能看得这么透？他的很多想法，怎么跟其他人这么不一样？不可理解啊！……"

我现在当然知道了，这份惊叹其实是来自无知。随着对现代早期 [2] 的中国思想的了解一点一点增加，那种觉得鲁迅在思想上也是横空出世的崇拜之心，是逐步消退了：他并非从石头缝里蹦出来的孙悟空，无论衡人看世的眼光，还是立身行事的思路，他大都是其来有自，甚至表现出相当清晰的师承路线的。譬如他早年的五篇滔滔不绝的长文，其中那些令我惊佩的视角和论断，[3] 就多是来自从龚自珍到章太炎一路的思想脉络；他在中年时期稳定成形的"绝望

---

〔1〕 世界各地都有自己的思想，其中只有——主要是——中世纪以后的西方，和18世纪以后全盘西方化了的地方的思想，才越来越以"理论"为主要的表达方式。即便19世纪的俄国，它的最重要的思想，也有很多是在小说里才得到最有力的表达。从这个角度来看，因为鲁迅少有长篇的"哲学"式的思想论述，就觉得他够不上被称为"思想家"，是一种错觉，鲁迅的许多散文和短篇小说，乃至他的复杂的人格和人生历程，都和他那为数不多的论说性的长文一样，可以被视为表达了他的思想的符号文本和生命载体的。

〔2〕 在本文中，"现代早期"是指1870—1940年代。

〔3〕 例如"立人""内曜""伪士当去，迷信可存"和"驱之适旧乡，而不自反于兽性"等论述。

的抗战"的意识，也分明刻着上一代思想家的诸多印痕。⁽¹⁾至于勾勒天下的"大同"式的气魄，书写纲目分明的救世方略的雄心，他更是不如前一辈中的许多人，年岁越长，他似乎越少充沛的激情，再发《文化偏至论》和《破恶声论》那样的宏论了。

应该修正我当初的认识：如果跟上一辈中的佼佼者，例如康有为、严复和章太炎，甚至梁启超相比，在思想的宏阔和开拓方面，鲁迅都是明显不如的，在我所理解的现代中国思想的地图中，他的原来的位置，是应该移动了。

但是，我依然确信，鲁迅的思想，对于整个现代中国，有其不可替代的意义。而且，这"现代中国"不仅是指他那个时代的中国，也包括此刻，乃至以后相当长一段时间的中国。⁽²⁾

可以从多个角度来解释我的确信，但置身如此纷乱的现实，我却只想这么来说：跟他的同辈人相比，更不要说跟直至我这一代的后辈相比了，他的思想的透彻和特别，一直都是那么耀眼，那么逼人！

尽管本书的很多篇幅，都是在描述这个"透彻和特别"，我还是忍不住要借这个短序，再对他的思想的这两个特点，粗略地勾勒几句。

如果问今天的中国人：你怎么判断社会的好坏？大概十个里面有九个，都首先是看"经济"吧？只要 GDP 和工资单上的数字一直往上，我们就会觉得：嗯，这世道挺好！即便有些人关心"政治"

〈1〉　例如严复对于"运会"的"莫知其所由然"的强调、章太炎的"俱分进化"论和杨文会一路从佛学视角展开的历史观念。

〈2〉　我在《现代思想文选》（王晓明、周展安编，上海书店出版社 2013 年初版）的序言中，特别说明过这个判断，就不赘述了。

和"社会",因此对现实多有不满,但看看自己的产权房、旅行机票和特斯拉轿车,多半就也半闭眼睛和嘴巴,不再慷慨激昂了吧。

鲁迅却不是这样。他也看重经济,看重物质,但他判断社会的第一指标,始终都是"人",是这社会中的普遍的"人心"。年轻时候他就断言:一国能不能"立",全看这国的人能不能"立",终其一生,他都坚持这个标准。

这不奇怪,在一般的意义上,人不是别的,就是他所处的环境的产物,是他置身其中的各种社会条件——政治的、经济的、文化的、生态的等——综合作用的结果。反过来也一样,我们的社会或时代会怎么样,通常取决于我们自己大致长成了什么样。

所以,无论从哪一头看,人心的现状和趋向,都是把握社会状况的最可信的依据。制度可以虚设,数据可以伪造,杀鸡取卵或饮鸩止渴,都能造就经济/物质的一时的繁荣,唯有人心,是难以普遍作伪的。大家心里都只顾自己,一心想当缩头乌龟,行动上却互相帮扶、血气方刚:你见过这样的事情吗?

这样的看世界的眼光,自非鲁迅所独有,中国的文化人,从来就讲究"人心"二字,判断世事,品评人物,都往往先从人心入手。我甚至觉得,在前人传下来的人生和政治智慧中,这恐怕是最可珍视的一笔。即便今天,越来越多的中国人已经换用其他的标尺去衡量社会了,一到人际交往的时候,多数人还是在意"人好不好",倘若人品太差,就算官阶和"身价"都很高,还是要被许多人暗暗嫌弃的吧。

当然,"人心"常常显得模糊和抽象,倘是一个唯数据主义者,大概还会觉得这根本就是无从把握的。因为眼力和经验不足而误判人心,也确是常有之事。但这在鲁迅不是问题。他的敏锐善感的文学禀赋,他的逐渐开阔、绝不限于"华夏"的视野,他对读人生与书本所养成的洞察力，他受激于革命时代而澎湃的道德理想，他的因此而几乎终身保持的自我剖析的习惯……这一切都赋予他一种强大的心力，令他不但能见微知著、以小见大，洞察普遍的人心，而且在多数时候，能承受因此涌来的阴暗心绪的重压，不中断对人心的深究。

从这个角度看，聚焦于"人"和"人心"的眼光，是要有相应的思想和精神能力来支持的。这样的眼光能一代一代延续、形成一种传统，就说明后人继续葆有——甚至发展——了这些能力。什么时候这个传统破散了，也就意味着，这些能力正在大面积丧失：从这里，我清楚地体会到鲁迅思想的一层特别的意义。

主要正是这个眼光，成就了鲁迅的思想的透彻。

这不只是说，他常能避开对时势的乐观的误判，尽管有时候，他也跟许多同时代的奋斗者一样，被号称"理性"和"科学"的分析领进了这样的误判。更是说，他能用一系列类似"愚民的专制"这样发人深省的论断，明白地刻画出社会和时代的根本特征。譬如他笔下的"愚民"一词，就指向一个从"精英愚弄人民"到"愚民充任精英"的演变的过程；他的"专制"的概念，更揭示了其"造就愚民"和"靠愚民支撑"这二者的持续的循环：现代的中国人，看了他这样的分析，都会有"真是说透了"的感叹吧？不单是我们这里，看看过去和今天世界上许多地方的政治状况，你会不会觉得这是一个世界性的论断呢？

他的透彻还有一个表现：他能掘进人民的麻木的更下一层，指出那些我们本能地不愿正视的东西，用他的话来说，麻木和顺从的底下，其实多半是"怯懦"，看上去像昏睡，实际却是醒着的，是因为觉得逃生无望，才这么装睡，并因此特别讨厌那些拼命唤醒他们的人。

这当然不是说，在这普遍的人心的深层，就不再有麻木了，那一定是有的，而且堆积得很厚，但同时还有别的：总是消极地判断世事的习惯、不自觉的胆怯和放弃、即便如此也不能完全泯灭的不甘，以及常会发泄错方向的愤怒……是所有这些因素的混杂叠积，构成了现代中国人的精神的底蕴，而在鲁迅看来，这也就是现代中国的社会的底蕴了。

不用说，他的那些当时显得奇怪，却屡屡被以后的事变所证实的时势论，例如"失掉的好地狱"和"进向大时代的时代"，也都是依据这样的深掘而形成的。一旦看清楚整个地基的糜烂，别人再怎么赞叹大厦的亮丽和值钱，他都只能说："它不久就要倒的……"

鲁迅曾这么称赞陀思妥耶夫斯基的透彻，说他不但写出了光鲜底下的污浊，还写出了这污浊底下的"光耀"。[1] 但当刻画中国社会的时候，他的笔锋却总是指向污浊，甚至竭力要揭发出污浊底下的更为不堪的糜烂，可以说，他的思想的透彻，是明显偏向于揭发黑暗的。他当然知道，社会和人心不可能只有黑暗的一面，他有时也大声称赞，说中国人一直都是有"脊梁"的，但他显然相信，社会最需要的不是歌颂和粉饰，而是毫不留情的批判和揭发。他虽然痛恨中国的丑陋，却并不轻看中国，以为它禁不起这样的痛恨，我觉得，这样的不轻看，才是他真正相通于陀思妥耶夫斯基的地方吧。

他没有看错，那个时代的中国社会，摇摇欲坠，百废待兴，却还能够激励和承受他这样的批判和揭发，并没有孱弱到一声刺耳的呼哨就稀里哗啦不可收拾的地步。在这个意义上，鲁迅式的思想的透彻，未尝不可视为社会还是有救的一个证据，哪一天出不了他这样的人了，社会就真是走到尽头了。

明白了鲁迅的透彻，也就能认识他的思想的特别。

首先当然是，我前面也说了，鲁迅的思想不但多半以文学的方

〈1〉 鲁迅：《〈穷人〉小引》，《集外集》，人民文学出版社1959年版，第93页。

式来表达，更是以他一生对黑暗的反抗、以他在这反抗中形成的人格来表达的，有很多时候，他实际怎么行事，和他在各种非公开的文字——例如私人通信——中怎么评述这行事，是比他公开发表的文章，更能表现他思想中较为深刻的部分的。

其次，更重要的，是鲁迅对上一辈人的革命共识的修改。这个共识大体是这样的：社会的病根，在国人的愚昧和孱弱，只有造就新的中国人——梁启超所谓"新民"，才可能造就新的中国和世界，而这造就的第一步，是少数先觉者起而奋斗，以"呐喊"打破"无声"的现实。鲁迅和许多同辈人一样，是自觉地继承这个共识，以之作为自己思想的底色的，而这个继承的关键，是他自视为先觉者，第一代"新"之"民"中的一个，当高声呐喊的同时，也配享因此而生的骄傲。

但是，他那个盯住人心不放的敏锐的眼光，却使他很难一面洞察身外的黑暗，一面却无视这黑暗对自身的侵蚀，毕竟他和阿Q同生于一地，共享"奴隶"的身份。进入中年以后，他对自己内心种种暗影的体察还日渐深入，这使他不得不正视自己的另一重身份，用他的话来说，他不只是"战士"，也是"破落户"。

他不断地用"中间物"一类的通达之论，帮助自己安心于这双重的身份。他更重新给自己定位：虽已从黑暗中反叛出来，却并不属于光明之地，他只是踏在两边的交界线上，用他早先的话说，是"肩住了黑暗的闸门"，让年轻的一代冲入光明。[1] 这话听上去颇为自负，其实却含有一层牺牲的悲哀：肩者再怎么大力，终究是要被闸门压死的。所以他又说，革命的诗人，往往以自己的"沉没"，证实社会的前行。[2]

---

[1] 鲁迅：《我们现在怎样做父亲》，《坟》，人民文学出版社1956年版，第105页。
[2] 鲁迅：《在钟楼上》，《三闲集》，人民文学出版社1958年版，第29页。

鲁迅是为了站稳战士的脚步，才这么曲折地给自己重新定位的，但这个新的定位也会打击战斗的信心：先觉者的身上，尚且这么明暗交织，那黑暗的完全的消灭，势必就很遥远；对于光明世界的疏隔，更容易瓦解奋斗的意志，前途茫茫而还能坚持跋涉，不是一般人做得到的。要想呐喊不懈，他还得在思想上再进一步。

他开始修改从上一辈人继承来的那个共识——并非只因为当初是它引自己走上呐喊的道路，更因为此刻他看来看去，还是这个共识较为切近中国的实况，适宜充任奋斗的依据。

他的修改的关键点，是"先觉者的呐喊"与"新民的完成"之间的关系：严复和梁启超们大多只强调从前者必然抵达后者，把其间的距离说得很短，他却大幅度拉长二者之间的距离，说至少会有一段不短的时间，社会进进退退，人心晦暗不明。他甚至说，将来到底有没有光明，其实是不知道的，而且这也不重要，我们是在黑暗中太憋闷了，才奋起叫喊的……这修改的尺度未免太大，有时候他就退回一步，检讨说"我的思想太黑暗"了。[1]

但唯其如此，鲁迅思想的一个最特别的地方，清楚地表现出来：为了给自己确立一个无论怎么挫败和失望都还能继续抗争的意志，他不惜放弃所有对于外部支援的企求，无论那是来自"同志"，还是来自"未来"；他现在就只从自身发掘抗争的动力，而且这动力主要不是来自乐观的理性，而是来自对身外和心内的黑暗的"憎恶"。这是他从未怀疑过的情感，也是一旦置身如此现实，就不大可能消退的意识，因此，从这当中生长起来的呐喊之心和战士之志，是真正稳固、可以放心倚赖的。于是，他重新命名自己的奋

_____

〈1〉 鲁迅：1925 年 5 月 30 日致许广平信，《两地书》，人民文学出版社 1959 年版，第 62 页。

斗：“绝望的抗战。”[1]

倘说严复、章太炎、梁启超和孙中山那一代人，是以他们的气魄、理想和不羁的想象力，为现代中国勾勒出了一条通向世界大同的振奋人心的道路，鲁迅则为同时和以后无数在这道路上遭遇挫折、心灰意冷的跋涉者，示范了一种自我磨砺、化悲观为动力，坚持前行的可能。越是意识到“悲观”在现代中国人精神世界里的重要地位，我们对鲁迅的这一思想贡献，就越能体会得真切吧。

从十五六岁读《阿Q正传》到现在，我读鲁迅已经五十年了。虽然脑筋并不灵活，我对他的感受的重点却时常移动。这除了说明世事对人的影响之大，更说明鲁迅的丰富和深厚，即便同一个读者，也能因年岁的增长，从他那里获取新的启发。他不止一次地说，他不希望年轻人继续以他为是，在这个意义上，他期待自己的文字的“速朽”。但是，在这本传记的初版序言里，我就写道，他这个愿望是要落空的，他还将长久地引发后人的共鸣。今天，我再次确信，我那个话没有说错。

最后，要特别感谢两位读者，他们分别在本书的上海文艺出版社1993年版和2001年版问世之后，寄来他们自己做的勘误表，第一份是手写的，第二份是电子文档，它们都不只是指出文字的不当和误植，还指出史实的错讹。因为不知道两位读者是否愿意，我就不写出他们的姓名了。之所以特别在这里写出我的感激，是想借此警醒自己，像我这样在动荡中长大、欠缺学养，又容易被世事激怒的人，下笔为文的时候，应该尽可能仔细和从容，才对得起认真的读者。

2020 年 3 月，上海

---

[1] 鲁迅：1925 年 3 月 18 日致许广平信，《两地书》，第 16 页。

初 版 自 序

为鲁迅写一部传，一部凸现他精神危机和内心痛苦的传，是我久蓄于心的愿望。我曾经那样崇拜他，一直到现在，大概都没有像读他这样，认真而持续地读过其他人的书。书架上那一套淡绿色封面的《鲁迅全集》，大多数分册的书脊，都被我摩挲得裂了口。我生长在那样一个荒谬的年代，今天的年轻读者也许想象不到，我十七八岁的时候，唯一可以自由阅读的非"领袖"著作的全集，就是《鲁迅全集》。偏偏那里面的思想是如此深刻复杂，文字又那样生动有力，它们自然会深入我的灵魂，在我的意识深处沉淀下来。

在差不多十年的时间里，只要有什么事情强烈地触动我，我就多半会想起它们。譬如，从稍懂人事起，我在生活中几乎随处都感觉到人民的盲目和愚昧，种种大的事情且不去说，就是走在街上，也会看见歹人白昼作恶，周围的人群中却无一人上前喝止；去乘公共汽车吧，车子还没停稳，身强力壮的小伙子已经一哄而上，将下车的老妇人挤得跟跟跄跄。每当这种时候，我都会想起鲁迅那些刻画"麻木的国人的魂灵"的小说，想起他那"愚民的专制"的论断。无论是 1970 年代中期，我在工厂做工，从广播里听到那些可笑的政治宣传，禁不住心生厌烦；还是 1980 年代以后，我开始在大学任教，惊讶于知识界中竟有这么多卑琐、狭隘、懦弱和无耻，我都会记起鲁迅，记起他对形形色色的愚民术的憎恶，记起他那句

"其实中国并没有俄国之所谓智识阶级"的沉痛的告白。

不用说，我选择文学批评作自己的职业，那样忘情地与人议论社会、民族和人生，甚至被若干年轻的学生讥为"理想主义"，也正是因为鲁迅"我以我血荐轩辕"一类的誓词，在我心头回荡得太久了。有时候，我甚至在文章上不自觉地模仿鲁迅，竭力显出一脸严峻的神色，那就不单是在看待人世的眼光上以他为师，而且在面向人生的姿态、对待自己的期望上，都下意识地与他认同了。

时间飞快地过去，人生体验不断增加，我现在对鲁迅的看法，自然和先前大不相同。从他对阿Q们的居高临下的批判当中，我愈益体会出一种深陷愚民重围的不自觉的紧张，一种发现自己的呐喊其实如一箭射入大海，并不能激起些微浪花的悲哀；从他对历代专制统治者的轻蔑背后，我也分明感觉到一种无能为力的痛苦，一种意识到思想和文字远远敌不过屠刀和监狱的沮丧；从他对形形色色的"知识分子"，尤其是对吕纬甫、魏连殳一类颓唐者的剖析当中，我更看到了他对自己的深刻的失望，对心中那挥赶不去的"鬼气"的憎恶；从他那强聒不舍的社会斗士的姿态背后，我还看到了深藏的文人习气，看到了他和中国文人精神传统的难以切断的血缘联系。

他写过一篇题为《论睁了眼看》的文章，断言"中国的文人，对于人生，——至少是对于社会现象，向来就多没有正视的勇气"，因此他呼吁人们"取下假面，真诚地，深入地，大胆地看取人生"。可是，我对他的了解越是深入，就越禁不住要认定，他自己也并不能真正实践这个呼吁，面对自己处处碰壁、走投无路的命运，他就不止一次地发生过错觉。这也难怪，一个人要直面人生，也须那人生是可以直面的，倘若这直面竟等同于承认失败，承认人生没有意义，承认自己是个悲剧人物，必然要沉入绝望的深渊，等待无可延宕的毁灭——你还能够直面吗？不幸的是，鲁迅恰恰遇上了这样的人生。我甚至想，能够懂得这人生的难以直面，大概也就能真正懂得鲁迅了吧。我不再像先前那样崇拜他了，但我自觉在深层的心理和情感距离上，似乎是离他越来越近；我也不再将他视作一个崇高的偶像，他分明就在我们中间，和我们一样在深重的危机中苦苦挣扎。

鲁迅屡次说，他希望自己的文字能够尽早被人遗忘。在一封给青年朋友的信中，他更说，倘若有谁以他为是，他就会觉得悲哀。他辞世已经五十年了，他生活的这块土地上，却还有人与他共鸣，以他为是，他若死而有知，又会做何感想呢？地球已经跨入了1990年代，世界上各个地区的人类生活，都在发生巨大的变化，新的危机取代旧的危机，新的蓝图取代旧的蓝图。可是，就在这样的时刻，依然有人——绝不仅仅是个别人——对鲁迅这样一位半个世纪之前的"绝望的抗战"者发生强烈的兴趣，甚至愿意引他为同道和先驱，这又是怎样可悲悯的事情！

正因为明白了这一点，我才格外认真地来写这一部鲁迅传，写下我所理解的他的一生，也写下我这理解所包含的种种共鸣。或许这样的写作本身，已经不止指向他人，也同时指向自己？或许我最后写下的，已经不止于对鲁迅和他那个时代的理解，也包含对我自己和这个时代的理解了。

1992年8月，上海

2001 年修订版自序

深秋时节，天高气清，碧蓝的天色将红黄相间的树叶映衬得格外鲜艳，午后的阳光从窗外斜射进来，四周寂静无声：在这样的时刻修订这本鲁迅的思想传记，一行一行地重读八年前写下的字句，我的确有一点惊讶：那时候的笔触怎么会这样放肆，一点都不掩饰自己的阴郁和愤懑？回想起来，就在结束这本传记、将书稿送交出版社的时候，那流溢在字里行间的激愤之情，已经使我感到不安，第二年重印此书，我特地在后记里写道："置身今天这样的现实，一个人要始终平和，怕也很难做到。但是，你却不能让愤激占满你的心胸。""愤激固然给人勇气和激情，却也容易败坏人的幽默感，使人丧失体味人生的整体感和深邃感。我甚至相信，这是严酷的生活给人造成的一种深刻的精神创伤，因为它正是来自绝望，而且和疯狂、和丧失理性相距不远。"但是，一面这样反省着，一面却也很明白，那愤激依然在我的身内持续滋长，我所以把话说得那么重，就是因为强烈感觉到了它那种仿佛不可遏制的力量。七八年过去了，眼前又新添了许多大起大落、悲欢交杂的景象，或许它们能令若干昔日的愤者转涕为笑、欢欣鼓舞，但在我，新的景象却似乎总是会唤起旧时的记忆，互相映照，而使原有的种种心情更为牢固。不过，和七八年前不同，我现在不大愿意再那样放纵阴郁的心绪，更不愿意再那样放肆地宣泄这心绪了。

为什么呢？自这本书问世以来，我陆续收到许多读者的来信，有赞扬的，也有批评的，有特意提供资料、供我用来增强某一处论述的力量的，也有排列证据、要我相信某一个论断并不正确的，当然，我也能想象，还会有非常不满意以致不愿意当面来指摘的。所有这些不同的反应，都使我感到高兴，一个人辛辛苦苦写一本书，不就是想要引人阅读、彼此交换，至少也是激发读者的新的感想吗？即便某位读者愤而将书扔出窗外，也是因为他至少认真读了其中的一部分，而为此重温，或者更坚定了他自己的看法。但是，拆阅了若干年轻读者的来信以后，我却高兴不起来，甚至还感到了某种担心。

这是一些非常年轻的读者，有的刚进大学，有些还是高中生，他们以各不相同的词句，表示对这本书的欣赏，而理由却大致相似：你"剥掉"了鲁迅的"神"的外衣，让我们看到了"人"的"真实"，尤其是"人"的"软弱"、"渺小"和"卑劣"……我还清楚地记得，一位广州的高中生用了"卑劣"这样严重的断语之后，特地在信中解释说，他这是指人的本质性的"卑劣"，而非指鲁迅个人的品质。尽管如此，这些年轻读者的热烈的激赏，还是令我暗暗不安。我不禁想起鲁迅当年的犹豫，他一面忍不住在笔下袒露"内心的黑暗"，一面却又担心这袒露会误导青年。在一封私人通信当中，他甚至说，倘若有谁以他为是，他反会觉得悲哀。在这本鲁迅传的初版序言里，我曾经郑重地录下他这些话，而以偏还要以他为是的后辈自居。哪里想得到，一旦书出版了，我的位置即刻就转到了另一面：现在是我来为自己的放肆不安了！记得最初读到鲁迅那封信的时候，大概是二十年前吧，我并不理解，甚至还隐隐地觉得他有点矫情；以后年岁日长，阅历渐多，似乎有一点懂了，但也还是未能深悟。就是现在吧，我也不敢说已经全懂了，但毕竟因了现实的教训，也因了位置的变换，我对鲁迅当年的犹豫，是有了自觉深一层的认识了。我所以会有上面所说的那些"不愿意"，就正和这个认识有关，在这篇新的序言里，我也就想来说说它。

鲁迅曾在一封给许广平的信中，清楚地解释过自己的犹豫："我虽觉得唯黑暗与虚无乃是实有，却终不敢断定是否一定如此。"人生是这么丰富而多样，一个人只要打开了一定的视野，又积累了较多的经验，就不大可能被某一种意识完全压倒，即便他有意沉入其中，也会有另一些同样来自他内心深处的冲动、意念和情绪，不断地跳出来阻挡他。所以，鲁迅这种一面确信、一面自疑的矛盾心理，正是许许多多置身动荡时代的知识分子共有的心理。即如今日中国的知识分子，面对如此纷乱的内外形势，只要想得稍微深一点，就多半会觉得事情复杂，不敢轻下断语吧。当然会有基本的倾向，会有大致的判断，当针对某一件事情，或专注于某一个层面的时候，甚至还会有斩钉截铁的宣告，有仿佛不容置疑的鼓吹。但是，就在作着这样的鼓吹的同时，认真的知识分子却会自觉到内心还有别样的声音，即便特定的社会形势，逼迫他只能从一个角度摇旗呐喊，当静夜沉思的时候，他却总要无声地自问：事情是不是还有另外的一面？该如何把这另外的一面——或几面——说出来？

我想，这大概就是为什么，面对与自己阅历相仿、思想也比较复杂的人，鲁迅每每还敢尽兴而谈，他相信那听者自有稳固的人生见解，即便你把世界涂得一团黑，他也知道还有别样的色彩，不会真以为人生全无亮光；他更相信那听者懂得人的复杂，即便你始终紧锁眉头，他也能理解，你并不是只有这一种思路。不用说，这也就是为什么，一发现对面是历世尚浅、天真轻信的青年，鲁迅就立刻要犹豫了：万一他信了你，真以为真情就这么简单，或者他认同你，也一味地愤不欲生，你怎么办？世界已经是这样复杂了，知识分子的工作应该是使人丰富、使人多思，使人有能力对付这错综复杂的局面，不至于被邪恶的势力转晕了头。倘若弄到最后，你那些意在激发热情和勇气的言辞，竟又会引人坠入片面和简单，你怎么可能不犹豫呢！1927年7月，鲁迅会那样沉痛地自责，说自己不过是在制造人肉宴席上的"醉虾"，一层未及明言的隐疚，也正是在这里吧？

倘借用鲁迅这个"醉虾"的比喻，我就觉得，像我这样的一代人，依然不断在目睹和亲历"醉虾"的扑腾。从我童年的时候起，种种培育"醉虾"的饲料和器具，就堆满了我们的生活。"文革"初期，那拥挤在天安门广场上的喊哑了嗓子的"红卫兵"，不就是大群大群的"醉虾"吗？回想自己在少年时代的种种愚昧举动，我更禁不住要推断，与我年岁相仿的人，恐怕是很少没有被做成，至少是曾经被做成过"醉虾"的吧。脑子昏了，却能弹跳，这是老饕对"醉虾"的基本要求，因此，只要社会依然在封闭信息、阻拦交流，依然在禁锢思想、摘除异端，你就依然还是被泡在厨房的大酒缸里，与清溪和绿野隔得很远。

当然了，时代不同了，这"封闭"和"禁锢"的手法也就不同。旗号可以改，内容也可以换，只要还能用种种机械狭隘、非此即彼的思路套住你，就不难继续把你送上权势者的席面。你不是很厌恶"黑"吗？那好，我就给你"白"，所有的都是"白"，直灌得你除了"白"以外，什么都看不见，只要裹着白布的，你一概跟着走：你似乎是远离了"黑"，却依旧昏昏懵懵，不辨东西，还是一枚虾！这些年来，那种惊栗于旧时的专制和穷困，于是不问青红皂白，只要你说是"现代化"，就一定赤诚拥戴的人，似乎日渐增多。可是，那些顶着"现代化"的新名，却又仿佛似曾相识的欺哄和盘剥，偏偏不断落到他们头上——当目睹这样的景象的时候，你会不会又发生仿佛置身厨房的幻觉呢？

大凡读过鲁迅的文章的人，都会记得他的这个思想吧：专制本身并无多大的力量，它的力量其实来自民众的愚昧。鲁迅后来更发现了，这愚昧并不只是麻木，它还包含着怯懦和苟且偷生的决心。七十多年过去了，"专制"也罢，"愚民"也罢，情形都和过去大不相同，"全球化"席卷天下，连"愚民"这样的词也快要被人忘记了。可是，我有时候却又觉得，现实的生活并没有停止制造"愚民"。竖着雪白的硬领，甚至有学士和硕士文凭，却对时尚毫无抵抗力，欣欣然陶醉在广告和传媒编织的梦幻中：这是否也是"现代"的一种"愚民"呢？在鲁迅笔下，"愚民"就并不只有阿Q那一副衣衫褴褛的苦相，而也有长袍马褂、满脸红光的福相的。

现代生活一面给"专制"之类的词注入新义，一面也就在重新解释"愚昧"和"麻木"。倘说今日世界上的专制势力，已经更多是运用意识形态的统摄力量，而非仅仅是挥舞手铐和机枪（当然，我必须要说，那种依旧主要是依赖暴力的专制势力还远没有从人们眼前消失），那么，今天的人民的"愚昧"和"麻木"，也就不只是表现为旧式的浑浑噩噩，而更是表现为头脑的机械、思路的狭隘，表现为那种无力，也不习惯从多方面去理解现实、总是被流行意识牵着走的被动的精神状况。我甚至想说，今天的社会黑暗的很大一部分力量，正是来自我们头脑中的那些简单机械的思维习惯，来自我们对"现代化"之类空洞名目的崇拜和迷信。旧的桎梏还未崩溃，新的专制已经登场；旧式"愚民"的数量依然庞大，新"愚民"的群落却又已初具规模：面对如此复杂的现实，你会不会疑心，任何单一方向的呼喊和介入，最终都可能引发出乎意料的后果，甚至完全偏离初衷？

说实话，那些年轻读者的激赏，在我心中正是引发了这样的一种疑虑。我和他们大约相差二十岁，可以说是两代人了，但是，一个因长期停滞而陷入突变的社会，又完全可能使不同年龄的人经历相似的心理冲击，譬如那一尊主要出自御用"学者"之手、有点像教主，又有点像打手的名之曰"鲁迅"的神像，就不但是我这一代人从小便见惯了的，也是1980年代的大多数中学生甚至小学生，都不得不在课本中天天面对的；那从1980年代晚期开始升腾、一波比一波更猛烈的"市场经济改革"的浪潮，更是将我和许许多多长我，或者少我一辈的人，都卷入了同一场社会变动的旋涡。这就使许多本来可能互相隔膜的人，因了在旋涡中一同挣扎、起伏的命运，而彼此能够了解。

所以，我想我是能够懂得那位广州的高中生为什么要用"人类"的"本质性"的"卑劣"来形容鲁迅的，他对那教主兼打手式的"鲁迅"的反感，他对那用了形形色色的材料——鲁迅不过是其中之一——来编织虚伪的道德网罟、企图控制人的全部生命律动的意识形态的厌恶，他那因此而调头他向、不惜从相反的方面来理解人性的愤激的心情，我是太熟悉了，我自己就曾长久地陷溺其中，至今还常常摆脱不了。而唯其有过类似的心理体验，我对这些混杂着青春的激情、幻灭感、反抗意识和好走极端的冲动的愤激情绪，就不会仅仅像十年前那样一味赞赏了。当强烈厌恶过去涂在鲁迅脸上的那些涂者以为光辉、观者却嫌其枯陋的油彩，禁不住要一洗为快的同时，我们是不是也要警惕，不要把那些油彩和鲁迅本身混淆起来，以为他真是一半教主、一半打手呢？当不满于过去对鲁迅的种种无谓的神化，于是特别去刻画他的凡人的喜怒的时候，我们是不是还得留心，不要把这"凡人"理解得过于狭隘，以为它就是平庸和卑琐的同义词？当然不应该再像过去那样，继续趴在地上仰视鲁迅了，你甚至不妨看他作自己的同类，也是一个社会旋涡中的挣扎者、苦斗者，甚至失败者。但是，唯其如此，我们就更不能忽视那挣扎背后的深思，苦斗之中的坚忍，失败所蕴含的启示：与天神的轻松的凯旋相比，凡人的苦斗之后的失败，才更值得深思，也更令人尊敬。鲁迅一生所经历的，当然最多是痛苦，他的思想的特质，也确实偏于阴暗；但是，他也收获了许多别样的经验，精神上更有许多别样的特质，如他的幽默感，他的深入骨髓的智力上的优越感，更不必说那种锲而不舍、强自乐观的战斗意识了，它们同样构成了鲁迅精神世界的重要部分，倘若以为他就只有一副痛苦的表情，思路永远都是阴暗，那就太简单，反而暴露出我们自己的幼稚了。

不仅如此。在今天，许多像我这样年龄或者比我年轻一辈的人，还分担着一种共同的精神缺陷。由于自小接受的教育的偏颇，也由于现实环境的限制，我们对近代以来的中国历史，其实是相当隔膜的。许多重要的历史事实，我们都不知道，许多复杂的历史情境，我们也无从想象。可是，今天的中国人的生活，正是这一段历史的产物，因此，我们对这历史的无知，必然会影响我们对现实的理解，限制我们对未来的想象。比如说，进入 1990 年代以来，在你我周围，迅速冒出了这样一种意识，它将近代以来的中国历史，径直理解为追求"现代化"的过程，又将这"现代化"，径直理解为"美国式的生活"，再将这"美国式的生活"，径直理解为"市场经济"和"效益至上"，最后将今日中国的"市场经济改革"，径直判断为通往"美国式生活"的入口：这是多么粗暴、片面、充满了妄断的意识！可是，就是这样的一种意识，最近十年间，经由各种商业广告和传播媒体的散发，居然广为流传，在许多地方甚至成为时尚。这当然有很多深刻的原因，无法在这里一一论述。但是，我们对最近二百年的中国历史的无知，由此导致的对最近二十年生活记忆的简化，这无知和简化的互相支持、恶性循环，是否正是其中的一个重要原因？

不用说，这无知和简化相激相助的情形，在1990年代我们对鲁迅的理解中同样暴露出来。因为不了解一百五十年前，乃至一百年前的敏感的文人们是如何理解和应对近代中国的历史困境的，我们就很容易无视那将鲁迅深嵌其中的思想的背景，仿佛他是像孙猴子那样从石头里蹦出来的。于是，不是觉得他太古怪，就是以为他太落伍。同样，因为陷入了对社会前景的单面的想象，将"传统"和"现代"看得如同水火，再拿这单薄的想象去反套鲁迅，我们就很容易肢解和简化他，甚至轻视他，不能领会他思想中那些深邃而真正独特的意蕴。因为丧失了对最近半个世纪的生活的大量的记忆，我们甚至会陷入对"精神"本身的极度的冷淡，对"人"的根本的怀疑，我们会以为所有精神性的东西都是靠不住的，人性中除了自私和自利之心，就没有别的重要部分了：你戴着这样的眼镜去看鲁迅，不对他发生错觉，以为是一块压迫你的重物，那才奇怪呢！这结果，就是我们对鲁迅的许多激烈的判断和批评，最后都可能曲曲折折地汇入那粗暴、片面的流行意识，推波助澜，将社会驱入麻木、粗陋的不堪的境地。甚至还可能被利用、被改编为制造"醉虾"的一味作料，与那精神厨房的酒缸为伍。

我当然愿意相信，我的这一本鲁迅传记，是能够避免那样的厄运的。这一次重读和修订它，我并没有做大量的修改，这固然有身在异地、缺乏资料等的原因；但最主要的，还是在于我依然觉得，正应该这样来描述鲁迅。在这本书问世以前，中国——也不仅仅是中国——的读者已经读到了大量的鲁迅传记，它们之间或各有差异，但似乎都将叙述的焦点，对在了鲁迅作为革命家、战士、青年导师乃至唯物主义信徒的那些方面。尽管这些传记中有相当一部分，并没有参加到那塑造教主兼打手式的鲁迅神像的工程当中，并因此获得了程度各异的思想、学术或文学价值，但它们那种铺天盖地、互相映照的浩大声势，还是在客观上造成了对鲁迅的明显的简化、割裂，甚至严重的遮蔽。当然，为什么会有这种反常的情况，那是说来话长，不能仅仅责怪这些传记的作者的，我这里也就不多说了。但是，我所以会这样去理解鲁迅，所以要写出这样一本明显侧重在鲁迅的精神痛苦和思想悲剧的传记，甚至所以会那样放肆地宣泄我自己的愤懑情绪，一个并非不重要的原因，却正是在这里：我想要打破那一味将鲁迅往云端里抬的风气，想要表达对鲁迅的多样的情感，不仅仅是敬仰，是热爱，还有理解，有共鸣，甚至有同情，有悲哀；我更想要向读者显示生活的复杂和艰难，不仅仅是鲁迅，也是我们自己，不仅仅是过去，也是现在和将来。

当接到那熟读了过去的种种鲁迅传记，反而愿意表示偏爱的读者的来信，当听到若干同代人从书中读出了对于鲁迅的近于执拗的热爱的时候，我的确感到欣慰：一种对于彼此能够沟通的欣慰，一种得到了真正的理解的欣慰。但是，另一些非常年轻的读者的来信，却逼迫我不得不去设想另外的情形：如果是一个 1980 年代中期以后才出生的年轻人，既不知道过去的时代曾如何神化鲁迅，甚至也只读过很少的鲁迅的文字，他会不会因为我的这一本书，而形成对鲁迅的另一种片面的理解？如果他正受着种种流行风气的熏染，也开始轻蔑一切与理想、热忱、信任和献身有关的事物了，再读了我对于鲁迅的精神悲剧的强调，他会不会更增添一份对那轻蔑的确信呢？如果很不幸，他又属于那严重缺乏对近代以来的历史的基本了解，甚至对十年前的记忆也日渐淡漠的人群，我对于鲁迅和他那个时代的阴暗的描述，特别是溢出笔端的那些缺乏节制的愤激情绪，会不会反而助长了他对社会变迁的简单化的判断，甚至怂恿他跃入对未来的盲目的轻信？

当然了，世界这么大，光是中国人，就有这么多，任何一个作者，都无法预料他写下的文字的效果，他也完全不必为他所不乐意的可能的后果而过分斟酌，只要自己确认的，就尽可放笔直书。但是，我却似乎难有这样的洒脱和豪气，单是上面所列的那些假设，就已经令我深感不安；而内心更有另一个声音，不断地追问我：你真是完全信赖你在这本书中对鲁迅的全部描述吗？你真觉得它们不会有错吗？对鲁迅，你就真是没有别的理解了吗？

这本书刚一出版，就有朋友建议我扩大篇幅，将那些故意简略的部分充实起来，汇成一本比较厚重，也显得更为全面的论著。现在看起来，这确实是我应该做的工作。虽然以我的偏执和主观，我大概很难写出真正"全面"的文字，但向读者提供较为复杂，也更能促发多种想象的论述图景，却是我应该努力的方向。说实话，由于预定的研究和写作计划，更由于欠缺对鲁迅的新的认识，我在今后的一段时间内，怕还无力完成这个重写的任务。当这一次再版的时候，我就只能在正文之外，增加一个附录。其中选收的两篇旧文，本是作为学术论文写的，它们对鲁迅的有些分析，可能比正文中那些相关的传记式的描述，要深入一些；另有两篇新写的短文，意思都很简单，但和正文相较，论述的侧重已经明显不同。我非常希望这个附录，能和这篇序言一起，构成对本书正文的一个补充，倘若因为我的固执，这修订过的传记的正文，依然可能造成我所担心的某些后果，我就盼望，这新的序言和附录，能够——哪怕是部分地——对那后果做出弥补。

置身在这么一个纷乱的时代，你有时候真会觉得，许多看上去非常复杂的论说，其实都是在掩盖，或者回避什么东西，与其淹在那些闪烁其词、不着边际、貌似全面而居心可疑的论说的泥潭里面，眼看着社会愈益倾斜而动弹不得，不如干脆跳出那泥潭，直截了当，怎么想就怎么说，虽然粗暴、简单，却能够拨开迷雾，击中要害。但有时候，你又会强烈地感觉到，面对这愈益复杂的文化和社会形势，再像譬如 1980 年代的许多时候那样，抓住一点就全力投入，甚至以"深刻的片面"自喜，那是远远不够的。应该想得更复杂，应该尽可能地兼顾不同的方向，因为今天的许多敏感的知识分子，事实上已经处于鲁迅所说的"横站"的位置，而且这"横站"的含义，绝不只是限于对"敌我"的确认。当这两种意识在我脑中交缠的时候，我确实感到言说的困难。随着时间的推移，这感觉大概还会逐渐加深。两年前初读萨义德的《知识分子论》，我印象最强烈的，就是作者对那种不得不同时向几面作战的艰难境遇的认同。去年春末，科索沃事件在欧洲和中国知识界引起的轩然大波，更使我亲身感受到了单执一面的思想立场的乏力。也许，七十多年前，鲁迅从个人经验中概括出来的那个"横站"的概念，正预示了对 21 世纪人类的复杂境遇的领悟，而成为对今天世界上许多知识分子的共同命运的缩写？如果真是如此，那我反倒可以安心，可以坦然地去面对那虽然云遮雾罩，却毕竟有迹可循的社会压迫的挑战，并为此而不断地重返那些能持续滋养我们的精神资源的深处了。不用说，鲁迅就正是其中一处强烈吸引我的地方，而这一次的修订工作和这一篇序言，也正是一次重返和对这"重返"的心得的一段粗略的记录。

2000 年 11 月，波士顿

第一章　幸运儿

　　直到经过了最近这一二十年的人生波折，我才渐渐明白了，人世间的确有"命"这一样东西。当然不是算命先生说得口沫横飞的那种神秘的主宰，它实际上非常简单，就是指你在什么时候，出生在什么地方。一个人的出生，完全是被动的，没有任何人来征求他的同意，他也完全不可能为自己做哪怕是一点点的选择，就是由于某个偶然的机缘，甚至他的父母也没有料到，他一下子获得了生命，赤条条地站到了人世间。仔细想想，这实在荒谬，我们每一个人，竟都是这样被胡乱推到了人生的起点，开始长长短短、各不相同的跋涉。

　　当然了，谁都想尽快踏进乐园，享受为人一世的生趣，可人寿那样短暂，倘若你初次睁开眼睛的时候，就已经被扔在了废墟里面，纵是身手再怎样矫健，恐怕也跑不了多远，只能遥遥地看着别人奔向乐园，自己在一旁哀怨吧。有多少次，你用力鞭打生存意志的奔马，在人生道上尽兴驰骋，终至于人疲马乏，滚鞍下马，却吃惊地发现，你其实还是在离起点不远的地方打转转，不过像如来佛手掌上的孙行者，自己做一个好梦罢了。你当初的诞生时间和地点，正牢牢地把你攥在手心里：这就是你的"命"。

　　不用说，鲁迅[1]也自有这样的"命"。

---

[1]　鲁迅本姓周，名樟寿，后改为树人；字豫山，后改为豫才。"鲁迅"是他的笔名，为了行文方便，我一开始便称他鲁迅。

1881 年 9 月 25 日，他出生在绍兴城内一座周姓的大房子里。在绍兴，周家算得上一门望族，做官经商且都不说，单是人丁的繁衍，就相当可观，到鲁迅出世的时候，周家已经分居三处，彼此照应，俨然大户了。鲁迅的祖父周介孚，出身翰林，做过江西一个县的知县，后来又到北京当上内阁中书，成为标准的京官。绍兴城不大，像周介孚这样既是翰林，又做京官的人，自然能赢得一般市民的敬畏。周家门上那一块"钦点""翰林"的横匾，正明白无误地宣告了周家的特殊地位。鲁迅真是幸运，他的人生长途的起点，就设在这样一处似乎距乐园相当近便的地方。

这就使鲁迅获得了一系列穷家小户的孩子无法享受的条件。家里有四五十亩水田，即便周介孚不从北京汇一文钱回来，日常生计总是绰绰有余，足以将贫困从他身边赶得远远的。周家是讲究读书的，周介孚甚至有过让儿孙一起考取翰林，在门上悬一块"祖孙父子兄弟叔侄翰林"的匾额的雄心，那种书香人家的气氛，自然相当浓厚。鲁迅家中有两只大书箱，从《十三经注疏》和"四史"，到王阳明的全集和章学诚的《文史通义》，从《古文析义》和《唐诗叩弹集》，到科举专用的《经策通纂》，甚至《三国演义》和《封神榜》那样的小说，都挤挤地堆在其中。不但自己家里有书，众多亲戚本家中，不少人也藏书甚丰，而且不单是那些枯燥难懂的正经书，更有许多使小孩子非常喜欢的好玩的书，从画着插图的《花镜》，到描写少男少女的《红楼梦》，几乎什么都有。有一次，一位亲戚甚至允许鲁迅到一间堆满杂书的小屋子里自由翻拣，他推开房门的一刹那间，脸上的表情会是多么惊喜！

从六岁开始，鲁迅就开蒙读书，先是随本家亲戚学，后来又被送到绍兴城内最有名的一家"三味书屋"去读经书，《论语》《孟子》……甚至连古旧难懂的训诂书《尔雅直音》，也在塾师的指导下读了一遍。自然，要他自己说，一定不觉得这样读书有什么快乐，但是，一个小孩子初生人世，不愁吃穿，又受着书香门第的熏陶，有博学的老师指点，能够日日读书，还能用压岁钱买自己喜欢的书来读，这实在是那个时代的小孩子能够享受的最好的条件了。

中国是个讲究父权的国家，独多那种粗暴专横、将子女视为私产的父母，你就是生在再富裕的家庭里，倘遇上这样的父母，你的童年仍然会被糟蹋得暗淡无光。鲁迅的运气如何呢？

周介孚虽然脾气暴躁，有时候要打骂孩子，但在教孙子读书这件事上，却显得相当开通。那时一般人家的孩子，开蒙总是直接就读"四书五经"，叫一个六岁的孩子天天去念"学而时习之"，他会多么痛苦？周介孚却不这样，他让鲁迅先读历史，从《鉴略》开始，然后是《诗经》，再后是《西游记》，都是选小孩子比较感兴趣的书。即便读唐诗，也是先选白居易那些比较浅直的诗，然后再读李白和杜甫，这就大大减轻了鲁迅开蒙的苦闷。

祖母更是特别疼爱他，每每在夏天的夜晚，叫鲁迅躺在大桂树下的小板桌上，摇着芭蕉扇，在习习的凉风中给他讲故事，什么猫是老虎的师父啦，什么许仙救白蛇啦，鲁迅直到晚年，还清楚地记得当时的兴味和惬意。

鲁迅的父亲周伯宜，神态一本正经，却比祖父更为温和。他家教虽严，却从不打小孩子。鲁迅在回忆性散文集《朝花夕拾》的一篇《五猖会》中，记过他一件事：在小鲁迅那样快乐的时刻，偏偏逼他去背书。可实际上，周伯宜平时对儿子们的读书，监督得并不紧。在日常管教上，更常常很宽容。有一次，鲁迅和弟弟偷偷买回来一本《花经》，被周伯宜发现了，他们又害怕又绝望，因为这是属于闲书，一般人家都不许小孩子看的："糟了，这下子肯定要没收了！"谁料周伯宜翻了几页，一声不响地还给了他们，使他们喜出望外，从此放心大胆地买闲书，再不用提心吊胆，像做贼一般。至于母亲鲁瑞，对他的挚爱就更不必说了，几个孩子当中，她最喜欢的就是鲁迅。

从人情来讲，父母总是爱子女的，可由于中国人祖传的陋习，这种父母之爱常常会演化成对子女幼小心灵的严酷的摧残。当然不能说鲁迅就没有遭过这样的摧残，他后来会写《五猖会》，就说明内心也有深刻的伤痕。但总的来说，他还是相当幸运的，至少在童年，他经常都是沐浴在温和宽厚的长辈之爱中。

这就难怪幼年的鲁迅会那么可爱。他长得很健壮，圆圆的脸，矮墩墩，眉眼又清秀，用绍兴话来说，长得很"体面"。事实上，直到后来从日本回家完婚，他都被家乡人看作是一位漂亮人物。他性格活泼，机灵，自然也就调皮。他的曾祖母戴氏，平常不苟言笑，总是一本正经地端坐在门口一张硬邦邦的太师椅上，让人觉得不大好接近。鲁迅却偏偏要去逗她，故意从她面前走过，假装跌跟斗倒在地上，引得老太太惊叫："阿呀，阿宝，衣裳弄脏了呀……"过一会儿又从她面前走过，又假装跌倒，要引她再做那样的惊呼。[1] 那么个小小孩，就会如此去和一脸严正相的曾祖母寻开心，倘在别的场合，你想他会有多顽皮！

顽皮似乎成了他的一种天性。随着年龄增长，小小孩的顽皮也就逐渐发展成少年人的鬼脑筋，甚至是恶作剧。三味书屋里有一项必修的功课，叫作"对课"，老师出一句"红花"，让学生按照词义和平仄，选相对的两字——如"绿叶""紫荆"来回答。鲁迅的对课成绩相当不错，屡次得到塾师寿镜吾先生的称赞。有一回，一位

〈1〉 薛绥之主编：《鲁迅生平史料汇编（第一辑）》，天津人民出版社 1981 年版，第 139 页。

姓高的同学偷看了寿先生的对课题目，是"独角兽"，就悄悄地来问他："你说我对什么好？"鲁迅说："你对四眼狗好了。"那人真是呆子，上课时竟真以"四眼狗"回答寿先生。寿先生是近视眼，正戴着眼镜，听了自然大怒，把那同学狠狠地骂了一顿，再看鲁迅，却在一旁用书遮着脸，熬不住要"咕咕"地笑出声来。[1]

一个健康顽皮的男孩子，往往有几分野性。鲁迅虽是长在绍兴城里，却没有一般城市中少年人的孱弱相。他七八岁的时候，常受到另一个比他大几岁的名叫沈八斤的亲戚的威吓，心中非常生气，可是家中有规矩，不许与别人打架，他就只好用画图来发泄，画一个人躺在地上，胸口刺着一支箭，上面写着："射死八斤！"进入三味书屋以后，他的好斗的性情更有发展。有一次，不知听什么人说，城中另一家私塾的老师，绰号"矮癫胡"的，竟然虐待学生，连撒尿都要从他手上领一支竹签才能去，鲁迅不禁大怒，放学后就和几个同学一起，冲到那"矮癫胡"的私塾里，正巧里面没有人，他们便打翻砚台，折断竹签，大大地造了一通反。还有一次，也是听到一个传闻，说有位姓贺的武秀才，经常在家门口打骂过路的小学生，鲁迅们便相约了候在那人的家门口，预备揍他一顿。他们都还是小孩子，姓贺的却是武秀才，为了保证必胜，鲁迅特地取了祖父的一柄腰刀，藏在外衣里带去。幸亏那武秀才听到风声，不愿意来和小孩子们惹麻烦，否则，我相信鲁迅一定会拔出那柄刀，给武秀才尝尝厉害的。

鲁迅是个兴趣广泛的聪明孩子，"四书五经"之类的正经书并不能满足他的求知欲，毕竟年纪小，他觉得那里面多是些枯燥乏味的说教。因此，他就自己来开辟另外的求知途径。首先是看杂书，

〈1〉　张能耿录写：《鲁迅亲友谈鲁迅》，杭州：东海文艺出版社 1958 年版，第 14 页。

从画着奇形怪状的神话人物的《山海经》，到《封神演义》和《西游记》之类的神话传说，凡是他觉得有趣的，都千方百计搜来读。其次是抄杂书，从陆羽的《茶经》，陆龟蒙的《耒耜经》，一直抄到《西酉丛书》里的古史传和地方志。再就是绘画。先是从大舅父那里借来绣像本的《荡寇志》，把里面的一百多张绣像全都描下来；后来更自己买来好几本画谱，用纸蒙着，一页一页地描。明明是自己买来的书，却这样耐心地描画，鲁迅在这当中感受到的乐趣，想必是非常强烈吧。

我们每一个人刚踏上求知之路的时候，总会遇到社会为我们预备的一整套标准课本，从某个角度看，这些课本正是主流社会和统治阶级手中的一大利器，被用来维持成规、形塑人心，制造一批批的标准公民。因此，一个人要想在社会成规面前保持自己的独立性，首要的一条，就是要在那一套标准课本之外，寻找到别样的课本，正是这些非标准课本和标准课本之间的多样张力，将向他提供发展自己精神个性的内在冲动。幸运的是，从这个�‍着嘴，一笔一画地影写《荡寇志》绣像的孩子身上，我正看到了这种可能性。

正因为从很小的时候起，鲁迅就逐渐浸入了一片远非四书五经所能规范的精神海洋，他身上的许多发自天性的冲动，就不像那些被标准课本束缚住的孩子那样，一开始就受到压抑。比如有这样一件事：他七八岁的时候，常听到大人讲话夹着"卖×"一词，他非常好奇，这×怎么个卖法？于是他依照对自己的观察，大胆地想象起来：画了一长串状如香蕉的东西，竖着吊成一串，旁边画一杆秤，这就算是在"卖"了：多么可爱的好奇心和想象力！

按照当时绍兴人的习惯，小孩子总是早睡，周家也如此，天一黑就把鲁迅和弟弟们赶上床。可他并不能立刻入睡，有一段时间，就和周作人躺在床上说话，将白天看来的神怪故事编成童话，什么有一座仙山，山上有大象一般的巨蚁，有天然的亭台楼阁，仙人在其中炼玉补骨肉，甚至可以起死回生……一夜连一夜，讲得那么起劲，许多细节都一再复述，两个在黑夜中躺着的孩子，真是完全沉浸入幻想的童话世界里了。一个人的天赋当中，最可贵的就是幻想的激情，人的爱心，对诗意的敏感，甚至整个的青春活力，都是和这种激情融合在一起的。从另一面看，社会对人的压抑，也首先是从剥夺他做梦的心境开始，什么时候你发现自己再也没有幻想，再也不做白日梦了，什么时候你也就完全被现实挤扁了。鲁迅向周作人做这种夜谈的时候，已经十三四岁，不再是小娃娃了，可他仍然这样热衷于编造童话，这样兴致勃勃地投入幻梦的境界，我真忍不住要说，你是有福的人！

像这样爱好童话世界的孩子，心地必然是温良多情的。小妹妹端姑病逝，鲁迅才八岁，却已经感觉到痛苦，躲在屋角哭泣，大人问他为什么，他说："为妹妹啦！"他父亲去世以后，有一回家族聚议，重新分配房屋，亲戚本家欺负鲁迅家，要把坏房子分给他们，鲁迅作为这一房的长孙，坚决不肯签字，引起一位本家长辈的厉声呵责。这位长辈就是鲁迅的开蒙老师周玉田，当时鲁迅非常生气，晚上在日记里还忿忿地记了一笔。但是，事情过后，他却并不记仇，依旧去玉田老人那里玩耍，还在这一年用楷书恭恭正正地抄了他的一百首诗，题名为《鉴湖竹枝词》，自己注道："侄孙樟寿谨录。"直到几十年后写《朝花夕拾》，虽然记到了那次家族聚议，却并不指明玉田的名字；在另一处直接谈到周玉田的时候，他用了那样温情的口吻："他是一个胖胖的，和蔼的老人，爱种一点花木……"[1] 我觉

---

[1] 鲁迅：《阿长与山海经》，《朝花夕拾》，人民文学出版社 1957 年版，第 15 页。

得鲁迅对周玉田的态度，正体现了他童年和少年时期的基本的情感状态，他是那样一个善良温情的孩子，一个对周围满怀好感，不愿意记仇，更不喜欢报复的孩子。

一个人像一棵树，有了一粒优良的种子，又有一片肥沃的土壤，你甚至已经能看见一株苗健的嫩芽，恐怕谁都会替小鲁迅庆幸，热切地祝福他顺利成长吧。

第二章　天突然坍了

命运之神却不像我们这么善良。就在鲁迅十三岁那年，一连串打击突然降落到他的头上。首先是祖父周介孚，不知怎么昏了头，替亲友向浙江乡试的主考官行贿。他专程跑到苏州，派跟班向那主考官递了一封信，内夹一张"凭票发洋银一万元"的字条。主考官与他相识，本来大概是会收下的，但那天副考官恰好在场，他便将来信搁在茶几上，先不拆看，不料那副考官非常健谈，说个不停，送信的跟班在门外等得急了，大嚷起来，说收了钱为什么不给回条，这就把事情戳穿了，主考官只好公事公办，报告上级。按清朝法律，科场行贿是大罪，立刻就要把周介孚抓进牢去。周介孚自然是躲起来，但清廷捕人有个规矩，抓不到本人，就要抓家里的其他男人。于是鲁迅兄弟几个，也不得不往绍兴城外皇甫庄的外婆家避难。可这样躲来躲去，总不是长久之计，周介孚只好投案自首，被关进了杭州监狱。他是这一家的顶梁柱，他一倒，整个家就垮了。

头一劫还没过去，第二劫又来了。周介孚入狱的第二年，周伯宜突然吐血，此后几经波折，病情时缓时急，终于在鲁迅十五岁那一年，留下寡妻和四个孩子，撒手归天。与这丧父之痛一起降临的，是周家的急剧贫困。祖父入狱，断了官俸，还要不时往狱中送钱打点；父亲一病三年，请的都是城里有名的中医，单是出诊费，一次便是1元4角，隔日便要来看一次，怎么负担得了！虽说还有

9

几十亩田，租谷却仅够日常开销，再要筹措费用，就只有典当旧物了。一份人家，弄到不断去跨当铺的高门槛的地步，也就败落得相当彻底了。

周围的人全都变了脸。在皇甫庄，大舅父家的人竟称鲁迅他们是"乞食者"。大舅父家是外姓人，变脸也就算了，同住在新台门一座院宅里的本家亲戚，也都一个个换了嘴脸。昔日赶前赶后、恭恭敬敬的，现在大都侧目而视；过去笑脸相向、亲亲热热的，现在多半冷眼相投。对小鲁迅不无恶意的流言，也在院宅中传播开来。至于各房聚议，要将坏房子分给鲁迅家，更是公然的欺负了。亲族如此，城中一般市民就更不必说，无论出当铺，还是进药房，路旁闲人的指指点点、轻蔑讥笑，犹如讨厌的苍蝇，一路跟着鲁迅，直送他跨入自家的房门。

就是家里的人，也变了样。周介孚的脾气本来就不大好，从狱中放回家后，更是变得苛刻乖戾，动不动就破口大骂，一边骂，一边还要把自己的指甲咬得嘎嘎作响。这叫鲁迅他们见了，会觉得多么可怕！平素温和的周伯宜，生病后也变得喜怒无常，酗酒、吸鸦片，无缘无故就会把妻子端来的饭菜摔出窗外，脸色还那样阴沉，使人不敢问他一声"为什么"。

说起来这也不奇怪，亲戚本家也好，邻居路人也好，他们过去对周介孚一家的恭敬，有多少是真出于本心呢？你现在倒了霉，不再是官老爷了，也没有什么再能给我了，我凭什么还要再恭敬你？鲁迅周围的那些变脸者，不过表现了人情的一个普遍的侧面。至于祖父和父亲的精神病态，更是人遭受挫折、无可挽救之后的常见现象，同样也表现了人性的脆弱的另一面。但是，这样的道理，十多岁的鲁迅不可能想明白，他对这一切变化的感觉只是一个：非常强烈的震惊。

他甚至不能把这种震惊表达出来。他是周介孚的长孙，按照其时的习惯，祖父和父亲不能理事，顶门立户的重担就要移到长孙的肩头。鲁迅自然不能例外，父亲病后，家中的重担就由他挑了起来，尤其是对外界的交涉，几乎都由他出面。他才十几岁，却已经不再有少年人任性的权利，他必须像成年人那样承担责任，命运已经不允许他像孩子那样随意表达自己的情感了。面对造物主的这份苛待，他只有咬紧牙关，默默地忍受。即使跨进家门，把那在当铺的轻蔑和歧视中换来的钱交给母亲，他也从不说什么；遇上祖父和父亲发脾气摔东西，他也总是转身走开，不多搭理。他把一切都独自咽下肚中。

但是，世界上没有什么东西是会一下子消失掉的，鲁迅独自咽下的那些打击和伤害，更不会在内心迅速消失。他的脸上越是没有表情，它们对他内心的刺激就越强烈。连见惯的熟人的嘴脸，都会这样迅速地变幻，向来感觉亲近的亲人，竟会变得如此陌生，那世上还有什么东西能够放心地相信呢？连生养哺育他的家乡，都如此冷酷和势利，在这人世间，大概也不会再有可亲近的地方了吧？一种执拗的怀疑精神，一种对绍兴城和家乡人的憎恶心理，很自然地从他心中升起。他才十几岁，正是感觉最为敏锐、心灵最为软弱的时候，一下子接受这么多阴暗的信息，他看待人事的眼光，自然要发生急剧的变化了。他以前总是看见大人的笑脸，现在却特别留心那些半遮半掩的恶意；以前就是遭受再严厉的斥骂，他都会很快地忘记，现在一个冷淡的表情，却会在他记忆中划下一道深刻的印痕。一种偏重于感受人生阴暗面的习惯的种子，就这样默默地破土而出。那些冷漠的绍兴人，大抵根本就不注意这个沉默的孩子，可就在他们的冷漠的包围之中，这孩子的内心世界，却开始发生一场根本的改变。

大约也就在这个时候，鲁迅看到一本题为《蜀碧》的书，其中记载了明末农民军首领张献忠屠杀四川人的种种情形。他又一次震惊了。中国的历史上，怎么会发生这样大规模的凶残的事情？不久以后，他又读到一本明代抄本的《立斋闲录》。虽然书页不全，其中记述的那位永乐皇帝的"上谕"，已足以使他触目惊心：中国的皇帝中间，竟有这样残暴的东西！鲁迅早慧，对文字特别敏感，终其一生，他都是和文字打交道。因此，他成年后的独特的思想意识，很多都是以前人的文字为源头。倘说他以前读到的那些小说和故事，正培养了他一种微笑着面对人生的做梦的气质，现在这《蜀碧》和《立斋闲录》一类的野史文字，却大大强化了现实中炎凉人情对他的尖锐刺激，向他那日渐强烈的内心仇恨，注入了深长的活力。原来他遭遇到的病态和卑劣，并非是绍兴一地的特产，在其他地方，在许多年以前，比这更可怕的事情早已经发生过了：他还有什么理由，不能信赖自己的憎恶之心呢？！

三十年后，有一次许广平向鲁迅抱怨亲戚的纠缠，他回信说："尝尝也好，因为更可以知道所谓亲戚本家是怎么一回事，知道世事可以更加真切了。倘永是在同一境遇，不忽而穷忽而又有点收入，看世事就不能有这么多变化。"[1]写这信之后一年，在广州，青年学生问他为什么憎恶现实社会，他更这样回答："我小的时候，因为家境好，人们看我像王子一样，但是，一旦我家庭发生变故后，人们就把我看成叫花子都不如了，我感到这不是一个人住的社会，

---

[1] 鲁迅：1926年10月28日致许广平信，《两地书》，人民文学出版社1959年版，第148页；并王得后：《〈两地书〉研究》，天津人民出版社1982年版，第90页。

从那时起，我就恨这个社会。"[1] 最激烈的憎恨，往往产生于盲目的欢喜，最厌世的人，正可能原是爱世的人，读着鲁迅这两段文字，我不能不感慨命运的残酷，它先是给鲁迅一个宽裕的童年，然后在他毫无防备的情况下，突然扯掉那一层幕布，把社会的狰狞和人性的卑劣直推到他的鼻子底下，这叫一个十多岁的孩子，怎么承受得了？他不因此把人情和世事看得阴暗无趣，不因此萌生强烈的愤世之情，那才真是奇怪呢。

〔1〕 薛绥之主编：《鲁迅生平史料汇编（第四辑）》，天津人民出版社 1983 年版，第 359 页。

第三章　离乡者的凄哀

　　鲁迅十八岁了，一个新的问题迎面而来：他要做个什么样的人？他今后的人生出路在哪里？

　　按照中国的传统，像他这样出身的人，自然应该走做官的路，先把"四书五经"读个烂熟，再好好操练一番八股文和试帖诗，然后去考秀才、举人、进士，最后搏个一官半职——这正是鲁迅祖父走过的路，也是祖父和父亲希望他走的路。看起来，鲁迅一度也试过这条道。在三味书屋读完经书以后，他曾在家里学过一阵八股文，像什么《义然后取》，什么《无如寡人之用心者》，也做过几首试帖诗，像什么《红杏枝头春意闹》，什么《苔痕上阶绿》，一篇篇都送去给寿镜吾先生批改，态度似乎很认真。到了十八岁这一年，他还和二弟一起去参加会稽的县试，在五百多人中考得第137名，成绩堪称中上。

　　但是，他对走这条路并没有多大的热情，既然对整个社会都有一种模糊的反感，对这社会给读书人规定的科举道路，就很容易觉得无聊。他本来似乎还想去参加绍兴府的复试，可正逢他一个小弟弟因病早夭，心情大坏，就索性不去了，他的科举之路，也就此断绝。

　　当时绍兴的风气，读书人考不上秀才，往往就给人当幕僚，或者经商做买卖。可是，当幕僚要有关系，做买卖要有本钱，鲁迅家境那样狼狈，这两个条件一样都没有。剩下的路，就只有进新式学堂了。

说起来，清政府的一班大员发动洋务运动，引进西方的教育制度，在各地开办新式学堂，已经有十多年了，但在一般城镇士绅的眼中，这种学堂还是不伦不类的怪物，其中讲授的"声光化电"，更是洋人的"邪学"，自以为正经的读书人，一般都不屑于跨进去读。可就是这样的学堂，鲁迅也并不是都能去读。当时杭州有一所求是书院，是这类学堂中较为出色的，他很想去，可是学费太高，每月要 32 块大洋，他哪里付得起？万般无奈，只好选择地处南京的江南水师学堂。

这其实是一所军校，入学近于当兵，当时是没有什么读书人愿意去的，收费也就极低，差不多是免费。可也唯其如此，学生多不愿以本名注册，而要改换姓名，鲁迅那个"周树人"的名字，就是这样起的。你想想，当他拿着母亲东拼西凑汇集起来的 8 元川资，在 1898 年 4 月，用这"周树人"的名字到南京去报到的时候，心中是什么样一种滋味？在一般绍兴人看来，他这是堕入了穷途，是被迫走一条没出息的离乡背井的路。虽说他厌恶绍兴的俗人，厌恶他们对自己的轻蔑，但这份轻蔑还是会给这个刚刚成年的离乡者造成沉重的心理压力，强化他那一份凄苦的心情。

他到南京不久，就这样向家中的兄弟描述旅中的感受："斜阳将堕之时，暝色逼人，四顾满目非故乡之人，细聆满耳皆异乡之语，一念及家乡万里，老亲弱弟……，真觉柔肠欲断，涕不可仰。"[1] 他又写诗寄回家中："谋生无奈日奔驰，有弟偏教各别离。最是令人凄绝处，孤檠长夜雨来时。"[2] 二十多年后，他回忆这离乡

〈1〉　鲁迅：《戛剑生杂记》，《集外集拾遗》，人民文学出版社 1959 年版，第 495 页。
〈2〉　周振甫编注：《鲁迅诗全编》，浙江文艺出版社 1991 年版，第 1 页。

的情形："好。那么，走罢！……S 城人的脸早经看熟，如此而已，连心肝也似乎有些了然。总得寻别一类人们去，去寻为 S 城人所诟病的人们，无论其为畜生或魔鬼"[1]，字词间似乎充盈着一种主动与绍兴城决裂的意味。可我细读他的这些诗文，却更强烈地感受到他当时的心境的另一面，这个"涕不可仰"的年轻人痛感到寂寞和孤独，似乎既没有奔赴新世界的兴奋激动着他，也没有开辟新生路的自豪支撑住他。就像一头被逐出家园的不合群的小兽，唯其不知道前面是什么，路途茫茫，才忍不住要时时回眸故土，呻吟出失群的凄哀。

俗话说"便宜无好货"，鲁迅一跨进江南水师学堂，便发现那里面一无可取，这地方不向你收什么钱，你也别想学到什么东西，教员们一个个架子十足，却胸无点墨，有一个甚至连"钊"都不识，念成了"钩"。直到二十年之后，还有一位教员公然在课堂上断言："地球有两个，一个自动，一个被动，一个叫东半球，一个叫西半球。"[2]鲁迅就读时的教员的水平有多糟，也就可想而知。自己水平低，还不许学生笑，鲁迅因为和同学一起讥笑那位不识"钊"的教员，两天之内，竟被连记了两大过两小过。这样的地方怎么能待下去？鲁迅读了半年，便赶紧转学。到 1899 年的春天，他已经坐在另一所也设在南京的矿路学堂的教室里了。

这里的情形似乎要好一些，至少教员中没有那么多白痴。但是，鲁迅的智力也在迅速发展，他很快又感到了不满足。课堂上规定的功课，他几乎不需要温习，可每次考试，全班二十几人中，他

〈1〉 鲁迅：《琐记》，《朝花夕拾》，人民文学出版社 1957 年版，第 51 页。
〈2〉 薛绥之主编：《鲁迅生平史料汇编（第一辑）》，天津人民出版社 1981 年版，第 358 页。

多半是第一名：这样念书有什么味道呢？他只好将眼光投向课堂之外，或者是买书报来看，或者是租马来骑，在种种精神和物质的驰骋当中，发泄自己多余的精力。

可是，你进入新的社会天地，就会遇到新的麻烦。一位本家长辈见他读西洋的小说和理论书，便神色郑重地教训他，弄得他很不愉快。学校附近满族人聚居的旗营中的少年人，看见他一个汉人竟高高地骑马蹚过营门，便投来石块和辱骂，使他立刻记起自己还是大清的奴隶。他大怒了，扬鞭追赶那些掷石者，却摔下马来，跌得头破血流。还有一次，他看见墙上贴着一个纸印的茶壶，顺那壶嘴的方向望去，前面十字路口的墙上又有一个同样的茶壶，他好奇极了，一路追踪下去，直走到荒郊僻野，几乎迷了路，才猛然醒悟，这大概是一个秘密组织的联络暗号，于是赶紧止步，转身就跑。我想，这正可以看成他在南京生活的一个缩影，在他四周，有种种有形无形的障碍阻挡着他，使他气闷，使他不能够率性而行。

两年的时间一晃而过，鲁迅在矿路学堂毕业了。先前那个问题又拦住了他：以后怎么办？出路在哪里？当时，出洋留学的风气日益旺盛，许多在国内感觉气闷的青年人，都纷纷出国求学。鲁迅也想走这条路。可是，就像他当初只能进免费的水师学堂一样，他现在也只能去争取官费的名额，到离中国最近的日本去。那份拿着家里的钱阔阔绰绰地远渡重洋，到欧美去直接拥抱西方文明的机遇，与他隔得太远了。

1902 年 3 月，鲁迅东渡日本。先在东京的弘文学院学习日语，再到仙台的医学专科学校学习医学，后来又返回东京，住在公寓里修德文，看杂书，直至回国，在日本住了七年多。

日本民族是一个相当特别的民族，它的性格中有一部分，混合着极端的自卑和自大。鲁迅到日本去的时候，日本的国力正逐渐强盛，独霸东亚的野心也日渐膨胀，又刚刚在甲午海战中歼灭了中国的北洋水师，举国上下都弥漫着一股鄙视中国人的风气，有的日本报纸就公然宣称："西洋人视中国人为动物，实际确乎不得不产生动物、下等动物的感觉，因此，他们［指中国人］在生理上已失去人类的资格。"[1]鲁迅在这个时候去日本留学，便不可避免地受到种种歧视和轻蔑。他走在东京的大街上，就常常遭受少年人的辱骂。你不但是生活在陌生人中间，而且是生活在陌生人的鄙视和轻蔑中间，请想一想，一个自尊自重的中国人，怎么能忍受这样的处境？何况鲁迅又有那样的早年记忆，绍兴街头闲人们的指指点点，当铺里高高在上的堂倌的奚落，还有那些从南京旗营里掷出来的石块和辱骂，都一齐涌上心头，将他推入更深广的屈辱和激愤。

　　鲁迅后来说过一句透彻的话：一个人乏到了自己打自己的嘴巴，就难保别人不来打你的嘴巴。倘说这句话是凝聚了他一生的许多经验，那他最初在东京见到某些清国留学生，恐怕是触发他产生这个想法的第一批对象吧。日本人蔑视中国人，是因为他打败了你，你除了自己振作起来再打败他，没有别的路可以走。可鲁迅见到的许多清国留学生，偏偏又那样不争气，非但不从日本人的轻蔑中汲取自我警策的动力，反而以自己的种种乖行，不断地证明那轻蔑的正当。就以与鲁迅同住的留学生来说吧，有整天把地板踏得咚咚作响，尘土飞扬地学跳舞的；也有不遵守客店里新老住户循序洗澡的惯例，抢先钻进洗澡间，把水泼得四溅的……在这样的日常小事上都如此令人讨厌，其他的方面更可想而知。一面是日本人的轻蔑的眼光，一面是这些同胞的不成器的丑态，难怪鲁迅一拿到修习

----

[1]　薛绥之主编：《鲁迅生平史料汇编（第二辑）》，天津人民出版社1982年版，第65页。

日语的毕业证书，便立刻跑到偏僻的仙台去，除了远远地避开这一切，他实在没有别的办法了。

仙台又怎样呢？在仙台医学专科学校里，只有鲁迅一个中国人，那些讨厌的同胞的嘴脸，自然是可以免见了，但是，日本人那股蔑视中国人的风气，在仙台同样很盛。仙台报纸上的辱骂中国人的言论，一点都不比东京的温和，鲁迅所在的那个班的学生中，也同样有对他白眼相加、毫不掩饰的人。他考试成绩中等，便有同学以为是得了老师的暗中帮助，于是托辞去检查他的笔记，甚至写信向他发出威胁。课间放电影，映到日本军人挥刀砍杀中国人，而围观的其他中国人一脸麻木的时候，也有同学大声地议论："只要看中国人的样子，就可以断定中国是必然灭亡……"[1]

当然，并不是所有的日本人都这样粗野傲慢，鲁迅初到仙台，就有教员热心地张罗食住，任课的教授当中，更有藤野严九郎那样满怀善心的人，就是同班同学中，也有好几位不满意那些傲慢者的粗暴，特别站出来替鲁迅辩护。但是，尽管如此，这些事情仍然给鲁迅非常强烈的刺激，只要看看他与同学相处时的神态，便可以知道这一点。在大多数场合，他都不多说话，给人一种沉静老实的印象。他也很少与同学交往，去剧场看歌舞伎，总是独来独往，从不与人同行。即便那几位曾经为他辩护的同学，听说他要离开仙台，特地请他吃点心、合影留念，他真的走时，却连这几位同学也不通知，一个人悄悄离开了，全班没有一个人知道。

我不禁要猜想，他中断在仙台的学业，固然有从文的动机，他在仙台过得很不愉快，种种刺激使他不愿意继续久居，恐怕也是一个重要的原因，一个他自己也不大愿意承认的潜意识的动机吧？

---

[1] 王冶秋：《民元前的鲁迅先生》，上海：峨嵋出版社1948年版，第80页。

1906 年初夏，鲁迅返回东京，这时候他已经二十六岁了。用去了八年的青春，从中国到日本，又从仙台回东京，四处寻求生路，却总是走不通，兜了一个大圈子，还是回到老地方。他此后一生的命运的雏形，在这时候已经显露得相当清晰了。

第四章　初皈神灵的狂喜

　　但鲁迅似乎没有意识到这一点。虽然不断地陷入茫然失措的困境，他却不以为意，经常还是兴致勃勃，对将来充满信心。他还年轻，正是充满幻想的年龄，还不能充分领会艰难人世的含蓄的暗示。他这时的自信更有一个重要的原因：他刚刚获得一根强有力的精神支柱，正处在犹如信徒初皈神灵时的情不自禁的狂喜之中。

　　这事情还要从他在南京时的看闲书说起。他看得相当杂，既读小说，从《巴黎茶花女遗事》开始，凡是林纾翻译的西洋小说，有一本就买一本；也看报纸，梁启超主笔的《时务报》，几乎是每期必读；他更用心读理论书，严复翻译的《天演论》和《法意》，他是读了又读，还郑重其事地向别人推荐。后来到日本，阅读的面就更宽，1903 年 7 月，他特地写信给周作人，向他推荐约翰·穆勒的《名学部甲》（即《逻辑体系》），可见兴趣有多大。

　　他并不能都读懂这些书，但靠着严复对赫胥黎的学说的中国式的简化 [1]，更由于梁启超们对社会进步的前景的动人的鼓吹，那种物竞天择的进化观念，那种后人必胜于前人、将来必优于现在的历史不断进步的观念，却深深地嵌进了他的头脑。可以这么说，他这

〈1〉　严复在翻译赫胥黎的《进化论与伦理学》时，依照他当时理解的中国社会的实际需要，做了相当多的简化和改造，详见林基成：《天演＝进化？＝进步？重读〈天演论〉》，《读书》，1991 年第 12 期。

几年间阅读的主要收获，便是知道了严复式的进化论。

今天的中国人恐怕是很难体会一百年前鲁迅初次知道进化论时的兴奋心情了。从我们这一代懂事的时候起，进化论就已经是一个"常识"。从小学课本起，我们接受的全部正规教育的哲学基础，实际上就是进化论，我们在课堂上学来的有关时间和历史的几乎全部知识，都被牢牢地框限在历史进步论的范围之内，以致到我们成年的时候，几乎每一个人都会认同"历史不断进步"的观念，觉得这就像一加一等于二那样天经地义，不证自明。可是，鲁迅时代的情形完全不同。西方思想才刚刚传入，影响还很有限，中国的绝大多数土地，依然是传统思想的天下。说来也怪，中国的历史著作那样丰富，代代相传的历史观念中，却几乎完全看不到"历史进步"的思路，相反，从先秦时期开始，老子对"小国寡民"的赞扬也好，孔子对"大同"世界的向往也好，更不必说墨子对"上古"和"当今"的种种比较了，都散发着浓厚的"今不如昔"的意味。正是这些对历史进程的悲观的体认，激发出了形形色色的复古理想，而正是这些不断想要返回过去的执拗的信念，共同孕育出了五德轮回式的循环论观念。从秦汉到明清，两千年中国社会的历史事实，似乎又不断在证实那历史沉沦的悲观描述，证实那一治一乱的循环论思想。你当可想象，到鲁迅开始认字的时候，这种历史悲观主义的精神传统，会对读书人有多大的权威。事实上，鲁迅在读到《天演论》之前，脑子里原有的历史观念，就是这指向复古的循环论，他别无选择，他看到的只有这一类观念，就只能接受它。

不用说，他愈是厌恶四周的现实，这种历史悲观主义就愈对他造成精神的重压。一个人不满现状，总是因为他另有一个理想，既然现实已经是一个坏的世界，那他理想中的好的世界，就只能存在于将来，也就是说，不满现状者的唯一的精神寄托，就是将来。可是，传统的历史观念却告诉鲁迅：你憧憬的将来并非真正的将来，它实际上是过去，你改变现状的唯一出路，就是复活过去。可是，你一个十几、二十岁的年轻人，与统治着现实的既存的势力相比，谁和过去更加接近呢？当然是它，不是你，因此，传统的历史信仰实际上是把反抗现实者诱到了气馁的边缘，你是在和一个比你更有资格代表理想的对手作战，你稍微缺乏一点毅力，就很容易跌进绝望的深渊。更何况，还有那个历史不断沉沦的悲观描述在旁边捣乱，你就更难摆脱绝望的诱惑。中国历史上有那么多对现实深恶痛绝的人，却少有坚决行动来彻底改变现实的人，即便真的动手了，许多人也最终都陷进绝望、颓唐，甚至精神崩溃的境地，这传统历史观念的无形的窒息，正是主要的凶手之一。绍兴城里那一位比鲁迅早生三百多年的徐文长，便是一个突出的例子。

难怪从 19 世纪中叶开始，一代一代的改革者都竭力要打破这种传统历史观念的桎梏。从龚自珍和魏源，到康有为和章太炎，他们鼓吹社会改革，常常都是以倡导新的历史观念，作为第一阵开场锣鼓。但是，龚自珍也好，魏源也好，最后都程度不同地落入了循环论的窠臼，即便强调历史不可重复，也不过是重申韩非式的主张。康有为那个"进化有渐"的历史观念，更是直接套用了"公羊三世说"和孔子的"大同""小康"论，不论他的本意多么新颖，披上那么多传统词句的外衣，内蕴的锋芒必然会被掩去许多，倘是头脑不大灵活的人，还不容易领会其中的真意。因此，这些人开拓新的历史观念的努力，一时都难以聚成强有力的风暴，迅速地荡除传统历史观念的空气，许许多多像鲁迅这样的年轻人，还是只能呼吸着沉闷阴郁的空气，不自觉地走进那无数内心充满怨怼、行动上却并不真正反抗的忍受者的行列。就说鲁迅吧，如果没有新的历史观念来激发他的反抗的勇气，他会不会也加入这个行列呢？从那个默默忍受着奚落和冷眼的少年人的身上，我分明看出了这一种可能性。

这就是为什么鲁迅读到《天演论》的时候会那么震动，二十多年之后，他还清楚地记得当时的兴奋心情："哦！原来世界上竟还有一个赫胥黎坐在书房里那么想，而且想得那么新鲜？一口气读下去，'物竞''天择'也出来了，苏格拉第、柏拉图也出来了，斯多噶也出来了……"[1] 原来历史并不是一路倒退、越来越糟的，从猿到人，从低级动物到高级动物，分明是一个不断进步的过程，我有什么理由要对将来丧失信心？原来人类进化的规律，早已决定了新物必将代替旧物，年轻人必将胜过老头子，我又有什么理由不振作精神，为自己争取一个健康的发展呢？原来世界上的一切事物，都不可能永久不变，那些腐朽没落的东西，早晚都会被淘汰，我又为什么不奋身而出，也来充当一个扫荡黑暗、驱旧布新的斗士呢？在鲁迅此时的心目中，进化论哪里只是一种学说，它分明是通向新世界的入口，是黑暗中的第一抹阳光，是他对社会和人生的新认识的起点，是他对自己生存价值的新判断的基石：他怎么可能不欣喜若狂呢？看着鲁迅这兴奋的神情，我要深深地感谢严复，正是他描画出来的那个进化论，和其时传入中国的其他新思想一起，把一批敏感的中国人拉出了那条已经蜿蜒数千年的忍受和绝望者的长队，赋予他们对历史趋势和个人价值的乐观主义的新认识，最终将他们造就成一代奋起反抗旧制度、努力创造新社会的先觉者。

鲁迅的心情大变了。先前那份受轻蔑、受压迫的痛苦依然存在，但另一种俯视现实、俯视黑暗的气魄与日俱增；那份走投无路的惶惑并没有消失，但另一种踏上了坦途的欣喜明显压过了它；对

〈1〉 鲁迅：《琐记》，《朝花夕拾》，人民文学出版社 1957 年版，第 54 页。

势利和愚昧者的厌恶依然强烈，但就在这旁边，又生出了一种分析、探究和拯救他们的理想主义的热情；虽不能说那默默忍受的态度就完全改变了，但一种奋起反抗的冲动，显然是一步步强烈起来。他毕竟是一个血气方刚的年轻人，一旦信奉了一种乐观主义的理想，就自然要付诸行动了。

于是他一到东京，就剪掉了辫子，除去那奴隶身份的可耻的标志。接着更沉入"如何救国"的庄严的思考，多次和朋友们讨论"怎样才是理想的人性？""中国国民性中缺乏的是什么？""它的病根又在哪里？"他得出结论说："我们民族最缺乏的东西是诚和爱，换句话说，便是深中了诈伪无耻和猜疑相贼的毛病。"这毛病是怎么来的？"两次奴于异族，……是最大最深的病根。做奴隶的人还有什么地方可以说诚说爱呢？"那该怎么办？"唯一的救治方法是革命！"[1]这些看法并不特别，无论提问的角度，还是回答的思路，都明显受了当时报刊上和留学生中的流行思潮的影响，但是，鲁迅的启蒙主义的心路历程，却正是由这样的思考开始的。他吟出"寄意寒星荃不察，我以我血荐轩辕"[2]那样宣誓般的诗句，毫不掩饰地以救国者自居；又发表《斯巴达之魂》那样慷慨激昂的文字，力倡一种与奴隶心态绝然相反的奋勇牺牲的精神；他还和朋友一起，利用课余时间去讲道馆练习柔道和摔跤，还自己备了一把刀，声称要回国复仇[3]，俨然要做一名斯巴达式的战士了。

难怪他在仙台碰了那么多壁，回到东京却依旧意气昂扬，那在

〈1〉 许寿裳：《我所认识的鲁迅》，人民文学出版社 1953 年版，第 18—19 页。

〈2〉 鲁迅：《自题小像》，周振甫编注：《鲁迅诗全编》，浙江文艺出版社 1991 年版，第 24 页。

〈3〉 景宋：《民元前的鲁迅先生》，见孙伏园：《鲁迅先生二三事》，上海：作家书屋 1945 年版，第 58 页。

去仙台之前就已经逐渐萌生的以血荐轩辕的大志，似乎稳稳地撑住了他。他很快就重返三年前的生活轨道，依旧是学外语，读理论，也依旧是写文章，谈救国。他开始长篇大论地抒发去仙台之前就逐渐萌生的那些思想。如《人之历史》，是宣传进化论；《摩罗诗力说》，是崇扬文学中的"斯巴达之魂"；《文化偏至论》，是鼓吹改变人心、再造国人的精神，与四年前写下的《〈月界旅行〉弁言》的题旨，几乎一模一样。尤其他这些文章的语言和文风，也像四年前那样慷慨激昂，一点都不比《斯巴达之魂》有什么逊色。

我常觉得，与文章的题旨相比，这文章的语气和文风，常常更能表现写作者的情感状态，正是从《斯巴达之魂》到《摩罗诗力说》这一路延续下来的慷慨激昂的文风，向人显示了鲁迅在日本期间的基本心态。至少在大部分时间里，他是自居为一个救国救民的启蒙者，对自己和民族的前途怀抱信心的，因此他才毫不吝啬自己的嗓门和精力，一任那慷慨悲歌的英雄主义情绪激越飞扬。1903 年他寄给朋友的照片上，眉宇间流溢出那样一股勃勃英气，就再清楚不过地证实了这一点。

一个人的实际境遇和他对这境遇的理解，竟能有如此大的差异，鲁迅明明是不断碰壁，甚至屡屡走投无路，却自以为踏上了救国救民的希望之道。是不是一个人越年轻，就越本能地往偏于乐观的方向去感知人事？也许黑暗时代里的最初的启蒙者，在呐喊上阵之前，都容易——甚至不妨说，也需要——对自己的处境发生类似这样的错觉？也许只有较长时间地陷身于社会战场、亲历各式的进退敌友成败悲欢之后，才可能形成对人世的真正稳固的理解，无论其为乐观还是悲观？不管怎么说吧，鲁迅此时的这种情形，还是令人特别担心。人世无情，不管你怎样理解它，它总要将自己的真实面目暴露给你，逼迫你看清楚它。鲁迅又是那么敏感的人，他的少年经历早已经在他心中灌注了对于冷酷人生的厌憎，一旦现实打破了他现在的乐观信念，他的心理上会发生怎样剧烈的反应呢？我似乎又隐约觉出了命运之神对他的恶意，就像在安排他的童年和少年生活时一样，莫非它又要重演故技，先用种种乐观的信念哄住他，然后一下子撕破它们，将他再一次推入震惊和绝望的深渊？

第五章　犹豫不定的灵魂

　　不用太担心，鲁迅毕竟不是小孩子了，他对命运之神的恶意，不会再像童年时候那样全然无知。他在理智上确实有错觉，但在深层的意识里，他的实际的人生体验，还是会继续影响他。他这时的确正兴奋地抱持着一种启蒙主义的乐观的信念，但他这乐观的信念本身，却又分明受到他另一些情绪的持续的侵蚀。

　　比方说，他在东京的弘文学院里探究中国人的国民性，这当然是表现了强烈的启蒙热情，可你看他这种探究的具体角度："诈伪无耻和猜疑相贼"，"口号只管很好听，标语和宣传只管很好看，……但按之实际，却全不是这回事"[1]，中国人的毛病不只在愚，更是在诈，不只在麻木，更是在虚伪——看到他从这样的角度去理解中国人，恐怕谁都会认定，是有一种对人的深刻的不信任在影响他吧。也就在这时候，他迷上了俄国作家安特列耶夫，同时翻译他两篇小说，一篇译名为《谩》（即欺诈），表现人世间的无真诚；另一篇译作《默》，描写一家人互不相通，只会默然相对。他又那样喜欢尼采，桌子上经常放一本《查拉图斯特拉如是说》。一个是对人间阴冷的犀利的洞察，一个是对卑劣人种的整个的唾弃，它们居然能引起他的强烈的共鸣，那理想主义的启蒙热情，显然并不能占

---

〔1〕　许寿裳：《我所认识的鲁迅》，人民文学出版社 1953 年版，第 19 页。

满他的身心。在鲁迅这时期的论文中，一到驳斥那些他认为乖谬的主张，发动的第一步攻击，往往是挑剔主张者的实际动机，揭发他们的心口不一，这不正是他那个探究国民性的角度的延伸吗？我不禁想起绍兴城中那个在当铺和药铺间匆匆奔走的少年人，想起他十多年来对周围卑劣人心的敏感和憎恶，在上面举出的现象当中，这敏感和憎恶是太明显了。

再比方说，他写那么多文字来鼓吹进化论，《人之历史》是不用说了，像《科学史教篇》《文化偏至论》和《破恶声论》，只要讲到欧洲和人类的历史，他都一概描述成不断进步的图景，可是，一涉及中国的事情，他的判断就不同了。对中国的现状，他是彻底否定的，什么"本根剥丧，神气旁皇"，什么"膴膴华土，凄如荒原"[1]，说得一无是处。可对中国的过去，他有时候却相当推崇，譬如《文化偏至论》一开头，他历数从轩辕氏到元明时期中国与外国的种种比较，非常明确地断言，中国人以往的"益自尊大"是"人情所宜然，亦非甚背于理极者矣！"[2]过去好，现在糟，这不等于说历史是倒退的吗？在另一处地方，他还这样描述中国文化的变迁："顾吾中国，则夙以普崇万物为文化本根，……其所崇爱之溥博，世未见有其匹也。顾民生多艰，是性日薄，泊夫今，乃仅能见诸古人之记录，与气禀未失之农人；求之于士大夫，戛戛乎难得矣……"[3]这除了表现其时他尊之为师的章太炎的论断的影响，不也正是一幅历史沉沦的标准图景吗？就在来自西方的理论使他相信历史必然进步的同时，对中国的现实感受却使他更愿意强调，中国

<hr />

〈1〉 鲁迅：《破恶声论》，《集外集拾遗》，人民文学出版社 1959 年版，第 21、24 页。

〈2〉 鲁迅：《文化偏至论》，《坟》，人民文学出版社 1956 年版，第 27 页。

〈3〉 鲁迅：《破恶声论》，《集外集拾遗》，人民文学出版社 1959 年版，第 26 页。

的社会文化是在一路倒退。进化论讲自然淘汰，本来包含对退化的关注，可鲁迅对进化论的兴趣，却主要不在这一方面，在情感上，他对弱肉理当强食那一套理论，根本就非常反感。他更不是一个不以特定地方为归依的世界主义者，他最看重的是中国的将来。因此，一旦他在中国的历史当中找不到历史必然进步的证据，这会对他对将来的乐观期望造成多大的威胁呢？

还有比这更大的矛盾。他这时候正以启蒙者自居，可他写下的几乎所有文章，都明显表现出对于民众的轻蔑，像"是非不可公于众，公之则果不诚；政事不可公于众，公之则治不郅"[1]，像"人人之心，无不泐二大字曰实利，不获则劳，既获便睡，纵有激响，何能撄之？"[2] 简直比尼采还要严厉。对民众是否接受启蒙，他更是没有什么信心，他甚至有一种相反的看法，以为民众多半要迫害启蒙者，从感慨"一梭格拉第也，而众希腊人鸩之，一耶稣基督也，而众犹太人磔之"[3]，到强调拜伦的"世辄谓之恶人"，雪莱的"人不容彼，而彼亦不容人"[4]，每当赞颂这些天才，他总不忘记特别去指出，他们是怎样地为世人所不容。他还由此引申出一条规律，说大凡先知和启蒙者，都难免要被人视为恶魔："正如中国所谓叛道，人群共弃，艰于置身。"[5] 如此恶评大众，把他们对启蒙者的态度描绘得这么坏，我实在要怀疑，他如何能维持自己向大众启蒙的热情。

大概也就是这种对大众的深刻的不信任，使他自我激励的誓词"寄意寒星荃不察，我以我血荐轩辕"，显露出那样双重的意味，既

〈1〉　鲁迅：《文化偏至论》，《坟》，人民文学出版社 1956 年版，第 36 页。
〈2〉　鲁迅：《摩罗诗力说》，《坟》，人民文学出版社 1956 年版，第 49 页。
〈3〉　鲁迅：《文化偏至论》，《坟》，人民文学出版社 1956 年版，第 36 页。
〈4〉　鲁迅：《摩罗诗力说》，《坟》，人民文学出版社 1956 年版，第 62、64 页。
〈5〉　同上书，第 53 页。

是发誓献身，却又倍感孤寂。他甚至把承受孤独判定为启蒙者的一项必备的条件："举世誉之而不加劝，举世毁之而不加沮。"[1]我总以为，启蒙者是不能对人民的多数失去信心的，因为他的希望，他个人的价值，就正系在那个多数身上；他也不能把孤独视为当然，更不能把它看成自己的永久伴侣，因为在某种意义上，孤独正意味着他的无能和失败。当然也可以说，鲁迅这样强调孤独，是一种愤激之词，他的本意，还是在给自己打气，希望能借此更牢固地站稳启蒙者的立场。可是，就在他用这样的方法来增强自己的启蒙毅力的同时，这方法也会不知不觉地将他引离开启蒙的立场："有从者则任其来，假其投以笑侮，使之孤立于世，亦无慑也"[2]，对大众的是否觉醒，似乎都无所谓了，这哪里还是一个启蒙者呢？

再来看他对科学和物质作用的认识。1903 年他写道："工业繁兴，机械为用，文明之影，日印于脑，尘尘相续，遂孕良果……"[3]似乎只要物质进步了，社会的精神自然就能进步。他后来写《说鈤》，写《科学史教篇》，去仙台学习医学，也都是表现了这种确信。可是，他对中国人的"劣根性"有那样透彻的认识，实际生活中又随处可见种种远非物质进步所能改善的病态现象，他对自己的这个确信，又禁不住要发生怀疑。尤其从仙台返回东京以后，更公开发表相反的意见："纵令物质文明，即现实生活之大本，而崇奉逾度，倾向偏趋，……必将缘偏颇之恶因，失文明之神旨，先以消耗，终以灭亡。"[4]顺着这条"掊物质而张灵明"的思路，他一直走到了替中国传统文化大声辩护的地步："今世冥通神閟之士

〈1〉　鲁迅：《破恶声论》，《集外集拾遗》，人民文学出版社 1959 年版，第 23 页。
〈2〉　同上。
〈3〉　鲁迅：《中国地质略论》，同上书，第 18 页。
〈4〉　鲁迅：《文化偏至论》，《坟》，人民文学出版社 1956 年版，第 37 页。

之所归也，而中国已于四千载前有之矣！"[1] 他甚至替佛教辩护，反对占用寺庙来开办新学校："事理神閟变化，决不为理科入门一册之所范围。"[2] 从《科学史教篇》的对于科学局限的承认，到《破恶声论》的对中国人传统宗教信仰的赞扬，他走得如此之远，现实中病态人心对他的刺激，实在太强烈了。

当鲁迅坐在榻榻米上一支连一支地吸烟、伏案疾书的时候，他大概没有意识到，他写下的这些长篇大论当中，竟有这许多矛盾的地方。历史究竟是进步的，还是不进步甚至倒退的？个人的价值究竟是在自己身上，还是在社会、大众和别人身上？对一个社会的更新来说，究竟是物质进步最重要，还是精神信仰最重要？他在东京的那些朋友中，倘若有谁向他追索这些问题的答案，他多半是回答不出的吧，就在启蒙主义的乐观信仰催促他拿出斩钉截铁的回答的同时，另一些深藏的怀疑却会伸出手来，在半道上截住它们。在那个意气风发的启蒙者的姿态背后，实际上是一颗被各种矛盾纠缠住的犹豫不定的灵魂。

灵魂的矛盾必然会在行为上表现出来。当时的东京，正是中国流亡者云集的地方，许多反抗清朝的政治和军事组织，都以这里作为基地。其中有一个光复会，骨干都是浙江人，全神贯注于组织暗杀和会党起义，在反清组织中，态度特别坚决。以鲁迅当时的救国热情，他很快就成为这些团体活动的积极参加者，演讲会也好，讨论会也好，常常能看到他那双专注的眼睛。他和光复会的关系尤其密切，光复会的实际领袖陶焕卿（陶成章），就是他的熟朋友。到后

〈1〉 鲁迅：《破恶声论》，《集外集拾遗》，人民文学出版社 1959 年版，第 26 页。
〈2〉 同上书，第 27 页。

来，他更加入这个组织，他的住所，也一度成为陶焕卿存放会旗、标识和其他重要物件的地点。在同伴中间，他的情绪往往很激烈。光复会会员徐锡麟刺杀安徽巡抚恩铭，结果被恩铭的亲兵剖腹挖心，消息传来，他在东京的一次集会上慷慨陈词，忽然听到有人在旁边冷言冷语，不禁大光其火，从此对那人产生反感，久久不能释怀。

可是，这仅仅是他的一面，他还有完全不同的另一面。既然参加了光复会，就要接受领导人的指派，有一次，一个任务落到他头上，派他也像徐锡麟那样，回国去刺杀清廷的某位大员。他当时接受了。可临动身前，他又去找那布置任务的人："如果我被抓住，被砍头，剩下我的母亲，谁负责赡养她呢？"这很令人扫兴，一个刺客，怎么能这样顾虑重重呢？于是光复会收回命令，不要他去了。

鲁迅是孝子，他对母亲将来的生活的顾虑，自然是真实的。但是，他之所以又回去问，却恐怕不止出于这一份顾虑。要做徐锡麟那样的刺客，需要具备特别的心理素质，其中关键的一条，就是要能信赖组织，将自己完全交出去。鲁迅虽有报国的志向，却不是一个愿意将自己完全交给别人的人，原因很简单，他不能无条件地相信别人。即便一时冲动，时间稍长，他对卑劣人心的体验，对一切冠冕堂皇的东西的习惯性怀疑，势必一点一点瓦解他的冲动，使他重新犹豫起来。有一次在东京，他目睹一个反清团体的领导人，当手下人在国内进行军事袭击、随时可能遭难的时刻，此人却坐在那里谈笑风生，仿佛毫不在意，不禁"焦躁不堪"[1]，直到许多年以后，还一再对人谈起。我能想象他当时的震惊，处在他那样的心境，恐怕任何人都会和他一样，要从那可能已经丧命的手下人的立场，来重新审视所谓"牺牲"的意义和价值吧。我也相信，正是类

---

〔1〕 景宋：《民元前的鲁迅先生》，见孙伏园：《鲁迅先生二三事》，上海：作家书屋，第50页。

似这样的重新审视，使他会对朋友这样说："假如焕卿一旦造反成功，做了皇帝，我们这班老朋友恐怕都不能幸免！"[1]他对陶焕卿都如此看，怎么可能义无反顾，跑回国内去当杀手呢？

鲁迅虽然有种种充足的内心理由，但在当时那样慷慨悲歌的气氛里，他又早做过"我以我血荐轩辕"的宣誓，结果却中途变卦，推卸使命，对人对己，总有点不大好交代。因此，这件事一直成为他的一块心病，将近二十年后，他还不断地为自己解释。他多次对许广平说："革命者叫你去做，你只得遵命，不许问的，我却要问，要估量这事的价值，所以我不能做革命者"，"我看事情太仔细，一仔细，即多疑虑，不易勇往直前"，甚至坦率承认："这其实还是革命以前的种种刺激的结果。"[2]这都是直接的解释。有一次许广平问他对暗杀的看法，他回答说："一，这不是少数人所能做，而这类人现在很不多，即或有之，更不该轻易用去；还有，是纵使有一两回类似的事件，实不足以震动国民，他们还很麻木……第二，我的脾气是如此的，自己没有做的事，就不大赞成。"[3]这就是间接的辩护了。类似这样的反对牺牲的话，他后来更一再说起，到1930年代还没有停止。

说实话，我并不相信他拒绝当刺客时，就已经想到了这么多，它们多半是他事后持续思考的结果。但也唯其如此，更显出了他当时那份犹豫的强烈程度，使命感和荣誉感的压力那么大，到几十年后还使他感到沉重，要竭力解脱，他最终依然拒绝当刺客，他内心的矛盾有多深，也就无须再说了。

————————

〈1〉　周作人：《周作人回忆录》，湖南人民出版社1982年版，第250页。
〈2〉　鲁迅：1925年3月31日致许广平信，《两地书》，人民文学出版社1959年版，第25页。
〈3〉　鲁迅：1925年4月14日致许广平信，同上书，第37页。

当然，最能够表现他这时候的行为矛盾的，还是他对婚姻的态度。他到日本不久，就接到母亲来信，说已为他定了亲，女方名叫朱安，是按旧式规矩教养大的，不识字，也没有见过他，但母亲见了喜欢，便托人说媒，定了这份亲。这是典型的包办婚姻，鲁迅的第一个反应，自然是反对，要求退婚。母亲的第二封信很快就来了，说不能退婚。鲁迅只好后退一步，提出两个条件：一要朱安放足，不再缠小脚；二要她进学校念书，学认字。显然，他此时对这份婚姻还抱着希望，即使不是自己选择的，也想尽量将它改造得符合自己的理想。可是，母亲的第三封信又来了，传达了朱安的意见：一、脚已经缠了多年，放不大了；二、不愿意进学校念书。事情到这一步，已经非常明白，从身体到心灵，朱安都是一个旧式女人，接不接受她，就看你的选择了。鲁迅没有立刻回信，似乎是想推迟选择。可没过多久，1906 年夏天，母亲的信又来了，说自己病重，要他速归。他匆匆赶了回去，可跨进家门，却看见母亲好好的，她没病，诳他回来，是要他完婚：无论时间上，还是地理上，他都没法拖延，必须立刻决定，你究竟接不接受这个荒唐的婚姻？

　　鲁迅接受了，他如期出席婚礼，头上还装了一根假辫子；婚后第二天，也按着习俗随朱安去娘家"回门"，似乎是愿意尽量地符合礼数。但是，这并不表明他真愿意屈服，婚后第三天，他就搬到母亲房中去睡；再过一天，更干脆离家远行，回日本去了。

　　这就很奇怪了，如此无情地弃妻而去，说明他并没有放弃对理想婚姻的渴求，正因为这种渴求非常强烈，却又遭到残酷的打击，他才会产生这样决绝的报复冲动。可既然如此，他为什么又要接受这个婚姻呢？他自己做过多次解释。一是说不愿意违背母亲的愿望，为了尽孝道，他甘愿放弃个人的幸福。二是说不忍让朱安作牺牲，在绍兴，订了婚又被退回娘家的女人，一辈子要受耻辱。三是说他当时有个错觉，以为在酷烈的反清斗争中，他大概活不长久，和谁结婚，都无所谓。

我相信他说的都是实话。当他做出选择的时候，他脑子里正有两个世界。一个是绍兴家乡的世界，它用多年积累起来的传统伦理和习惯意识，在他内心造就一种甘于忍受的心境，以致他一旦返回家乡，面对亲人，心理上便很自然地倾向于担任牺牲者的角色。另一个则是东京留学生活的世界，它刺激起他的血性，又灌输给他那么多理想和抱负，以致他一旦冲动起来，便情不自禁地把自己想象成救国救民的志士。有意思的是，在他面对这个婚姻的时候，这两个世界并非简单地站在两边，一个诱使他接受，一个力主他拒绝，而是相反，它们彼此融合，互相渗透，一起把他推向朱安。他决意为了尽孝而牺牲自己，当然是表现了传统伦理对他的深刻束缚；但是，这不同时也表现出一种自信，一种有能力承担牺牲的重负的自信，甚至是对这重负的不自觉的轻视吗？你从这自信和轻视背后，是否又能看见那意气风发的启蒙心态的影响呢？他对朱安的怜悯，自然是表现了对弱小和无辜者的人道主义式的同情，但是，他这样将朱安娶来，又弃她而去，不同样是造成她的不幸吗？他之所以想不到这一点，是正反映了以男性为中心的传统伦理思路的影响吧。同样，他预料自己活不长久而同意接受朱安，自然是表现了东京的激昂气氛的刺激，但是，这同时又表现了一种深广的悲观，一种对个人幸福的不自觉的放弃，而在这些背后，那绍兴的世界强加给他的阴郁心绪，不也相当明显吗？他为这场婚姻举出的三个理由，真是把他的内心矛盾的复杂性，表现得再清楚也没有了。

鲁迅回到东京，一定有一种轻松感，他可以抛开家里那些烦心的事，专心从事启蒙的工作了。可他没有想到，就在东京，也有一连串烦心的事情等着他。

他早有一个办杂志的计划，到这一年返回东京的时候，已经聚集了几位愿意撰稿的同志，经费也有人答应提供，于是他兴致勃勃，设计封面，选择插图，最后连刊物的名字也决定了，叫作"新生"，一个标准的启蒙主义刊名。可是，事情很快又变了，先是一位撰稿人去了英国，音讯全无，原先答应的稿件，一个字也不见寄来；接着是那位答应出钱的朋友，支支吾吾地食了言，剩下鲁迅和其他两位不名一文的人，对着那些插画和封面草图发怔。

当初办杂志的消息传出去时，留学生中间便有人连声讥笑，一位冒失鬼甚至当面来问：你们办这杂志有什么用？现在是连杂志也流产了，什么都不用回答了。

但鲁迅并不泄气。他一面在其他留学生办的杂志上接连发表文章，抒发那些他原想借《新生》来抒发的意见；一面又与也到日本来留学的周作人一起，筹措资金，寻找出版商，要将他们翻译的那批俄国和巴尔干作家的小说结集出版。经过一年多努力，书终于问世了，就是分成两册的《域外小说集》。这在某种意义上，是另一种形式的《新生》，倘能够有影响，多少也可以弥补《新生》流产带给他的失望。可惜的是，书的销路很差，上册印了1000本，下册印了500本，可上下册加在一起，卖出去的还不到100本。那堆积在寄售处库房里的剩余的书，足以将鲁迅内心又一次燃起的希望之火彻底压灭。

《新生》的流产和《域外小说集》的滞销，向他清楚地展示了留学生活的暗淡前景。他在日本已经住了七年，兴奋和热忱日渐消减。思想上的矛盾开始显露，他也越来越容易怀疑和犹豫了。倘若在这时，能有实际的成绩做出来，那还可以坚定原先的启蒙信念，偏偏又接二连三地遭遇挫折，他不能不为以后感到担忧了：接下去做什么好？就这样坐在公寓里读书、学德语、继续写时论文章吗？

也就在这时，绍兴老家又一次向他撒出网来：因为家中添了朱安，生计日艰；周作人又在东京读书，还要和那位日本姑娘羽太信子结婚，急需接济，母亲希望鲁迅能回国谋生，以养全家——前面路途茫茫，背后又生出这么多牵制，两方面一旦合了围，留给鲁迅的回旋余地，也就很小了。

1909 年 8 月，他离开东京回国，结束了十年的求学生涯。十年前，他怀着寻找国家和个人出路的热情离家远行，可现在，他却为承担他其实并不愿意承担的责任而返回故乡，当站在轮船甲板上回顾那越来越远的日本海岸线的时候，他的心情会是怎样呢？我想，他一定清楚地感到了命运之神的严酷和无情吧。

第六章　待死堂

鲁迅回到国内，先是在杭州的浙江两级师范学堂担任生理学和化学教员。我见过他此时的照片：短发，西装，白衬衫，整齐的领带，唇上留着短髭，颇为神气。这似乎正表现了他此时的心态，虽说是被动地回国挣钱养亲，毕竟还挟着一股东京生活养成的豪气。你看几个月以后，教员们奋起抵制蛮横守旧的新学监，他那样坚决地冲在前面，以致被人称为"拼命三郎"，就可以知道他此时的锐气相当旺盛。

不过，这时候的清廷已经摇摇欲坠，社会各界一片黑暗，即使身在新式学堂，空气也一样浊重难堪，且不说官僚的压制，小人的倾轧，就是那似乎应该真心未泯的学生，有时候也会使鲁迅大吃一惊。有一次上化学课，在教室里试验氢气的燃烧，他在讲台上放好一个氢气瓶，却发现忘了带火柴，只好对学生们说："我去取火柴，你们别去碰这个瓶子，一旦空气进去了，再点火就要爆炸的！"可是，等到他拿了火柴回来，一点火，那氢气瓶"嘭"地就炸开了，他手上的鲜血溅上了西装的硬领，也溅上了讲台上的点名簿。到这时候，他才发现，原先坐在前面两排的学生，都早已移坐到安全的后排去了：他们是知道氢气瓶要爆炸的！我无法想象他当时看着这群学生时的心情，说他们年幼无知罢，他们中有些人的年龄，已经超过了三十岁；那么是存心捉弄教员？倘真如此，他还有什么心情继续给他们授课？直到多年以后，他在北京还屡次提起这件事，可见刺激是如何深。那火柴引爆的岂止一只氢气瓶？它分明引爆了埋藏在鲁迅心中的全部阴暗的记忆。

在杭州仅仅当了一年教员，他便离开，回到绍兴的府中学堂去当学监。大河都那样污糟，小沟里怎么会干净，他在府中学堂教了不到半年，就已经想辞职了。实在是找不到其他合适的地方，才又勉强干了一学期，到第二年夏天，他无论如何不想再干了。他向上海的一家书店申请当编辑，还译了一点德文书去应考，结果被拒绝了。他又托朋友往其他地方找饭碗："越中学事，惟从横家乃大得法，不才如仆，例当沙汰。……而家食既难，它处又无可设法，京华人才多如鲫鱼，自不可入，仆颇欲在他处得一地位，虽远无害……"[1]

一面是"家食"的逼迫，一面是"纵（从）横家"的排挤，他夹在这样的缝隙之中，心情自不免消沉起来。他此时只有一个好朋友许寿裳，可以发发牢骚："仆荒落殆尽，手不触书，惟搜采植物，不殊曩日，又翻类书，荟集古逸书数种，此非求学，以代醇酒妇人者也。"[2]语气间竟流露凄苦之情。贫困和闭塞，向来是套在中国文人脖子上的两根绳索，你有再大的志向，一旦饭碗被砸，立刻会彷徨失措；而纵有满腹经纶，如果陷入宵小猥集的角落，也往往毫无办法，徒然受气。古往今来，多少有才气有抱负的文人，被这两根绳索勒得奄奄一息。你看鲁迅，回国才两年，心情思路都已经和做"拼命三郎"的时候大不相同。

他自己也知道，有一次对许寿裳讲述催周作人回国的事："起

〈1〉　鲁迅：1911 年 7 月 31 日致许寿裳信，《鲁迅书信集》上卷，人民文学出版社 1976 年版，第 12 页。

〈2〉　鲁迅：1910 年 11 月 15 日致许寿裳信，同上书，第 6 页。

孟来书，谓尚欲略习法文，仆拟即速之返，缘法文不能变米肉也，使二年前而作此语，当自击，然今兹思想转变实已如是，颇自悯叹也……"[1] 就很明白自己的精神活力，已经被艰难琐碎的生计之碾磨损得伤痕道道，就像十年前一样，倘若不能挣脱出去，他多半又要被他深恶的绍兴城吞噬了。

就在他一封连一封向朋友们写信求援的时候，辛亥革命爆发了，几乎一夜之间，中国就变了颜色，中华民国临时大总统孙中山取代了宣统皇帝，千千万万中国人也由清廷的臣民变为民国的公民。武昌起义后一个月，革命党人王金发带着军队，乘坐一队大木船抵达绍兴，当上了绍兴军政府的都督。以共和代替专制，本是鲁迅在东京奋斗的目标，浙江会党出身的王金发，曾经陶焕卿的介绍，参加过光复会，更算得上他的同志。因此，无论全国还是绍兴，形势的发展似乎都符合鲁迅原先的期待，王金发到绍兴不久，便委任他为山会初级师范学堂的校长，这更容易使他产生希望，似乎天地果然翻了个身，新的时代开始了。

鲁迅又变成了"拼命三郎"。他奔走迎接绍兴的光复，还自己挂起指挥刀，带领学生上街游行，维持秩序。做了山会初级师范学堂的校长之后，更是尽心尽力，从学生的睡眠一直管到他们的伙食。查夜，诊病，代教员批改作业，向王金发索讨经费：几乎到了事必躬亲的地步。他还支持几个学生办了一张《越铎日报》，替他们拟发刊词，辟杂文栏，换着笔名写短文，针砭绍兴的种种时弊，甚至抨击军政府。昔日在东京筹办《新生》、撰写政论的热情，再

---

〔1〕 鲁迅：1911 年 3 月 7 日致许寿裳信，《鲁迅书信集》上卷，人民文学出版社 1976 年版，第 9 页。

度焕发。

但是，就像中国的其他地方一样，绍兴是这样一个绍兴，不做根本的改变，只换几个当官的人，那就用不了多久，一切都会恢复原样。王金发很快就被原先的绅士们围住，得意扬扬地摆起都督的威风，连他手下的随员，穿布衣来绍兴的，不上十天，也纷纷换上了皮袍子：腐败的速度一点都不比旧官僚慢。

鲁迅的日子很快又难过起来，种种人事上的排挤且不去说，单是学校的经费，就催了又催，最后干脆答复说："没有了！"他这校长还怎么当？回到家里，他忿忿地对母亲说："绍兴地方不好住！住在绍兴非要走衙门，捧官场不可。这种事我都搞不来！"[1]王金发不给学校经费，却送了500块大洋去收买《越铎日报》，那几位年轻人居然也收下，鲁迅跑去劝阻，竟碰了一鼻子灰。上面是这样的军政府，下面是这样的反对派，辛亥革命前那种视绍兴为"棘地"的念头，自然会重新浮上他的心头。中国的老话说，危邦不入。既然绍兴不可居留，那就还是走吧。不到一个月，《越铎日报》馆果然被王金发的士兵捣毁，这更证实了他的判断：从少年时代起，绍兴就一直使他蒙受压抑，即便来了辛亥革命，也不能改变这种状况，他再也不用抱什么希望，他和绍兴这座城市的缘分，已经尽了。

也就在这个时候，由于许寿裳的推荐，南京临时政府的教育部长蔡元培邀请鲁迅去当部员。这不啻是向他开启了一扇逃脱绍兴的门户，他当然要夺门而出。1912年2月到南京；三个月后教育部北迁，他又被任命为北京政府教育部的佥事，兼社会司第一科科长，

<hr />

[1]　阮和苏：《谈鲁迅二三事》，绍兴鲁迅纪念馆编印：《乡友忆鲁迅》，1986年版，第39页。

于是在 5 月底抵达北京，住进宣武门外的绍兴会馆。

从 1912 年到 1925 年，鲁迅在教育部做了十三年的佥事。他对工作相当负责。为筹办历史博物馆，他曾经捐出个人收藏的文物；有一次，办公室里堆着一批送往德国参加万国博览会的文物，他甚至通宵守卫，不眠至晓。那一套通行几十年的汉语注音字母（ㄅ、ㄆ、ㄇ、ㄈ……），就是他和许寿裳等人在教育部的"读音统一会"上建议通过的。由于协助筹办一个展览会，他还获得教育部的一枚奖章。甚至到西安讲学，他也不忘记去看西安"易俗社"的秦腔演出，还捐款给这个剧社，因为它受过教育部的褒奖，正在他工作的范围之内。

他是个认真的人，既然拿着官俸，做事自然不会马虎。但是，他初到北京时的格外尽力，是否也因为这是一种新的生活，他愿意自己的命运有个转折，所以特别殷勤呢？希望自己的生命能有一个值得的意义，这是每个人与生俱来的愿望，虽然鲁迅经历过那么多挫折和失望，现在这远离绍兴、依时办公的生活，毕竟和以前有很大的不同，倘他因此产生某种隐约的希望，不也是非常自然的吗？

可是，北京的生活很快又变得难挨起来。鲁迅一个人住在绍兴会馆西侧的一排僻静的小屋中，除了去教育部办公，便是一人向壁，寂寞和无聊与日俱增。北京官场的气氛一天比一天紧张，随着袁世凯当皇帝的欲望日益强烈，他手下的鹰犬也日益活跃。他们特别警惕政府内部的文官，不断地捕人，以此威吓那些可能反袁的官员。鲁迅偏偏又是随蔡元培北上的人，属于南方的革命党，就格外容易引起特务的注意。在教育部内，蔡元培已经辞职，新任总长视鲁迅为蔡党，也正在寻找机会，要将他赶出教育部。

怎么办？看看教育部的同僚，都纷纷学古人的样，或嫖或赌，或古玩或书画，夸张地表现自己沉溺于某一种非政治的嗜好，以此逃避袁党的猜疑的目光。连那位蔡锷将军，也是躲在名妓小凤仙的房中，才保下一条命的。显然，鲁迅除了学大家的样，没有别的路可走。但是，他生性简朴，不爱赌，也不喜嫖，买古玩书画吧，又没有那么多钱，只好选择一种较为省钱的事情——从石刻拓本抄古碑，作为自己的"嗜好"。

于是他每天上午九、十点钟起床，梳洗后直接去部里办公，到黄昏时返回会馆。吃过晚饭，八点钟开始抄碑，看佛经，读墓志，常常要弄到半夜一两点钟。买来的汉碑拓片大多残缺模糊，抄起来极费心思，有时候抄清一张要好多天。既能远祸，又能消磨长夜，鲁迅渐渐还生出校勘的兴趣来。一夜连一夜的孤灯枯坐，时间飞快地流逝，一转眼，竟抄了五六年。

当然，在绍兴也罢，在北京也罢，使鲁迅的日子真正难挨的，都不只是政局的无望和官场的压迫。当他劳累了一天，在山会初级师范学堂的校长室里独坐抽烟的时候，当他在绍兴会馆的静夜中辗转难眠，静听窗外老槐树叶的簌簌声响的时候，他会不会后悔自己过去的天真呢？当初在日本，以为天地广大得很，也就不怎么在意与朱安的婚姻，甚至对人说，那是母亲娶媳妇。可他现在回来了，发现天地原来那样低窄，自己也并无振翅高飞的能力，其实是只能在一块极小的地面上兜圈子，而在这个圈子里，正有朱安与他朝夕相对：到这时候，他才真正尝到那场婚姻的苦味，才明白过来，是自己娶了媳妇。倘说朱安是个包袱，它可并不是压在别人身上，而是压在他的身上。

他的天性毕竟温厚，一直勉强自己，对朱安以礼相待。有一次朱安娘家经济拮据，他还寄钱去资助。我甚至相信，他曾经做过努力，要和朱安建立某种情感的交流，她毕竟是他的妻子，越是在社会上遭遇种种的不如意，那种想在家庭中寻求安慰的冲动，也自然会越加强烈。我更相信，朱安一定也竭其所能，尽量来迎合鲁迅，她知道鲁迅不喜欢她，但她既然嫁到了周家，就甘愿一辈子陪伴他，能获得他的接纳，是她后半生最大的目的。可是，他们之间的智力和文化差距实在太大，鲁迅对她又没有感情，稍一接触，便会发现她的种种缺陷，那点原来就很微弱的交流的热情，很容易就消退下去。他对母亲抱怨说："和她谈不来，……谈话没味道，有时还要自作聪明……有一次我告诉她，日本有一种东西很好吃，她说是的，她也吃过的。其实这种东西，不但绍兴没有，就是全中国也没有，她怎么能吃到？这样，话就谈不下去了。谈话不是对手，没趣味，不如不谈……"[1]连话都不想谈，从鲁迅这一面说，已经是将朱安视同路人了，可是，他们又必须住在一起，你想想，从早到晚，都要和一个其实连话都不愿对她说的女人在一起，这种处境，真可以算是造物主施加给人类心灵的最难挨的苦刑了。

他当然要逃避，可是，倘不离婚，这逃避的余地也就很有限，唯一的办法，就是离家独住。所以鲁迅回国之后，先是住在杭州，后来回绍兴，也多半住在师范学堂的宿舍，很少回家过夜。他在托许寿裳给他介绍工作的信中，特别写上"虽远无害"，就正是出于这种离家避居的愿望。后来去南京，去北京，他都是独自一人，情愿忍受种种独居的劳苦，也不肯将朱安接来同住。在绍兴会馆的七年间，他都是一人独居，倘不是母亲几次来信，要他接她们去北京，他恐怕还会一直这样逃避下去吧。

但是，这仅仅是一种形式上的逃避。朱安是不在身边了，婚姻

（1） 俞芳：《封建婚姻的牺牲者——鲁迅先生和朱夫人》，薛绥之主编：《鲁迅生平史料汇编（第三辑）》，天津人民出版社 1983 年版，第 483 页。

的束缚依然紧跟着他。至少在初到北京的几年里，他几乎没有一个女性的朋友。他才三十几岁，每个体格健全的男人都有的那些欲望和渴求，他同样都有。它们得不到宣泄和满足时的痛苦，更会对他造成精神和生理上的双重折磨。一个正当盛年的男人，在至少长达十年的时间，一直过着禁欲的生活，真难以想象，他是怎样经历这一切，又是用什么方法来缓解那些折磨的。郁达夫曾经引他一位学生的话，说鲁迅"虽在冬天，也不穿棉裤，是压抑性欲的意思"[1]。我不想说事实就一定如此，但可以肯定，为了长时期地克制自己的孤独感和性欲，他一定用过各种艰难的手段，在心理和生理上也难免要付出代价。鲁迅学过医，很知道这样的禁欲生活对人会有什么伤害，他后来写道："因为不得已而过着独身生活者，则无论男女，精神上常不免发生变化，……生活既不合自然，心状也就大变，觉得世事都无味，人物都可憎。"[2]这些话虽有特定的指向，他对独身者的心理状态能有这样透彻的把握，显然是掺入了自己的切身体验。明知道这是一种折磨，却还要挑选来担着，因为倘不如此，就必须担任另一种更苦的罚役。请想一想：他是在用什么样的心情过日子？

难怪在绍兴的时候，甚至还在杭州的时候，他就逐渐养成了一种不修边幅的习惯。我们都还记得他刚结婚的时候，是如何被乡人看成漂亮的人物，也记得他归国初期，留在照片上的那副西装革履、英气勃勃的神情。可是，才一两年的时间，到辛亥革命之后，他竟是以这样的模样出现在山会初级师范学堂：神色苍白，面容消瘦，头发长到一两寸，不修剪，根根直竖，简直像四五十岁的人；

〈1〉　郁达夫：《回忆鲁迅》，《郁达夫文集》第4卷，广州：花城出版社1982年版，第206页。
〈2〉　鲁迅：《寡妇主义》，《坟》，人民文学出版社1956年版，第196—197页。

一件黑色棉布袍，从秋天直穿到冬天；黑色的西装裤，再加上黑色的袜子与皮鞋；不多说话，脸上也没有什么笑容——这变化真是太大了！一个人的衣着习惯，往往反映他内心深处对自己的态度。中国向来有故意穿得破破烂烂、显示洒脱不拘的名士风度，但鲁迅不是这种人，他并不愿意自己囚首垢面，比如，他对自己的胡子，就经常拿着剪刀修剪。但他事实上仍然养成了随意马虎的衣着习惯，而且不仅在穿衣上，其他诸如被褥的软硬薄厚，家具的舒适与否，他都颇为随便。他甚至嘲笑别人使用生发油之类的化妆品：这是否正表现他对自己的一种深藏着的不在乎呢？男人久不与女人交往，往往不惮于邂逅，但你从鲁迅身上看到的，却不只是这一点。自成年以来，他辗转奔波，苦苦追求，却不断受挫，处处碰壁，现在又蛰居于北京城中这萧索寂寞的会馆一角，国家社会的前途也罢，个人的功名事业也罢，他都不能不看淡，不能不放弃。而既然如他后来形容的，在婚姻大事上饮用了"慈母……误进的毒药"[1]，对自己的个人幸福，他也不能再抱什么希望了。

他刻了一方石章，曰"竢堂"，又给自己选了一个号，叫作"俟堂"。笔画虽不同，意思是一个，就是"待死堂"。他竟会取这样的名号，刻这样的印章，就是再粗心的人，也不难想见他的心情，一种对于社会和个人的深刻的悲观，一种对于历史和将来的凄苦的绝望，正交织成他这时候的基本心态。我所说的那种深藏他内心的对自己的不在乎，就正是指的这一点。

鲁迅思想历程的一个重要的阶段，到这时是结束了。仗着在宽裕的童年时代养成的天性，也因为青年人的乐观和天真，他一直都没有认真去正视自己的命运，也一直不愿意放弃乐观进取的理

---

〔1〕 鲁迅：《杂感》，《华盖集》，人民文学出版社 1958 年版，第 35 页。

想。可是现在，他不但被迫回国谋生，更满饮了回国之后的十年的人生苦酒，就是再不情愿，他也只能承认，自己已经被赶进了一个深坑，环顾四周，似乎都没有爬出去的可能，那就干脆坐在里面等待，任凭你什么东西，包括死亡，都请来吧！一种极度的愤激，使他对自己的命运的理解，第一次和那命运本身吻合了。

第七章　戴着面具的呐喊

　　但是，就在鲁迅自以为无望、只能"待死"的时候，从那深坑的上面，却悄悄地垂下了一根绳梯，它就是陈独秀在1915年夏天创办的《新青年》。[1] 这位因参加"二次革命"而被迫流亡日本的安徽人，年龄与鲁迅相仿，性情却远比他开朗，刚刚回到上海，就一心要和袁世凯们再战一场。但他不再像以前那样指望直接的政治和军事斗争，而是转向思想启蒙，他的目的也不再是推翻一个袁世凯，而是要铲除滋生军阀专制的整个文化和思想传统。正是在这种激烈的战斗情绪的催促下，陈独秀将《新青年》办得生气勃勃，很快就引起了北京、四川甚至远在美国的志同道合者的响应，李大钊、胡适、高一涵、钱玄同等人先后参加了编辑部。正巧蔡元培出任北京大学校长，决心将这所官气极重的京师最高学府改造成新思想的大本营，便将陈独秀和胡适们请去当教授，《新青年》也随之迁往北京，声势更为壮大。到1917年和1918年，北京已经形成了一个以《新青年》和北京大学文科为中心的新文化运动，它激动了几乎每一个敏感的读书人的心。

　　鲁迅住在北京，又在教育部任职，对这场越刮越猛的新文化运

〈1〉　这份刊物最初名叫《青年杂志》，1916年改为《新青年》。为行文方便，我一开始便称它为《新青年》。

动，当然是知道的。但是，他最初却并不重视，也不以为它会对社会有多大的作用。他从一位朋友那里听说了《新青年》，特地买来看，看完之后，却没有多大兴趣，就丢开了。对蔡元培改革以后的北京大学，他也不抱什么希望："大学学生二千，大抵暮气甚深，蔡先生来，略与改革，似亦无大效。"[1] 甚至到1920年，"五四"学潮发生一年多了，他还这样说："比年以来，国内不靖，影响及于学界，纷扰已经一年。世之守旧者，以为此事实为乱源，而维新者则又赞扬甚至。全国学生，或被称为祸萌，或被誉为志士，然由仆观之，则于中国实无何种影响，仅是一时之现象而已，谓之志士固过誉，谓之乱萌，亦甚冤也。"[2] 一个准备"待死"的人，对世事的判断自然容易悲观。

　　但是，就在他的理智如此消极地看待新文化运动的同时，他的生命本能却做出了热烈的反应。他毕竟还不到四十岁，就是理智上再绝望，生命的本能冲动也不会甘心，它总要时时冒上来，想拽他离开那单人禁闭式的生活。因此，一旦听见绍兴会馆外面的新文化运动的声浪，它自然就要抓住不放，以此来刺激鲁迅内心的怀疑意识，将它引向与原来相反的方向，不是怀疑乐观和理想，而是怀疑悲观和绝望：我的命运就真是这样地不可改变了么？难道就只能这样消磨余生了么？就算不能摆脱母亲给自己设下的婚姻桎梏，在对社会的改革上面，我也一点都不能出力了么？社会给了我那么多伤害，为什么我就不能用呐喊来报复它呢？即便于实际并无多大的帮助，总可以使自己振作一些吧？……在人的各种意识当中，怀疑意

〔1〕 鲁迅：1919年1月16日致许寿裳信，《鲁迅书信集》上卷，人民文学出版社1976年版，第20页。
〔2〕 鲁迅：1920年5月4日致宋崇义信，同上书，第28页。

识常常是最有力的，它本身不需要提出证据，也就很难用什么证据彻底地驳倒它。越是内心矛盾的人，越容易接受怀疑意识的影响，因此，鲁迅的生命本能一旦获得这怀疑意识的帮助，悲观主义的理智就不大能再长久地压住它。到 1918 年，他终于接受钱玄同和陈独秀的怂恿，开始向《新青年》投稿了。先是小说，再是诗，再是杂文和长论：以投身新文化运动为绳梯，他决意要爬出那个"待死"的深坑了。

要爬出去却不容易，他先得克服一个很大的心理障碍。他这样描述钱玄同动员他投稿时，他的心理活动：

> 我想，他们许是感到寂寞了，但是说：
>
> "假如一间铁屋子，是绝无窗户而万难破毁的，里面有许多熟睡的人们，不久都要闷死了，然而是从昏睡入死灭，并不感到就死的悲哀。现在你大嚷起来，惊起了较为清醒的几个人，使这不幸的少数者来受无可挽救的临终苦楚，你倒以为对得起他们么？"
>
> "然而几个人既然起来，你不能说绝没有毁坏这铁屋的希望。"
>
> 是的，我虽然自有我的确信，然而说到希望，却是不能抹杀，因为希望是在于将来，决不能以我之必无的证明，来折服了他之所谓可有，……[1]

他说得很坦率，虽然是决意呐喊了，心境却和在东京策划《新

---

〔1〕 鲁迅：《〈呐喊〉自序》，《呐喊》，人民文学出版社 1956 年版，第 5 页。

生》的时候大不相同，也和绍兴光复后率领学生上街游行的时候大
不相同，当年那种真理在手、光明必胜的信念，那种慷慨激昂、志
在天下的雄心，已经所剩不多，他现在的"确信"常常是在另一
面，就是铁屋子的"万难破毁"。倘若层层追究他提笔作文的最终
动力，那大概只有一个"不甘心"：不甘心自己就只有这样的命运，
不甘心社会就这样保持对自己的胜利。

但是，他又要投身一场宣传新思想的运动，尤其是这样一场意
在改造社会、救国救民的文化运动[1]，他必须像陈独秀们那样扮演
一个演说家和鼓动者的角色，必须向公众不断地发表对现实和未来
的积极的看法。而且，在新文化运动这样为着特定的社会政治目的
发动起来的运动当中，发动者并不能自由选择自己想说的话，他们
最初设定的目标，早已为他们划定了说话的范围。你不是想唤醒民
众去铲除专制吗？你就只能在你的思想武库当中，选那些最能迅速
地打动人心、最能激发人反抗冲动的兵器来挥舞。在 1910 年代，
陈独秀们手中的新思想，几乎全都是从西方搬来的：人道主义、进
化论、无政府主义、科学和民主，诸如此类。大家都相信它们是最
有效的思想武器，几乎每一个投身新文化运动的人，都情不自禁会
拉开嗓子，热烈地鼓吹它们。不用说，鲁迅要给《新青年》写稿，
也就只能讲这些东西。

这就是他的心理障碍：一方面，他应该加入陈独秀们的思想合
唱，甚至应该表现得和他们一样满怀信心，认定这些外来的新思想
一定能帮助年轻人改造中国；可另一方面，他心里又并没有这样的

〈1〉 以《新青年》创刊为标志、发端于 1915 年的新文化运动，虽然众多参与者各有所图，
　　但其发起者们——以《新青年》同人为核心——的那种明确的救世意图，那种借思想
　　和学术来推动政治变革的功利目的，尤其是这目的赖以产生的那种普遍的、为各路参
　　与者共享的关于国家民族的危机意识，都合力赋予这场运动一种相当直接的政治含义。

信心，他确信的东西甚至常常和它正相反，这怎么办？

从他那段有关"铁屋子"的自我描述，可以看出他是通过这样两步来克服自己的障碍的。第一步，还是靠那个怀疑意识，虽然自己拥有"必无的证明"，钱玄同的希望却是指向将来，只要前面还有一个将来，你就不能说希望一定不能实现，在这里，他运用的正是那种"即使太阳已经从东边升起了一万次，也不能说它明天就一定不会从西边升起"的推论。第二步，既然钱玄同式的希望也能成立，那就不必在它和自己的"确信"之间弃一择一，而是对两者都不妨接受，心里保留"确信"，手上却开始"做文章"，说得明白一点，就是干脆戴一副面具。

从某个角度看，这自然是一种信仰上的不彻底，一种对待内心矛盾的过于宽大的灵活性，但是，鲁迅恰恰是靠着这种不彻底和灵活性，才跨过了那个心理障碍，发出启蒙的呐喊。他早已过了信仰纯一的年龄，思想上只会越来越复杂，现在却要扮演一个信仰坚定的角色，除了戴面具，他还有什么别的法子？在整个 1920 年代，他都不否认这一点。1925 年，他对许广平说："我所说的话，常与所想的不同，至于何以如此，则我已在《呐喊》的序上说过：不愿将自己的思想，传染给别人。何以不愿，则因为我的思想太黑暗，而自己终不能确知是否正确之故。"[1] 1926 年 12 月，他更在公开的文章中写道："几年以来，有人希望我动动笔的，只要意见不很相反，我的力量能够支撑，就总要勉力写几句东西，……人生多苦辛，而人们有时却极容易得到安慰，又何必惜一点笔墨，给多尝些孤独的悲哀呢？"[2] 这已经是和盘托出了。

〔1〕 鲁迅：1925 年 5 月 30 日致许广平信，《两地书》，人民文学出版社 1959 年版，第 62 页。
〔2〕 鲁迅：《写在〈坟〉后面》，《坟》，人民文学出版社 1956 年版，第 208—209 页。

于是他摆出了慷慨陈词、大声疾呼的神态。他抨击现实中种种鼓吹迷信、乱诌"鬼话"的怪事，更驳斥社会上种种捍卫"国粹"、诋毁新学的谬论；他号召觉醒者"大叫"，一直要"叫到旧账勾消的时候"[1]，更希望青年人"都摆脱冷气，只是向上走"[2]。他极力鼓励："新的应该欢天喜地的向前走去，这便是壮，旧的也应该欢天喜地的向前走去，这便是死；各各如此走去，便是进化的路"[3]；更斩钉截铁地宣布："生命的路是进步的，……什么都阻止他不得。"[4]他还多次拿欧洲的事情来做将来的证明，由第一次世界大战之后欧洲人的自我反省，引出"多有不自满的人的种族，永远前进，永远有希望"[5]的结论；由俄国"十月革命"的成功，他更一往情深地咏叹："在刀光火色衰微中，看出一种薄明的天色，便是新世纪的曙光！"[6]乍一看，他简直和十年前向《河南》杂志投稿的时候没什么两样了。

但这只是一种表象，他心里并不真这样激昂。就在写这些随感录的同时，他给一位东京的朋友写信说："中国人无感染性，他国思潮，甚难移殖，将来之乱，亦仍是中国式之乱，非俄国式之乱也"，甚至由此断定，中国的转变"但有一塌胡涂而已！"[7]比起那些随感录，这封信中的话当然深刻得多，我今天阅读它，仍然感觉

〈1〉 鲁迅：《随感录·四十》，《热风》，人民文学出版社 1956 年版，第 30 页。
〈2〉 鲁迅：《随感录·四十一》，同上书，第 32 页。
〈3〉 鲁迅：《随感录·四十九》，同上书，第 44 页。
〈4〉 鲁迅：《随感录·六十六》，同上书，第 66 页。
〈5〉 鲁迅：《随感录·六十一》，同上书，第 59 页。
〈6〉 鲁迅：《随感录·五十九》，同上书，第 57 页。
〈7〉 鲁迅：1920 年 5 月 4 日致宋崇义信，《鲁迅书信集》上卷，人民文学出版社 1976 年版，第 29 页。

到沉甸甸的分量。一个人对社会的未来已经有了这样透彻的认识，即便勉力激昂，也很难持久，面具终归是面具，不可能遮没真人的全身，时间一长，写的文字一多，鲁迅内心那些悲观的"确信"，就从面具的四边溢露出来了。

1923年，他去北京一所女子师范学校演讲，本意当然是鼓励年轻人切实争取人生的幸福，可讲着讲着，他却说出了这样的话："人生最苦痛的是梦醒了无路可以走。做梦的人是幸福的；倘没有看出可走的路，最要紧的是不要去警醒他……"[1]这不又是那个"铁屋子"的比喻吗？在这篇不长的演讲中，他几次三番重复这样的意思，还引了俄国作家阿尔志跋绥夫的话，说是"万不可做将来的梦"：这几乎是要将面具掀开来了。到了1925年，他更在杂文中接连表示对于历史进步论的怀疑和否定："革命以前，我是做奴隶；革命以后不多久，就受了奴隶的骗，变成他们的奴隶了。"[2]十年前，他只是把中国过去的历史看成一种倒退的历史，现在他干脆把这倒退的历史，一直延续到了现在。于是，他要人们到往昔去寻找"将来的命运"："试将记五代，南宋，明末的事情的，和现今的状况一比较，就当惊心动魄于何其相似之甚，仿佛时间的流逝，独与我们中国无关"；他更不禁仰天长叹："'地大物博，人口众多'，用了这许多好材料，难道竟不过老是演一出轮回把戏而已么？"[3]

一般说来，人总不愿意说话自相矛盾，鲁迅之所以要戴面具，就是想避免这一点。既然是呐喊助阵，更不应该泼冷水，何况他也

---

[1]　鲁迅：《娜拉走后怎样》，《坟》，人民文学出版社1956年版，第118页。

[2]　鲁迅：《忽然想到·三》，《华盖集》，人民文学出版社1958年版，第10页。

[3]　鲁迅：《忽然想到·四》，《华盖集》，第13页。

并不真能肯定，这仗一定就非输不可。因此，只要还没有气昏了头，他就总要勉强自己，尽量多说些乐观的话。可是，就是他的这些勉力呐喊的话，你听到后来，也常常会不自觉地收紧心胸，因为那呐喊声中，分明含着一种勉强，一种愤激，有时候，你甚至会觉得它非常刺耳，就像是一种反话。

比方说，还在1918年冬天，他就对《新青年》式的启蒙发表过这样的看法："假如有人偏向别处走，再劝一番，固无不可；但若仍旧不信，便不必拼命去拉，各走自己的路"，接着还引耶稣和尼采的话："耶稣说，见车要翻了，扶他一下。Nietzsche说，见车要翻了，推他一下。我自然是赞成耶稣的话，但以为倘若不愿你扶，便不必硬扶，听他罢了。……倘若终于翻倒，然后再来切切实实的帮他抬。"[1] 这些话整个的意思，当然是积极的，"各走自己的路"也好，"切切实实的帮他抬"也好，都是主张有为的。但是，你再仔细体味，就会发现还有一层意思，那就是放弃——倘若他们不肯听劝，那就随他们去吧，这就和《新青年》的基本立场不一样了。既是想改造社会，那就不能讲放弃，倘若这个"他"不只代表一群遗老遗少，它更意味着形形色色的愚昧的人群，意味着从赵太爷到阿Q的社会的多数呢？"他"将使整个民族都坠入灭亡，你还能放弃吗？可是，从鲁迅这话的逻辑来看，他的回答应该是："不错，也一样放弃。"

事实上，在一年以前，他早已在私下做出过这样的回答："盖国之观念，其愚亦与省界相类。若以人类为着眼点，则中国若改良，固足为人类进步之验……；若其灭亡，亦是人类向上之验，缘

〈1〉 鲁迅：《渡河与引路》，《集外集》，人民文学出版社1959年版，第31页。

如此国人竟不能生存，正是人类进步之故也。"[1] 1921 年，他更在一篇意在呐喊的公开的文章中说："一个人死了，在死者自身和他的眷属是悲惨的事，但在一村一镇的人看起来不算什么；就是一省一国一种……"[2] 话虽故意只说了半句，但那个"听他罢了"的范围有多大，却标示得明明白白了。我当然理解他的苦心，这"实在不行就算了"的说法，其实是一剂预防针，是用来稳定启蒙者的情绪，使他不至于为了收不到效果而失去信心，目的还是在打气的。但是，恰恰是他这种先找一条心理退路的打气方式，使人禁不住要心里发凉，那对启蒙之无效的透彻的预感，实在凸显得太触目了。

在谈及思想启蒙的时候，他还有一种特殊的说法，就是强调它的长期性。1925 年他说："现在的办法，首先还得用那几年以前《新青年》上已经说过的思想革命，……而且还是准备'思想革命'的战士，和目下的社会无关。待到战士养成了，于是再决胜负。"[3] 在另一处地方，他说得更具体："现在没奈何，也只好从智识阶级——其实中国并没有俄国之所谓智识阶级，此事说起来话太长，姑且从众这样说———一面先行设法，民众俟将来再谈。"[4] 这其实还是那个"各走自己的路"的意思，是预防久攻不克的焦躁而先做的一种心理准备，并不是启蒙没有效果，而是它本来就来得慢，社会一定会有改变，民众也一定能够醒悟，只不过这一切都在遥远的将来，你现在还不能够看见：差不多七年之后了，他却还在重复"听他罢了"的话，你说这是呐喊呢，还是叹气？

〈1〉　鲁迅：1918 年 8 月 20 日致许寿裳信，《鲁迅书信集》上卷，人民文学出版社 1976 年版，第 18 页。

〈2〉　鲁迅：《随感录·六十六》，《热风》，人民文学出版社 1956 年版，第 66 页。

〈3〉　鲁迅：《通讯》，《华盖集》，人民文学出版社 1958 年版，第 15 页。

〈4〉　同上，第 18 页。

当然，鲁迅在"五四"前后发表的最重要的文字，还是小说。从《狂人日记》到《白光》，他四年间一气写下了十多篇。他自己说，他写这些小说是意在"呐喊"[1]，你顺着这个角度去读，也确实能从中听到启蒙的呼叫。《狂人日记》是揭发中国历史的"吃人"的本质，《孔乙己》则是表现冷酷人世的另一种"吃人"的真实；《药》凸显了老百姓的深入骨髓的愚昧，《风波》则强调了中华民国的徒有其名的脆弱。《白光》描绘出旧式文人的无可挽回的悲剧，讽刺和控诉都远比《孔乙己》犀利；《阿Q正传》对病态的国民灵魂的透彻的揭发，对辛亥革命前后中国社会情形的深刻的表现，更是汇聚成宏大雄壮的启蒙的呐喊，显示出"五四"那一代人对社会批判的最高水平。不用说，与《随感录》相比，这些小说更能够表现鲁迅的呐喊的激情。

但是，就像他那些独特的打气的话一样，你细读他这些小说，到最后也会在呐喊的声响之外，又觉出另外的意味。譬如《狂人日记》，那"狂人"对"吃人"的历史的批判是那样激烈，在吃人者的包围中间又那样不屈，最后还要高喊"救救孩子"，你多半会将他奉为一名清醒的先觉者吧，可是，鲁迅在小说的引言当中，却引用"狂人"的哥哥的话，说他"早已愈，赴某地候补矣"[2]，一旦把这引言和正文联系起来，你会产生什么样的感觉呢？再譬如《药》，以"愚昧的乡民拿启蒙者的鲜血当药吃"作为基本情节，通篇的描写又是那样冷峻阴郁，尽管作者在结尾添了一个花圈，放在启蒙者的坟头，整篇作品的压抑的氛围，还是会使你喘不过气来。尤其是《阿Q正传》，从第一章的有意的揶揄和戏谑，到最后一章描写

---

〔1〕 鲁迅：《〈呐喊〉自序》，《呐喊》，人民文学出版社 1956 年版，第 5 页。
〔2〕 鲁迅：《狂人日记》，同上书，第 7 页。

阿Q临刑时的不自觉的紧张，作者的叙述态度发生了明显的变化，先前那居高临下的气势逐渐消失，你最后看到的，竟是一种与阿Q感同身受式的绝望的悲哀，到这时候，一种无以名状的消沉和沮丧情绪，会不会早已悄悄地潜入你的心头？还有那篇《头发的故事》，主人公N竟说出这样一长篇话：

> 你们这些理想家，又在那里嚷什么女子剪发了，又要造出许多毫无所得而痛苦的人！现在不是已经有剪掉头发的女人，因此考不进学校去，或者被学校除了名么？……仍然留起，嫁给人家做媳妇去：忘却了一切还是幸福，倘使伊记着些平等自由的话，便要苦痛一生世！……你们的嘴里既然并无毒牙，何以偏要在额上帖起"蝮蛇"两个大字，引乞丐来打杀？[1]

这简直是重申那个"铁屋子"的比喻，那"假使寻不着出路，我们所要的倒是梦"的愤词了。

鲁迅写《狂人日记》和《阿Q正传》这类小说，本意当然是在以启蒙的眼光，去刻画昏睡着的"他们"，他甚至还担心，"我虽然竭力想摸索人们的魂灵，但时时总自憾有些隔膜"[2]。可是，文学创作毕竟有自己的法则，无论作家抱着怎样的动机，一旦进入创作，就难免要受这法则的约束，而它的头一条，就是：坦白你自己！因此，鲁迅就是心再诚，再想遵从启蒙主义的"将令"，他内心的那些与启蒙态度并不相符的情感体验，还是会不由分说地涌上笔端。

〔1〕 鲁迅：《头发的故事》，《呐喊》，人民文学出版社1956年版，第48页。
〔2〕 鲁迅：《俄文译本〈阿Q正传〉序及著者自叙传略》，《集外集》，人民文学出版社1959年版，第76页。

即便在设计人物、编织情节这样一些较富于理智的活动中，他大致能够排除它们的干扰，一进入具体的描述，却不能不听任它们自由出入了。小说家非但不可能在描述他人的时候，保持完全的冷静，他也不可能完全去描写他人，他自己的心绪，总会以这种或那种方式进入作品，成为他的描写对象。连写杂文，鲁迅那副启蒙主义的面具都不能遮住他的阴郁情绪的流溢，在小说里，这面具的遮蔽作用就更有限了。

鲁迅是以一种非常独特的方式，加入《新青年》同人那一代启蒙者的行列的，这独特并不在他的战斗热情比其他人高，也不在他的启蒙主张比其他人对，他的独特是在另一面，那就是对启蒙的信心，他其实比其他人小，对中国的前途，也看得比其他人糟。即便是发出最激烈的呐喊，他也清醒地估计到，这呐喊多半不会引来什么响应；就在最热烈地肯定将来的同时，他也克制不住地要怀疑，这世界上恐怕是只有黑暗和虚无，才能长久地存在。应该说，是命运造就了他的这种独特之处，而"五四"时期之后的历史更将证明，这也正是他的过人之处。

第八章　小成功和大失败

尽管戴着面具，呐喊得颇为吃力，鲁迅投身启蒙运动的自救目的，却很快就实现了。向《新青年》投稿不久，他就赢得了编辑部同人的尊敬，应邀参加每月一次的编辑委员会会议，和钱玄同一样，成为杂志的中坚人物。由于《狂人日记》等系列小说，尤其是《阿 Q 正传》的陆续发表，他更引起北京、上海等地读者的广泛关注，《狂人日记》甚至被选进小学的国文课本。从 1920 年开始，北京大学、北京高等师范学校等六七所学校相继聘他为讲师和教授，他对中国小说史的研究，在学术界颇受称赞。在文学界，他的影响就更大了，沈雁冰、郑振铎等人组织文学研究会，就尊他为重要的指导者；后来的"浅草社""春光社"和"沉钟社"，更将他看成前辈和导师。他还与几位朋友创办《语丝》周刊，发起"未名社"和"莽原社"，以致被人视为文坛的一派的领袖。晚间，他的会客室里常有青年人围坐，热切地望着他，希望听到中肯的教诲。他不再是绍兴会馆里那个默默无闻的"待死"者了，他现在成了大学讲台上的名教授，读者仰慕的名作家。

他的自我感觉也变了。他从小就有一种不自觉的优越感，这既是来自出身的优越，也是来自智力的早熟。他到日本以后的血荐轩辕的激情，正有很大一部分是源于这种自视甚高的胸怀。你仔细看他返回中国之后的种种悲愤情绪，种种自居牺牲、甘愿"待死"的举动，都少有一般沮丧者的颓唐气息，倒是常常会显出激烈的意味，就更能够体会他骨子里的优越感，惟其有过那样崇高的自许，却偏偏到处碰壁，才会转而酿成激烈的自绝冲动。因此，一旦他能够引来青年人的瞩目，获得社会的承认，压在心灵深处的自尊情感就立刻会冒上心头。何况中国文人向来有重视功名的传统，鲁迅在南京求学时，曾模仿《离骚》的格式作过一首长诗，最后两句是："他年芹茂而槐香兮，购异藉以相酬"[1]，就充分表现了这种功名心。我可以肯定，随着社会名誉的日渐增长，他的自信也一点点恢复，先前那些受人轻蔑、走投无路的记忆，应该一天比一天淡薄了。

但是，鲁迅介入公共生活的后果，却不仅仅是收获赞誉和尊崇，他还引来了不满和敌视。他那样猛烈地攻击旧传统，自然会引起保守主义者的不满，有一次回答《京报副刊》的提问，他写了一句："我以为要少——或者竟不——看中国书"[2]，竟招来一大串批评。他那样热情地替青年人说话，也赢得了许多青年读者的欢迎，就又难免引起一帮志趣相异的文化人的侧目，种种讽刺、挖苦的言论，便悄悄地扔了过来。特别是1925年的"女师大风潮"，更使他和一批官僚、学者结下了怨。

早在1924年，北京女子师范大学的一批学生，就和校长杨荫榆发生冲突，群起告状，要教育部撤这位校长的职，一直闹到1925年春天，双方仍然相持不下。鲁迅开始对这件事并不热心，依旧每周去上一次课，下课铃声一响，便挟起包回家，几乎不多说一句

〈1〉 鲁迅：《祭书神文》，周振甫编注：《鲁迅诗全编》，浙江文艺出版社1991年版，第10页。
〈2〉 鲁迅：《青年必读书》，《华盖集》，人民文学出版社1958年版，第7页。

话。但是，到这一年4月，情形大变。先是司法总长章士钊，以兼任教育总长的身份，公开支持杨荫榆；接着是杨荫榆展开攻势，一举开除六名学生领袖；然后是政府总理段祺瑞出面，发布恫吓性的文告，章士钊则更进一步，下令解散女子师范大学，要将造反的学生连锅端掉！

一边是手无寸铁的女学生，一边却是从校长到总长到总理，恃强凌弱到了这个地步，稍有正义感的教员都会看不下去。也就在这个时候，鲁迅和女师大的激进学生许广平等人开始来往，通信日渐频繁，好感逐渐加深，他在感情上，也不自觉地向这批学生倾斜。于是在5月12日的《京报副刊》上，他公开表态支持学生，随后又联络其他一些教员，联名宣告反对杨荫榆。不用说，从章士钊那一面立刻就射来了箭。先是几位向来就有点看他不惯的教授，例如陈西滢，转弯抹角地讽刺他挑动风潮；接着是章士钊以"结合党徒，附合女生"的罪名，撤了他在教育部的职；在教育部的办公会议上，还有人提议不发鲁迅被解职以前的欠薪，要从经济上打击他。

鲁迅自然大怒，他一面连续写文章，措辞激烈地还击陈西滢及其同道，他在这一年写下的杂文中，差不多一半是在和他们打笔仗。一面又自己拟了状子，向法院控告章士钊"违法"。就论辩的笔力而言，那批教授并不是他的对手，战不多久，就有陈西滢的朋友徐志摩出来，要求双方"带住"，而他还不罢休，写了《我还不能"带住"》的杂文，指责他们是在"串戏"。至于打官司，拖了大半年，也终于是他胜诉，法院撤销了章士钊的命令，准许他回教育部复职，而此时章士钊已经离开了教育部。

鲁迅虽然得了"胜利"，在北京的处境却逐渐恶化。"女师大风潮"还没有结束，段祺瑞的卫队在执政府门前枪击请愿学生的

"3·18"惨案又发生了。鲁迅非常愤怒，在《语丝》上发表文章，称这是"民国以来最黑暗的一天"⁽¹⁾。这自然触怒了官方。3月26日的《京报》上就有消息透露，在内阁讨论通缉北京学界人士的名单中，赫然列着鲁迅的名字。虽然最后实际通缉的，仅是李大钊等五人，这对鲁迅还是一个严重的威胁。在一个多月的时间里，他先后往"莽原社"和几家外国人办的医院躲避，有一次太仓促了，竟只能住在一家德国医院的杂物仓库里，十天之后才搬出去。居然弄到了得罪最高当局，不得不东躲西藏的地步，比起在绍兴会馆的平安的日子，是更不如了吧。

单是来自官府的敌意，鲁迅大概还能够承受。北洋政府并没有真来搜捕他，他的避难生活也并不都是那样狼狈。从另一面讲，官府的压迫正表明了被压迫者的力量，倘若北洋政府真来搜捕他，只要不至于失命，鲁迅多半也能从中获得自傲的勇气吧。但是，他遇到的情形却复杂得多。就在他似乎是挫败了那批官僚学者的攻击的同时，这攻击却促成了他自己内心的两种阴郁心绪的大爆发。

其中一个，就是不得不做官的痛苦。他当初到教育部任职，本意只在逃离绍兴。中国文人向来有做官的传统，那又是共和政府的教育部，所以他并不觉得，以一个自由知识分子的身份去做官，有什么不合适。可到"五四"前后，情形就不同了。先是袁世凯称帝，再是曹锟贿选，在许多知识分子心目中，北洋政府早已经丧失了合法性；随着新文化运动的高涨，种种强调知识分子社会独立性的思想日益深入人心，一股鄙视官场的风气，逐渐蔓延开来。蔡元培在北京大学发起"进德会"，要求会员除不嫖、不赌、不娶妾之

<1> 鲁迅：《无花的蔷薇之二》，《华盖集续编》，人民文学出版社1958年版，第56页。

外，更要做到不做官吏，不当议员，可见这风气的流行程度。鲁迅身在官场，对其中的黑暗自然看得清楚，即便初到北京时，他曾想借这个位置为社会做点事，到1920年代初，他一定已经明白了，这做官是非常无聊的事，他根本不应该做官。

但是，为了负担家族的生活，他又不能扔掉这个饭碗。他每月的官俸是300块大洋，虽说经常欠薪，只能发二三成，每月却也有近百元，不是个小数目。他也曾尽力教书，一度同时在几所学校兼课，每月的讲课费却只有十几元，太少了。从少年时代起，他就吃够了贫困的苦头，他很早就懂得了没有钱，什么事都干不成。在那篇《娜拉走后怎样》的演讲中，他那样强调"经济权"，就正是出于自己的痛苦经验。因此，尽管满心不愿意，他仍然继续坐在教育部的办公室里，除了张勋复辟时，曾辞过几天官，一直都没有离开。就是袁世凯准备登基，他也只象征性地辞去"教育部通俗教育研究会小说股主任"这个虚衔，并不真辞职。

这似乎是现代中国知识分子特有的一种尴尬。和传统文人不同，他们很早就知道应该到官场之外去建立自己的立足点，可是，他们置身的社会仍然是集权制度的一统天下，即便那些似乎是非官方的社会组织和空间，你仔细看进去，也都会发现，有许多或明或暗的官场的影子在其中晃动。因此，在大多数时候，大多数知识分子似乎是注定了要承受这样的痛苦，他们渴望洗干净自己，却总是发现爬不出污泥坑。

鲁迅当然意识到这份尴尬。尤其是"五四"以后，他那一代启蒙知识分子中间，像他这样以官员身份兼当教员的人越来越少，这尴尬也就日益触目。在公开和私下的场合，他不止一次用自嘲的口吻说自己"是一个官"。甚至1926年复职以后，还在《记"发薪"》中借题发挥，大讲一通"中华民国的官……"，足见他对自己为官的身份，是怎样耿耿于怀。可是，自己解嘲是一回事，别人指摘又是另一回事，就在他用种种办法企图消解那份尴尬的时候，陈西滢们却直接来挑他这块心病了：

> 他〔指鲁迅〕从民国元年便做了教育部的官，从没脱离过。所以袁世凯称帝，他在教育部，曹锟贿选，他在教育部，……甚而至于"代表无耻的章士钊"免了他的职后，他还大嚷"佥事这一个官儿倒也并不算怎样的区区"……其实一个人做官也不大要紧，做了官再装出这样的面孔来可就叫人有些恶心了吧。[1]

鲁迅对陈西滢们的抨击，通常都很有力，但对陈西滢的这番指摘，他的笔却有些软，竟举出张勋复辟时曾辞过官、最近又被章士钊革了职这两件事为自己辩护，而这等于承认了陈西滢的基本立论——在北洋政府中做官不光彩——是正确的。鲁迅后来说，人一旦站到辩诬的位置上，不免就有点可怜，他这一回恰恰是不自觉地陷入了这种可怜的境遇，我们不难想象，那尴尬会怎样沉重地压迫他。

更尴尬的是还要和章士钊打那样的官司。从知识分子的立场讲，你章士钊这样恶劣地镇压学生，就是不革我的职，我也该辞职抗议。鲁迅被革职后，同事许寿裳和齐寿山不就愤而辞职了么？可鲁迅没有这样做，而是向法院控告章士钊违法，要争回那个官职。这里面当然有意气，他偏要和章士钊针锋相对地斗一场，但深究他的动机，他不能失去这份生计，恐怕也是一个重要的考虑吧。不管是什么意图，他为了一个官职与章士钊打官司，总和其时一般知识

---

〔1〕 西滢：《致志摩》，《晨报副刊》1926 年 1 月 30 日。

分子洁身自好的标准不大相符，所以，他不得不向朋友多次解释："其实我也太不像官，本该早被免职的了。但这是就我自己一方面而言。至于就法律方面讲，自然非控诉不可。"[1] 不知道许寿裳和齐寿山对鲁迅打这场官司会怎么看，他们大概能理解他的苦衷。但是，他们为了他而辞职，他却打官司要捍卫自己的官职，两相比较，我总觉得不大对头。也不知道鲁迅写这一类信时心里是怎么想，他大约也感到某种不安，觉得需要为自己解释一下吧。

与此相关的第二种阴郁心绪，就是发现自己的无能为力。无论是"女师大"风潮，还是"3·18"惨案，也无论是与章士钊们斗，还是躲避政府的迫害，几乎所有的事情都向他重复同一句话：你是一个无用的人，你总是居于劣势，再有理也没有用，他们只要一举手，你便完了，李大钊不就被杀掉了吗？他们可以随意抓人、杀人，可以随意撤你的职，不给你钱，你又能有什么办法去报复他们？你只能写几行愤怒的词句，可对他们来讲，几行字又算得了什么？当年袁世凯下令由警察局审查报刊，不就把全国都治得鸦雀无声了吗？他们可以杀报馆老板邵飘萍，要封哪家报纸就封哪张报纸，你书桌上的几页稿纸，他们哪里放在眼中？

鲁迅不能不承认了："我现在愈加相信说话和弄笔的都是不中用的人，无论你说话如何有理，文章如何动人，都是空的。他们即使怎样无理，事实上却著著得胜。"[2] 虽然他紧接着又说："然而，世界岂真不过如此么？我要反抗，试他一试。"可在十二天后，他又向许广平坦白了，那"岂真不过如此么"的话，其实是专对她讲

〈1〉 鲁迅：1925 年 8 月 23 日致台静农信，《鲁迅书信集》上卷，人民文学出版社 1976 年版，第 73 页。

〈2〉 鲁迅：1925 年 5 月 18 日致许广平信，《两地书》，人民文学出版社 1959 年版，第 59 页。

的，并不代表他的真心。[1] 从 1925 年下半年起，他更在公开的文章中接二连三地贬低文人、文字和文学的作用，语气也一次比一次更为激烈。就在写《无花的蔷薇之二》的中途，他听到了"3·18"惨案的消息，拿这个流血惨案和自己正在写的那些讽刺文字一对比，他顿时觉出了自己的可悲："已不是写什么'无花的蔷薇'的时候了。……当我写出上面这些无聊的文字的时候，正是许多青年受弹饮刃的时候。"可是，他能做的，依然只是再写一些文字，什么"如此残虐险狠的行为，不但在禽兽中所未曾见，便是在人类中也极少有的"，什么"血债必须用同物偿还"，"这不是一件事的结束，是一件事的开头"，用了最严重的词汇，依然掩不住它们的"无聊"，于是他忍不住在结尾写道："以上都是空话。笔写的，有什么相干？"[2] 直到这一年 10 月，他还压不下心头的愤激："这半年我又看见了许多血和许多泪，然而我只有杂感而已。泪揩了，血消了，屠伯们逍遥复逍遥，用钢刀的，用软刀的。然而我只有'杂感'而已。"[3] 一种痛感自己在专制面前无能为力的悲哀心情，沉沉地罩住了他。

这就是陈西滢和章士钊们给予他的最大的伤害了，他们逼他看清了自己的这一面：当面对黑暗的时候，他其实并不能无所畏惧，单是为了生计，他就不得不勉强自己继续去做官；他也并没有多大的力量，用了那样的牺牲换来的，依然是一个无能为力。一个人有了这样的自我认识，那就无论从世俗成功中收获多少自信，都会被它抵消吧。

〈1〉 鲁迅：1925 年 5 月 30 日致许广平信，《两地书》，人民文学出版社 1959 年版，第 62 页。
〈2〉 鲁迅：《无花的蔷薇之二》，《华盖集续编》，人民文学出版社 1958 年版，第 54—56 页。
〈3〉 鲁迅：《〈华盖集续编〉校讫题辞》，同上书，第 136 页。

当然，鲁迅在 1920 年代前半期遭受的最大的打击，还是来自他自己家庭的冲突，他对骨肉亲情的理想的破灭。人都是矛盾的，他当初那样厌恶绍兴旧家的生活，不惜孤身远行，可他毕竟是浙江人，在寒冷的北京孤孤单单生活那么久，又难免会觉出其他种种的难挨来。他已经年届四十，昔日那拓荒的生气日渐淡薄，一种对温暖的家庭生活的渴望，不知不觉就从他心底滋长起来。因此，他1919 年将全家接到北京，与先已到达的周作人夫妇一起，聚居于西直门内八道湾 11 号的时候，他对这种大家庭的生活，似乎又觉得可以接受了。

你看他那样尽心竭力地维持这个大家庭。他自己并无子息，可买下八道湾的房子，用他自己的话说，是"取其空地很宽大，宜于儿童游玩"[1]，考虑的全是两位兄弟的孩子。大家议决由周作人的妻子羽太信子掌管家政，鲁迅每次发了薪水，就将绝大部分交给她，甚至还拿出一部分寄往东京，接济羽太的娘家。即便对羽太的不知节俭，他渐生不满，经济上还是极力撑持，绝少怨言。他仍然不喜欢朱安，分屋而卧，形同邻人，但对她还是客客气气，以礼相待，好几位学生劝他送其回绍兴，他都不忍实行。对母亲更是恪尽孝道，只要母亲开口，他就是不情愿，也总立刻答应。到后来，朱安对他的有些要求，也通过母亲传递，他也知道，却依旧说："好！好！"似乎是抱定了宗旨，情愿受些委屈，也要维持住整个大家庭的和睦。

我相信，他这不单是为了尽责任，也是为自己。一个人有个温暖的家，他抵抗社会压迫的能力就会增强。无论在教育部如何受

〈1〉 胥克强：《鲁迅在北京故居调查》，原载聊城师范学院《学术论文集刊》(2)，此处引自
　　薛绥之主编：《鲁迅生平史料汇编 (第三辑)》，天津人民出版社 1983 年版，第 26 页。

第八章　小成功和大失败　|　69

气，也无论从报刊上读到什么令他恼火的文字，只要推开八道湾11号的大门，看见明亮的灯光，家人的笑脸，还有那一群吵吵嚷嚷的侄儿侄女，他心头就立刻会感到一股暖意，一股亲情的滋润和慰藉吧。当全家人围坐在一起吃晚饭，满屋子弥漫着酒菜的香味和团圆的气氛时，他大概更能真切地体会到生存的一份重要的价值吧。说到底，人的生存意义，常常就体现在他人对你的需要之中，即便鲁迅对社会的变革完全失去信心，对自己在这变革中的作用也不存什么指望，他的精神世界大概仍不会垮掉，还有一根坚固的支柱在支撑着他，那就是他对和睦的家庭生活的期待，对自己作为这个家庭的主要维持者的自豪。

但是，连这最后的一根支柱，也很快折断了。1921年，周建人全家迁居上海，八道湾11号的后院顿时空寂了许多。1923年7月14日，鲁迅更和羽太信子发生一次严重的冲突，随之和周作人闹翻了。究竟为什么事和羽太信子发生冲突，到现在还是个谜。鲁迅在这一天的日记里，仅仅写了一句："是夜始改在自室吃饭，自具一肴，此可记也。"[1] 既要郑重地记下这件事，又不想把冲突的详情白纸黑字地写出来，他对待这次冲突的态度，耐人寻味。再看周作人，这一天的日记上干脆一字不提，却在冲突后的第五天，自己到前院给鲁迅送去一封绝交信："鲁迅先生：我昨日才知道，——但过去的事不必再说了。我不是基督徒，却幸而尚能担受得起，也不想责难，——大家都是可怜的人间。我以前的蔷薇的梦原来都是虚幻，现在所见的或者才是真的人生。我想订正我的思想，重新入新的生活。以后请不要再到后边院子里来，没有别的话。愿你安心，

〈1〉《鲁迅日记（上卷）》，人民文学出版社1976年版，第395页。

自重。七月十八日，作人。"[1] 从头到尾是一种看清真相、大梦初醒的口气，还隐约夹着一丝谅解鲁迅的意思[2]，但对那场具体的冲突，仍然不置一词。

当事人尚且如此，其他人更不会明白，鲁迅的母亲就曾对一位当时也借住在 11 号前院的熟人说："大先生和二先生忽然闹起来了，也不知道是什么事情，头天还好好的，弟兄两人把书抱进抱出地商量写文章……"[3] 到目前为止，有关这场冲突的文字材料都清楚地显示，所有当事人和知情者都回避谈论这场冲突，这本身便暗示了理解这冲突的大致的方向，它显然极大地伤害了周作人的感情，使他觉得无法再像以前那样与鲁迅相处。就从那一天起，他和鲁迅彻底绝交了。

鲁迅和周作人一闹翻，八道湾 11 号的大家庭也就垮了。1923年 8 月初，距离那场冲突才半个月，他就迁往西城的砖塔胡同 61号。他原打算一个人搬走，曾对朱安说，你或者留在八道湾陪母亲住，或者回绍兴娘家，我会按月寄钱供养你。但朱安想了一想，回答说："八道湾我不能住，……绍兴朱家我也不想去。你搬到砖塔胡同，横竖总要人替你烧饭、缝补、洗衣、扫地的，这些事我可以做，我想和你一起搬出去。"[4] 他也无话，于是一同搬去。比起八道

〈1〉 周海婴编：《鲁迅、许广平所藏书信选》，湖南文艺出版社 1987 年版，第 34 页。
〈2〉 对周作人信中所谓"过去的事情"，千家驹有如下的解释："鲁迅在日本留学时，即与一日本女人姓羽太的同居。羽太如即为信子的姓，那么作人的老婆原来是鲁迅的旧好，鲁迅自日本返国后，还每月负担羽太的生活费用，……可见羽太与鲁迅的关系不是一般的关系，而是夫妇的关系。"（《鲁迅与羽太信子的关系及其他》，香港《明报月刊》，1992 年 1 月号）
〈3〉 许羡苏：《回忆鲁迅先生》，薛绥之主编：《鲁迅生平史料汇编（第三辑）》，天津人民出版社 1983 年版，第 32 页。
〈4〉 俞芳：《封建婚姻的牺牲者——鲁迅先生和朱夫人》，薛绥之主编：《鲁迅生平史料汇编（第三辑）》，天津人民出版社 1983 年版，第 480 页。

湾，砖塔胡同的房子是又小又矮。在那边原来是融融洽洽的一大家人，这里却只有朱安一个人相伴……

他很快就病了，而且是大病一场，连续几十天发烧、咳嗽，还吐了血。在这之前，他从没有这样病过。他一晚接一晚地失眠，心头充满了伤心和愤恨。这个世界上，除了母亲，他最亲近的就是两位兄弟，尤其是周作人，不但感情深厚，志趣也相投，从世界大势、人类命运，到中国的文化传统，社会现实，彼此都有许多共同的看法，那种英雄所见略同的共鸣，给他们的手足之亲又添上一份心灵相通的情味。他到北京以后，五年间和周作人的通信，各人都在 300 封以上，这是怎样难得的情谊！可现在，兄弟反目成了仇人，他去八道湾取自己的书，周作人竟举起一个铜香炉要砸过来，这冤仇怕是解不开了。

因此，他格外痛恨羽太信子，屡次对人说："我是被家中的日本女人放逐出来的。"[1] 1924 年写《〈俟堂专文杂集〉题记》，署名"宴之敖者"，其中的"宴"由宀、日、女三部分组成，"敖"的古字为"鷔"，由出、放两部分组成，正是暗指"被家中的日本女人放逐"。直到 1926 年 10 月写小说《铸剑》，给那个代眉间尺报仇的黑衣人取名，还是用的"宴之敖者"，他对羽太信子的憎恨，也不可解了。

他在社会上经受了那么多的敌意，现在这八道湾的大家庭又四分五裂，虽然还有母亲的慈爱，但他在家庭生活上落到现在这个困境，不正有很大一部分，是母亲亲手造成的吗？连爱他的母亲都是如此，这世上还有什么东西是真正美好、值得诚心珍贵呢？当在砖塔胡同的窄居里一夜一夜睁眼到天亮的时候，他一定是反复咀嚼着

<hr>

[1] 许广平：《欣慰的纪念》，人民文学出版社 1951 年版，第 25 页。

对家庭和骨肉亲情的幻灭，禁不住陷入最深刻的悲观的吧。

他到北京已经十年。这十年中，他尽力挣扎，奋斗，似乎也取得了一些成功。可在更深的意义上，他的生活境遇其实是恶化了。十年前他可以写信给朋友，请他们帮他寻生路，随便怎样的路他都可以走，只要是生路便行。现在他却有了种种的牵制，亲族的负担没有减轻，又添上了自己社会身份的限制，单是那一张启蒙者的面具，就够沉重的了。十年前他的敌人大都卑琐，不过是浙江甚至绍兴一隅的势利小民，现在他的怨仇可就厉害了，他们正对他占着绝大的优势。十年前他再怎样孤单，心中并不是一片空白，家中有慈爱的母亲，更有志同道合的兄弟，可现在这些亲情都飘散了，他几乎成了一个彻底孤独的人，唯一陪伴在身边的，又是那样一个他绝不喜欢的朱安……十年苦斗，却换来这样一个结果，固然是脱离了"待死堂"，却落入了更加痛苦的大阴郁，这叫他怎么承受得了？

第九章　从悲观到虚无

　　他的身体渐渐坏了。肺病的征兆开始出现，经常发烧。脸色也不好，发青，才四十几岁的人，已经显出了老态。也许是为了减少失眠，他常常故意少睡觉，甚至通宵伏案，第二天上午却继续去办公。酒也越喝越多，有时候简直是放纵自己酗酒，以致他的学生见了，以为他存心要损害自己的健康。

　　他的心绪也越来越坏。他在一封通信中说："其实，我的意见原也一时不容易了然，因为其中本含有许多矛盾，教我自己说，或者是人道主义与个人的无治主义这两种思想的消长起伏罢。"[1]这里说的"个人的无治主义"，是指俄国作家阿尔志跋绥夫在小说《工人绥惠略夫》中，以主人公绥惠略夫表现的一种思想，用鲁迅的话说，就是"要救群众，而反被群众所迫害，终至成了单人，忿激之余，一转而仇视一切，无论对谁都开枪，自己也归于毁灭"[2]。在1920年代前半期，这样的思想在鲁迅心里膨胀起来。1921年他翻译《工人绥惠略夫》，就对书中的主人公深表敬意，称他是"伟大"的人物。[3]一年以后，他更提出一个令人战栗的"散胙"论：

---

〔1〕　鲁迅：1925 年 5 月 30 日致许广平信，《两地书》，人民文学出版社 1959 年版，第 63
　　　　页；并王得后：《〈两地书〉研究》，天津人民出版社 1982 年版，第 394 页。
〔2〕　鲁迅：1925 年 3 月 18 日致许广平信，《两地书》，人民文学出版社 1959 年版，第 15 页。
〔3〕　鲁迅：《译了〈工人绥惠略夫〉之后》，鲁迅：《译文序跋集》，人民文学出版社 1977
　　　　年版，第 25 页。

北京大学的反对讲义收费的风潮，芒硝火焰似的起来，又芒硝火焰似的消灭了，其间就是开除了一个学生冯省三。

……

现在讲义费已经取消，学生是得胜了，然而并没有听得有谁为那做了这次的牺牲者祝福。

即小见大，我于是竟悟出一件长久不解的事来，就是：三贝子花园里面，有谋刺良弼和袁世凯而死的四烈士坟，其中有三块墓碑，何以直到民国十一年还没有人去刻一个字。

凡有牺牲在祭坛前沥血之后，所留给大家的，实在只有"散胙"这一件事了。[1]

比起《摩罗诗力说》中对"撒旦"的解释，甚至比起《药》里对人血馒头的描写，这"散胙"论是阴暗得多了。

在很长一段时间里，他都念念不忘这个看法。许广平为了"女师大风潮"向他抱怨"群众之不可恃"，他回答说："群众不过如此，由来久矣，将来也不过如此"，而且重提旧话："提起牺牲，就使我记起前两三年被北大开除的冯省三。"[2] "3·18"惨案发生后，有人建议将死难者公葬于圆明园，他立刻又想起了那三块光秃秃的墓碑："万生园［即三贝子花园］多么近，而四烈士坟前还有三块墓碑不镌一字，更何况僻远如圆明园。"[3] "散胙"的思想简直就像是埋在他心中的一颗非常灵敏的地雷，附近稍有一点震动，它就"轰"地炸开来！

〈1〉 鲁迅：《即小见大》，《热风》，人民文学出版社 1956 年版，第 105 页。

〈2〉 鲁迅：1925 年 5 月 18 日致许广平信，《两地书》，人民文学出版社 1959 年版，第 59 页。

〈3〉 鲁迅：《空谈（二）》，《华盖集续编》，人民文学出版社 1958 年版，第 69 页。

请注意他这时候的"群众"的含义。当在日本鼓吹"排众数"的时候，他主要是指类似华老栓和坐在其店堂里的茶客那样的人物。可是，他现在说的"群众"，却是把青年学生，而且是闹风潮的学生，都包括在内。在现代中国，这样的学生本是新文化的最敏感的响应者，是陈独秀们希望造就的新知识分子的最可能的候选人。二十年来，一批又一批觉悟者和启蒙者，包括鲁迅自己，不都是从这样的学生中产生的吗？可鲁迅现在竟似乎将他们看得与华老栓没什么两样，华老栓会蘸夏瑜的血，他们也会将冯省三忘得一干二净：当他这样说的时候，他看待世人的绝望的眼神，那种任什么人都不再信的愤激的态度，正和绥惠略夫相差无几了。

他自己也承认。1925年他说："我疑心将来的黄金世界里，也会有将叛徒处死刑，而大家尚以为是黄金世界的事，其大病根就在人们各各不同，不能像印版书似的每本一律。要彻底地毁坏这种大势的，就容易变成'个人的无政府主义者'，《工人绥惠略夫》里所描写的绥惠略夫就是。"[1]1926年10月，在女师大的一次公开演讲中，他更明白地断言，许多中国的启蒙者将会走绥惠略夫的路："便是现在，——便是将来，便是几十年以后，我想，还要有许多改革者的境遇和他相像的。"[2]人道主义的思想前提，是认定人类有一种共同的理性，至少是一种向善的潜力，一种互相理解、互相沟通的可能。所谓对人的信心，实际上就是对别人身上与我相似的东西的信心。一旦你不再相信人和人能够沟通，就很容易会走进绥惠略夫式的思路。从1920年代初开始，同样是新知识分子的陈西滢们也好，呼吸着新文化空气长大的青年学生也好，甚

---

[1] 鲁迅：1925年3月18日致许广平信，《两地书》，人民文学出版社1959年版，第15页。

[2] 鲁迅：《记谈话》，《华盖集续编》，人民文学出版社1958年版，第130页。

至自己的朋友和熟人，母亲和兄弟：恰恰是这些似乎最应该和他相通的人，不断地向他证实人和人的难以相通，他当然要和绥惠略夫发生共鸣了。

人道主义和个人的无治主义有个重要的区别，就是前者愿意为人道承担责任，后者却愤怒地要撤回承担，鲁迅既然和绥惠略夫发生共鸣，他对自己原先出于人道主义信念而承担的种种责任，做出的种种牺牲，就必然要重新审视。周作人在绝交信上说："我要订正我的思想，重新入新的生活"，这其实也正是鲁迅想说的话。

1925 年夏天，他写出一篇奇特的散文，题目叫《颓败线的颤动》，借做梦的形式，讲一个母亲为养活女儿出卖肉体，可女儿长大，嫁了丈夫，又生了一堆儿女之后，却领着全家责骂已经衰老的母亲："我们没有脸见人，就只因为你！……使我委屈一世的就是你"，连那个最小的孩子，也举起手中玩着的干芦叶，大声地说："杀！"于是那垂老的母亲走进荒野，"举两手尽量向天，口唇间漏出人与兽的，非人间所有，所以无词的言语"。这是些什么言语呢？鲁迅写道："眷念与决绝，爱抚与复仇，养育与歼除，祝福与咒诅。……"[1] 每一对词都构成那样尖锐的对比，我自然要揣测，这是暗示了他自己的心绪的变化。一年以后，他终于在私人通信中，明白说出了那老母亲对天吐露的心声：

> 我先前何尝不出于自愿，在生活的路上，将血一滴一滴地滴过去，以饲别人，虽自觉渐渐瘦弱，也以为快活。而现在呢，人们笑我瘦了，除掉那一个人之外［指许广平］。连饮过我的血的人，也都在嘲笑我的瘦了，这实在使我愤怒。……我

---

〔1〕 鲁迅：《颓败线的颤动》，《野草》，人民文学出版社 1956 年版，第 40—41 页。

的渐渐倾向个人主义，就是为此。[1]

我理解他的口气为什么这样激烈。他的童年生活毕竟造就了他一份善良的心地，尽管他聪明，敏感，当与人交往，尤其是与比他年轻的人交往时，他还是会丧失警惕，一次一次地上当。还在绍兴教书时，就有学生借谈学业到他房中骗烟抽，还回宿舍传授经验，以致一些学生群起效尤，而他终不觉察。到北京以后，这样的事情就更多，性质也每每更恶劣。我还相信，至少在潜意识里，他是把周作人尤其是羽太信子与他的翻脸，也归入这一类的。因此，他一旦从绥惠略夫式的思路来理解这些事，先前有多少善意，现在就会反过来激出多少愤恨。正因为先前是宽厚而上当，现在就格外要用苛薄来自保，一旦好人发现自己是"好"错了，他就可能变成比谁都"坏"的人。鲁迅正处在这样的转变当中，他的口气怎么会不激烈呢？他那"渐渐倾向个人主义"的自白，无异于一声悲愤的宣言：我将不惮以最坏的恶意来揣摩中国人！

他当然不能完全实践这个宣告。一个人老是用恶意来揣测别人，他自己首先就没法活。鲁迅的内心又那样复杂，即便倾向于个人主义了，人道主义的情感也还会留存，就在写《颓败线的颤动》的同时，他依然扶持青年人，甚至也依然继续懵懂，一位名叫高长虹的青年朋友为了许广平对他不满，他就没有觉察。

但是，在有些时候，他又确实从一个极端滑到另一个极端，表现出明显的多疑和易怒。最突出的例子，自然是1924年11月的

〈1〉 鲁迅：1926年12月16日致许广平信，《两地书》，人民文学出版社1959年版，第213页；并王得后：《〈两地书〉研究》，天津人民出版社1982年版，第157页。

"杨树达事件"。北京师范大学一位名叫杨树达的青年学生，正巧在神经错乱的那一天撞进鲁迅家中，举止自然有些反常，鲁迅便疑心是论敌派来捣乱的打手，很紧张地接待他，还连夜写了一篇文章，题为《记"杨树达"君的袭来》，详细讲述事情的经过，自己的感受，结尾写道："我还没有预料到学界或文界对于他的敌手竟至于用了疯子来做武器，而这疯子又是假的，而装这疯子的又是青年的学生。"[1] 一个星期后，他才知道自己弄错了，赶紧写了两段文字更正，说："这是意外地发露了人对人——至少是他对我和我对他——互相猜疑的真面目了。"[2] 只要仔细读过他那篇《记"杨树达"君的袭来》，尤其是后半部分的那几段推论，恐怕谁都会感到悲哀：一个人陷入了这样的病态的心境，他以后怎么与人交往？

事实上，还在这之前，他就有过减少与人交往的念头，曾在一封通信中直截了当地说："记得我已曾将定例声明，即一者不再与新认识的人往还，二者不再与陌生人认识"，因为"熟人一多，世务亦随之而加"[3]。这和他初到大学兼课时热情接待青年学生的态度，是大不同了。即便和熟识的青年朋友聊天，有时候也会神经过敏。他的学生许钦文就记过一件事，几位青年人在他的客厅里聊天，谈笑之间，他忽然不见了，原来他跑进母亲房中，生气地说："他们同我开玩笑！"他一直没有返回客厅，那几个冒失鬼也不觉察，直到很晚了，鲁迅的母亲来下逐客令，他们才发现事情不妙，互相伸伸舌头，悄悄离去。[4]

---

〔1〕 此文收入《集外集》，人民文学出版社 1959 年版，第 41—46 页。

〔2〕 鲁迅：《关于杨君袭来事件的辩正》，同上书，第 47 页。

〔3〕 鲁迅：1923 年 10 月 24 日致孙伏园信，《鲁迅书信集》上卷，人民文学出版社 1976 年版，第 52 页。

〔4〕 许钦文：《老虎尾巴》，薛绥之主编：《鲁迅生平史料汇编（第三辑）》，天津人民出版社 1983 年版，第 65 页。

类似的事情当然不止这一件，所以有些陌生的青年人便不大敢去拜访他。后来参加"莽原社"的尚钺就说过，在北京大学读书时，他一直没去见鲁迅，除了怕他忙，"也有点惧怯，传言中他的脾气不好"。[1]鲁迅生性耿直，本不是那种一味"好脾气"的人；从少年时代起，他又多受压抑，在许多场合，都只能默默地忍受，那在另外一些场合，便很容易不自觉地发作。但他向来有个自我约束，就是尽量不对年轻人发脾气，即如许钦文记的那件事，他之所以离开客厅，也是想避免当面发火。可是，北京的青年学生中间，还是形成这样一种"传言"，他的自我约束，显然是经常失败了。

　　令人悲哀的是，鲁迅有时候固然看错，但在另外一些时候，他却常常是看对了。因此，这种不惜以恶意来揣测他人的做法，常常给他带来特别的收获。他与人论战时的犀利的锋芒，有许多就是来自对叵测人心的透彻的挑剔。甚至他对历史人事的独特见解，也有不少是来自这种挑剔。1925 年前后，他多次对朋友说，他想写唐玄宗和杨贵妃的故事。从白居易开始，那么多人都写过这个故事了，他却仍别具慧眼，从中看出新的意味。他对郁达夫详细讲过自己的构想：

　　　　以玄宗之明，哪里看不破安禄山和她的关系，所以七月七日长生殿上，玄宗只以来生为约，实在是心里已经有点厌了，仿佛是在说，"我和你今生的爱情是已经完了"；到了马嵬坡下，……玄宗若对她还有爱情，哪里会不能保全她的性命呢？……也许是授意军士们的。后来到了玄宗老日，重想起当

〔1〕　尚钺：《怀念鲁迅先生》，薛绥之主编：《鲁迅生平史料汇编（第三辑）》，第 202 页。

时行乐的情形，心里才后悔起来了……[1]

从《长恨歌》起，长生殿上李、杨的密约，历来被看作爱情的忠贞誓词，可鲁迅固执地认定："在爱情浓烈的时候，哪里会想到来世呢？"[2] 对人心的阴暗面的挑剔，似乎也太厉害了。我以前读他的文字，常常佩服他这种特别"毒"的眼光，有时候甚至心生羡慕，希望自己也能练出这样的本事。可现在我觉出了事情的另一面，他这副特别的眼力正是一个危险的标记，表明他在怀疑人的思路上，已经走得相当远了。

这条道路的尽头，就站着虚无感。对中国的历史传统，鲁迅早已不再景仰；对现实社会的改革，也越来越不抱希望。1925 年，他写道："称为神的和称为魔的战斗了，并非争夺天国，而在要得地狱的统治权，所以无论谁胜，地狱至今也还是照样的地狱。"[3] 这既是对清末以来革命历史的总结，也暗示了他对未来的估计。那么年轻的一代呢？"杨树达事件"正显示了他对年轻人的戒心。经历过与周作人夫妇的反目，他也不会再轻信骨肉之亲。他甚至将母爱视为一种累赘，早在许寿裳妻子病逝时，他就这样劝慰说："孺子弱也，而失母则强。此意久不语人，知君能解此意，故敢言之矣。"[4] 茫茫天地之间，上下左右，竟看不到一样东西，可以寄托生存的意义，在这样的时刻，他必然会陷入虚无感了。在散文《求乞者》

〔1〕郁达夫：《历史小说论》，薛绥之主编：《鲁迅生平史料汇编（第三辑）》，第 801 页。

〔2〕许寿裳：《亡友鲁迅印象记》，人民文学出版社 1953 年版，第 53 页。

〔3〕鲁迅：《杂语》，《集外集》，人民文学出版社 1959 年版，第 70 页。

〔4〕鲁迅：1918 年 8 月 20 日致许寿裳信，《鲁迅书信集》上卷，人民文学出版社 1976 年版，第 18 页。

中，他决绝地写道："我将用无所为和沉默求乞！……我至少将得到虚无。"[1] 像《报复（其二）》和《失掉的好地狱》那样的作品，更标示出他在虚无感中沉溺得多么深。他对许广平说，他常觉得"'黑暗与虚无'乃是'实有'"[2]，他自己也知道是陷入虚无感了。

这虚无感不同于启蒙者的悲观。你想驱除黑暗，却发现不能成功，那黑暗竟可能会长存于人间：这是悲观。它会使人丧失信心，却不一定会使人停止行动，即便没有胜利的可能，你也可以做自杀式的冲锋，可以作肩住黑暗的闸门的牺牲，这种冲锋和牺牲本身，便可以确立你的价值，是否胜利，其实倒不重要了。虚无感却不同，它虽然包含对战胜黑暗的悲观，但它同时又怀疑在黑暗之外还有其他的价值，倘若天地之间只有黑暗是"实有"，这黑暗也就不再是黑暗了。因此，你一旦陷入这样的虚无感，就会迅速失去行动的热情，牺牲也罢，反对也罢，都没有意义，人生只剩下一个词：无聊。

因此，这虚无感也不同于绥惠略夫式的绝望，绥惠略夫毕竟是理想主义者，他固然对社会上的一切都失去尊敬，对自己却依旧抱有某种确信，一边是不可救药的社会，一边是孤单单的自己——至少这个自己与社会的对峙，是确定无疑的，而且是有明确意义的。唯其有这样的对峙的意识，他才会那样疯狂，在大街拔出手枪横射过去。一个陷入虚无感的人却不大会有这样分明的人我界限，他怀疑世界上的所有价值，这首先就包含对自己的怀疑。你对自己都怀疑了，又怎么会有绥惠略夫那样深广的仇恨呢？没有这股仇恨作动力，你又怎么会产生像他那样暴烈的报复冲动？你也许会实行某种精神上的自杀，某种极力麻痹自己、尽速销蚀生命的颓唐，但这样

〈1〉 鲁迅：《求乞者》，《野草》，人民文学出版社 1956 年版，第 9 页。
〈2〉 鲁迅：1925 年 3 月 18 日致许广平信，《两地书》，人民文学出版社 1959 年版，第 16 页。

的自杀也好，颓唐也好，骨子里还是一种忍受，一种自戕，并不包含多少对社会的报复。绥惠略夫式的绝望，本身是一种强烈的激情，而鲁迅遇到的虚无感，却是要取消一切激情——包括仇恨的激情。

其实，早在日本期间，他就已经尝到了这种虚无感。他那样兴致勃勃地筹办《新生》，可外界的阻碍和压迫还没有降临，他们自己便莫名其妙地溃散了：在这时候，他会不会感到某种无以名状的沮丧？虚无感既是对人生意义的否定，它就不是理智所能包容的东西，在许多时候，它仅仅是一种情绪，一种直觉，一种感悟，越是理智无力分析的事情，越是莫名其妙的挫折，就越容易引发它。鲁迅的悟性本来就高，脑子里又存着那样丰富的阴郁记忆，一旦找不到明确的对象来为《新生》的流产承担责任，用他的话说，他当时是"不知其所以然"[1]，他就几乎必然会产生一种深广的幻灭情绪。我在前面说过，他有一种根深蒂固的怀疑本能，它就像一柄双刃剑，固然能帮助他压制阴郁情绪，也很容易引他入虚无的心境。几乎每次他对自己的奋斗目标发生怀疑，这怀疑的范围都会迅速地扩大。《新生》流产时是这样，辛亥革命以后是这样，在北京抄碑时也是这样，他后来就明确说过，他那时是感到了"未尝经验的无聊"[2]。虚无感已经在他心底隐伏了那么久，一旦现在破土而出，它会怎样牢牢地攫住他，也就可想而知了。

一个被虚无感缠住的人，势必会走上随随便便、玩世不恭的道路，他可能放浪形骸，也可能随遇而安，不管取哪一种方式，他关心的都不再是社会，而是自己。鲁迅似乎也是这样。1926年夏天，有人向他谈及他对青年人的"指导"，他回信说："这些哲学式的事

〈1〉　鲁迅：《〈呐喊〉自序》，《呐喊》，人民文学出版社1956年版，第3页。
〈2〉　同上。

情，我现在不很想它了，近来想做的事情，非常之小，仍然是发点议论，印点关于文学的书。"先前的悲观有许多就是因为太关心社会和他人，现在转向个人，感觉就大不一样，所以他紧接着又说："我近来的思想，倒比先前乐观些，并不怎样颓唐。"[1]五个月后，他又对许广平说："你大概早知道我有两种矛盾思想，一是要给社会上做点事，一是要自己玩玩。所以议论即如此灰色。"[2]当编定了《坟》，撰写后记的时候，他更坦率承认，自己的思想，"何尝不中些庄周韩非的毒，时而很随便，时而很峻急"[3]。

他不光这样说，还认真想这样做，他和许广平商量今后怎么生活，列出的第一项选择，就是"积几文钱，将来什么都不做，苦苦过活"[4]。看起来，虚无感不单是改变了他的人生见解，它简直要进一步改变他的人生实践了。

从启蒙者的悲观和绝望，从对尼采和绥惠略夫的共鸣和认同，鲁迅一步步走进了虚无感。正是从这一串足迹，我看出了中国文人传统在他心灵上烙下的深刻印迹。就在称赞绥惠略夫的伟大的同时，他又感慨在中国看不到这样的人物，当这样说的时候，他大概正觉出了自己和他的不同吧。理想主义的悲观是一种非常伟大的意识，恰如那钉在十字架上的耶稣的痛苦，越是坚信理想的神圣意义，一旦发现它不能实现，这悲观的煎熬就越是严酷。所以，绝不是所有的人都能承受这样的悲观，没有对理想的信徒般的热忱，没

〈1〉　鲁迅：1926 年 6 月 17 日致李秉中信，《鲁迅书信集》上卷，人民文学出版社 1976 年版，第 82 页。
〈2〉　鲁迅：1926 年 11 月 18 日致许广平信，《两地书》，人民文学出版社 1959 年版，第 171 页；并王得后：《〈两地书〉研究》，天津人民出版社 1982 年版，第 109 页。
〈3〉　鲁迅：《写在〈坟〉后面》，《坟》，人民文学出版社 1956 年版，第 212 页。
〈4〉　鲁迅：1926 年 11 月 15 日致许广平信，《两地书》，人民文学出版社 1959 年版，第 169 页；并王得后：《〈两地书〉研究》，天津人民出版社 1982 年版，第 104 页。

有对人生终极意义的殉道式的执着，恐怕任何人都难以长久地承受它。中国的文人身上，理想主义精神本来就不强韧，宗教热忱更是淡薄，他们就更难承受这样的悲观，一旦发觉自己坠入其中，便本能地想要挣脱。而挣脱的主要办法，便是以中国文人特别发达的悟性，把对人生某一个方面的悲观，迅速扩展为对整个人生的悲观，将对某个局部的否定，放大成为对整体的否定。一旦你对整个人生都悲观了，都否定了，就等于取消原先与那个悲观对峙的乐观，取消了这乐观据以立足的理想；而走到这一步，你实际上也就取消了那个悲观。

　　这就是中国式的虚无主义。那些千百年来在人们嘴上笔下滚来滚去的处世名言，所谓"彼亦一是非，此亦一是非"，所谓"达则兼济天下，穷则独善其身"，更不用说"看破红尘，四大皆空"了，骨子里都有这么一种挣脱悲观的意思，只不过眼光的深浅不一，悟性的高下不同罢了。几千年来，从悲观向虚无主义转移，已经成为中国文人摆脱精神痛苦的一种本能，在许多时候，他们甚至用不着理智的牵引，便能下意识地完成这种转移。不用说，这样的本能同样如基因般深植于20世纪中国知识分子的心中，无论他们摆出怎样激烈的反传统的姿态，一到陷入悲观情绪，仍然不自觉地就会向这虚无主义求援。鲁迅最终会走入虚无感，应该说也是自然的事。

　　难怪鲁迅1932年印行《两地书》的时候，会那样修改他1925年5月30日致许广平信中对自己思想矛盾的表述，将"个人的无治主义"，改为"个人主义"。经过1920年代后半期的几度波折，他显然是看清了，自己并不能成为绥惠略夫，从自己的悲观和绝望中生长出来的，并非是与黑暗同归于尽的复仇意志，而多半是自顾自"随便玩玩"的虚无情感。

第十章　驱逐"鬼气"

　　鲁迅戴着面具上阵呐喊，结果却陷入深广的虚无感，他逃离"待死堂"的第一次努力，是明显失败了。但他不会甘心，因为他同样不能承受那个虚无感。他虽然说自己不再想那些"哲学式的事情"了，可是，真能够修炼到整天只认得鼻子底下一小块地方的人，世上又有几个呢？鲁迅向来是那样自尊好强，就连不愿意与朱安离婚，也要讲出一番大道理："我们既然自觉着人类的道德，良心上不肯犯他们少的老的的罪，又不能责备异性，也只好陪着做一世牺牲，完结了四千年的旧账。做一世牺牲，是万分可怕的事；但血液究竟干净，声音究竟醒而且真。"[1] 现在要他承认自己的人生并无意义，他是怎么都不会愿意的。因此，就在他似乎是无可避免地一步步陷入虚无感的同时，他又本能地要从那里面拔出脚来。他写信对朋友说："我自己总觉得我的灵魂里有毒气和鬼气，我极憎恶他，想除去他，而不能。"[2] 虽觉"不能"，却仍想"除去"，从1920年代中期起，他又开始了第二次艰难的挣扎。

　　一个人所以会恨恨地宣告人生没有意义，总是因为他太相信人生是有意义了，在某种程度上甚至可以说，正是他原先对人生的确

---

[1] 鲁迅：《随感录·四十》，《热风》，人民文学出版社1956年版，第29页。

[2] 鲁迅：1924年9月24日致李秉中信，《鲁迅书信集》上卷，人民文学出版社1976年版，第60页。

信，将他推入了虚无感的怀抱。鲁迅当然懂得这一点，因此，他驱逐内心"鬼气"的第一步，就是修订对人生的认识：我原先这样理解你，结果大失所望，痛苦不堪；现在我换一个角度打量你，或许会觉得好一点？

在1925年，鲁迅已经到了非常讨厌别人侈谈将来的地步，他甚至把所有"将来一定好"式的议论，都看成某种欺骗：

> 记得有一种小说里攻击牧师，说有一个乡下女人，向牧师历诉困苦的半生，请他救助，牧师听毕答道，"忍着罢，上帝使你在生前受苦，死后定当赐福的。"其实古今的圣贤以及哲人学者所说，何尝能比这高明些。他们之所谓"将来"，不就是牧师之所谓"死后"么。[1]

这正是一段典型的虚无主义的气话，他原先太相信那些哲人的高论，现在才这样愤激地抨击它。但是，说"将来一定好"，这只是对将来的一种判断，你可以不信它，但你这"不信"本身，正也表现出对将来的另一种判断。人其实是很难做到不想将来的，尤其像鲁迅这样的人，他总需要有一个关于将来的说法，作为此刻自己行动的依据。因此，他那些反对侈谈将来的言论，不过是说明了他自己对于将来的苦苦的思索。

1927年冬天，他笔下出现了一个新的名词："大时代"。他说："中国现在是一个进向大时代的时代。但这所谓大，并不一定指可以由此得生，而也可以由此得死。"[2] 几个月后他又预言："不远总

---

[1] 鲁迅：1925年3月11日致许广平信，《两地书》，人民文学出版社1959年版，第11页。
[2] 鲁迅：《〈尘影〉题辞》，《而已集》，人民文学出版社1958年版，第107页。

有一个大时代要到来。"(1) 这"大时代"是什么呢? 他解释说:"许多为爱的牺牲者,已经由此得死",他们"以愉快和满意,以及单是好看和热闹,赠给身在局内而旁观的人们;但同时也给若干人以重压";"这重压除去的时候,不是死,就是生。这才是大时代。"(2)话虽说得折拗,意思还是明白的,到献身者的牺牲不再仅仅引人旁观,而是逼人奋起的那一天,黑暗和光明将会有一场殊死决战,这决战的时候,便是大时代。其实,借用他后来评论小品文的话,是还有更加简洁的解释的:"也如医学上的所谓'极期'一般,是生死的分歧,能一直得到死亡,也能由此至于恢复。"(3)

仔细想起来,这"大时代"的说法虽然颇令人沮丧,它非但不安慰你,说在决战中黑暗一定失败;它还要提醒你,说现在连作这种决战的条件都不具备。但是,它却十分符合鲁迅此时的需要。它既非空泛的许诺,也不是绝望的枭鸣,光明虽不一定得胜,毕竟也还有一半的希望。更何况,它能够有效地解释眼前的黑暗,甚至可以解释即将围过来的更浓的黑暗,既然现在是进向"极期"的时候,黑暗的扩大也就十分自然了。设想一下,比起那种因为渴望快速走进光明,事实上却满目黑暗,于是禁不住狂躁愤怨的情形,你现在怀抱这个"大时代"的看法,是不是就比较能够忍受黑暗、不那么容易绝望了呢? 也真亏他想出这么一个对将来的判断,他使用的,其实还是"五四"前那个把"将来"推远去的老法子,但他现在形成了一个比较完整的认识,可以用它来填补那看破历史进步论之后的精神空虚,缓解历史虚无主义情绪的重

〈1〉 鲁迅:《"醉眼"中的朦胧》,《三闲集》,人民文学出版社 1958 年版,第 54 页。

〈2〉 鲁迅:《〈尘影〉题辞》,《而已集》,人民文学出版社 1958 年版,第 107 页。

〈3〉 鲁迅:《小品文的危机》,《南腔北调集》,人民文学出版社 1958 年版,第 133 页。

压。至少，他不再是被现实黑暗震骇得目瞪口呆，而不知道说什么好了。

你一定还记得，当写《文化偏至论》和《摩罗诗力说》的时候，鲁迅是多么自信，字里行间，处处迸散出先驱者的豪气。但到"五四"前后，这股豪气却大为减弱，你看他那些随感录，虽还常常以"我"和"我们"的名义大声呐喊，另一种自省自责的情绪，却也在其中悄悄地传布。《狂人日记》的结尾部分，"我"的自责尤其明确，他干脆把自己也归入了吃人者的行列。既要呼唤光明，又发现自己身上染着黑暗，到1920年代中叶，他笔下就涌出了这样的感叹："然而黑暗又会吞并我，然而光明又会使我消失"，"我终于彷徨于明暗之间，我不知道是黄昏还是黎明……"[1] 完全是一种"夹在中间"的困惑了。

我能够理解他这种困惑。自晚清以来，中国社会一直有个特点，它在骨子里基本照旧，表面上却风波迭起，动荡得非常厉害。这就容易使人产生错觉，以为社会的变化很大，新陈代谢的水流很急，新的浪潮还来不及扩展，更新的一波又扑面而来。这个错觉对人的影响很大，尤其鲁迅那个时代的知识分子，知识和信仰都正在变化之中，精神的定力相对薄弱，就特别容易受它影响，一觉醒来便以为自己是前卫，再睡一觉又担心自己落伍了。鲁迅投身新文化运动，自然会感受到这股压力，倘说到"五四"前，他的呐喊还能够汇入当时的最激进的潮流，那到1920年代初，已经有另一些更加激烈的呼啸从耳边掠过。他毕竟四十多岁了，在人的生命向来早衰的国度，这就算是渐入老境了。丰子恺一过

〈1〉 鲁迅：《影的告别》，《野草》，人民文学出版社1956年版，第6页。

三十岁，便蓄起长须，感叹自己到了人生的"秋天"，鲁迅比他年长十多岁，身体又明显在走下坡路，自然更难免有某种衰老的自觉。他写过一篇极力振作的散文《希望》，却在其中一再咏叹自己的"迟暮"，你当能想象，他这自觉有多么固执。面对那些不但生理上远比他年轻，而且观念也远比他激进的年轻人，他会不会产生某种自惭的感觉呢？

他似乎应该不会。到1920年代，他已经不再相信直线进化的观念，对一些满脸激烈的青年人，也愈来愈感到不满；年龄的长幼，更和头脑的新旧无关，他不会不懂这个道理。但是，他恰恰又有一块心病，就是那回国以后不断滋长的自我不满。在1920年代中期，这不满几乎发展到了顶点，使他无法再像"五四"的时候那样，骄傲地宣称自己"血液究竟干净"了。因此，再面对那些比自己晚出、似乎更"新"的人事时，他的心理就相当矛盾。一方面，他能够看透其中有一些的分量，是比自己轻得多；可另一方面，他又不自觉地感到自卑，那毕竟是新起的人事，锐气旺盛，前途宽广，比自己这样满身伤残，从黑暗的泥沼中挣扎着爬出来的人，要完整得多，也干净得多。我相信，正是这种近于下意识的自卑心理，大大强化了他那衰老的自觉，将他一步步推进"夹在中间"的苦恼。他原以为自己必定是属于未来，现在却发现并非如此，自己很可能也不符合未来的标准，要遭受它的拒绝。你想想，这会对他造成多大的打击！在所有引他入虚无感的心理路标当中，自我怀疑的这一支显然是最醒目了。

以鲁迅当时的情形，要拔掉这一支路标，唯一的方法就是修订原先的自我设计，从那精神界的斗士的标准上降下来，另划一道更为切实的基准线。事实上，还在那自我不满开始冒头的时候，他就已经在做这样的修订了。1919年他表示，要"自己背着因袭的重担，肩住了黑暗的闸门"，放孩子们到宽阔光明的地方去。[1] 将自己描述成一个站在黑暗和光明的交界线上的牺牲者，比起十年前的慷慨自负，这似乎更符合实际了。不单在这个时候，就是整个一生，他其实不都是一个牺牲者、一个深刻的悲剧人物吗？但是，他为什么会成为牺牲者呢？是自己愿意还是只能如此？不把这一点想明白，这个新的自我设计还是说不圆。

于是，在1920年代中期，鲁迅明确提出了一个"中间物"的概念。他感慨中国的改革还将继续很多代，说："这样的数目，从个体看来，仿佛是可怕的，但……在民族的历史上，这不过是一个极短时期。"[2] 一年以后，他又用哲学式的语言归纳道："一切事物，在转变中，是总有多少中间物的。动植之间，无脊椎和脊椎动物之间，都有中间物；或者简直可以说，在进化的链子上，一切都是中间物。"他更由此引出关键性的推论："当开手改革文章的时候，有几个不三不四的作者，是当然的，只能这样，也需要这样。"[3]

这是找对了路径。人的一切自解之道，精髓就在于寻找必然性。就是再不情愿的事情，只要你能够向自己证明，这是一件非做不可的事，你也就会低头去做。鲁迅提出"中间物"的观念，用意正是在论证一种充当牺牲的必然性：既然万事万物，都不过是尽着一份"中间物"的天责，那我现在夹在黑暗和光明之间，甚至有一半还罩在阴影当中，也就无须苦恼，也无可惭愧了。而一旦论证出充当牺牲的必然性，先前的自我不满也就可以随之化解，至少是有所减弱。

〈1〉 鲁迅：《我们现在怎样做父亲》，《坟》，人民文学出版社1956年版，第94页。

〈2〉 鲁迅：《忽然想到·十》，《华盖集》，人民文学出版社1958年版，第68页。

〈3〉 鲁迅：《写在〈坟〉后面），《坟》，人民文学出版社1956年版，第212页。

难怪从 1920 年代中期开始，鲁迅对自己有了一连串新的说法。他说自己是从旧营垒中杀出来的叛逆⁽¹⁾，又说自己甘愿当一块踏脚石。⁽²⁾ 后来更将自己比喻成一个抽了鸦片而劝人戒除的醒悟者，一个"破落户，不过思想较新……"⁽³⁾ 这些说法都因上下文而各有所指，实际的意思也不尽相同，但是，它们都凸显了同一个特点，那就是鲁迅开始愿意从"中间物"的立场来理解自己，你甚至不妨将它们都看成是他那个"不三不四的作者"的注解。他将自己从先驱者的位置挪到旧营垒和新世界之间，当然是后退了一大段，但恰恰是这个后退，使他在心理上重新站稳了脚。

鲁迅竭力修订的第三个认识，就是对知识分子和文学家的看法。无论是中国古代的"士为万民之首"，还是西方近代的"知识分子是社会的良心"，实际的社会结构和与之相配的主流观念，都把握笔的人派为社会的栋梁、民众的导师。"五四"一代知识分子，本是晚清以来改良与革命的大潮的产儿，自然深受这些观念的熏陶，将自己看得很高，他们以居高临下的态度来发动新文化运动，潜意识里正是以救世者自居。鲁迅也是如此，他在东京的时候那样自信，一个很大的原因，就在他对自己打算扮演的角色——知识分子和文学家——抱有极大的崇敬，他相信思想和文学的力量，相信用笔可以撼动社会。

但是，到 1920 年代中期，现实生活的接连不断的教训，已经将他逼到了这个信仰的反面，在一封通信中，他甚至说出了这样的

〈1〉 鲁迅：《忽然想到·十》，《华盖集》，人民文学出版社 1958 年版，第 68 页。

〈2〉 鲁迅：《新的世故》，《集外集拾遗》，人民文学出版社 1959 年版，第 198 页。

〈3〉 鲁迅：1935 年 8 月 24 日致萧军信，《鲁迅书信集》下卷，人民文学出版社 1976 年版，第 865 页。

话:"我现在愈加相信说话和弄笔的都是不中用的人!"[1]从当时的报刊上,他多少了解一些俄国的状况,知道不少曾经热烈赞颂革命的作家,包括叶赛宁那样卓越的诗人,革命以后都相继自杀了。一旦他把这两方面的情况联系起来,一种更为阴郁的揣测就油然而生:莫非旧营垒里要压迫知识分子和文学家,新世界也同样容不下他们?莫非他们真就像自己描绘的那个影子一样,无论黑暗和光明哪一边扩展,都注定了只能在其中沉没?他在这个时候的几乎全部的痛苦,都被这个问号勾起来了。

这就逼得他要重新思考知识分子和文学家的命运。1926年7月,他说:"革命时代总要有许多文艺家萎黄,有许多文艺家向新的山崩地塌般的大波冲进去,乃仍被吞没,或者受伤……"[2]在写于同时的一篇译文的后记中,他又借评论俄国诗人勃洛克,说了同样的话。这些话的意思很明确:革命是必然要给知识分子和文艺家造成痛苦的。1927年春天,他谈及北洋政府的恐怖统治,又重复他在北京说过的话:"文学文学,是最不中用的,没有力量的人讲的;有实力的人并不开口,就杀人。"[3]这也是在强调必然性:文学本来就没有对抗专制的力量,它在黑暗中的命运,不过是被"杀"而已。显然,他还是用的老法子,要把那令人沮丧的现象,说成是无可避免的事情。在1927年春天,他并没有能对现代世界中知识分子和文学的命运形成一个比较完整的新认识,这个问题太大,其中有些至少与专制压迫同样重要的关键因素,此时还没有在鲁迅眼前完整地呈现,他一时也就不可能想清楚。但是,就从他这种对痛苦的必

〈1〉 鲁迅:1925年5月18日致许广平信,《两地书》,人民文学出版社1959年版,第59页。

〈2〉 鲁迅:《马上日记之二·七月七日》,《华盖集续编》,人民文学出版社1958年版,第119页。

〈3〉 鲁迅:《革命时代的文学》,《而已集》,人民文学出版社1958年版,第10页。

然性的强调，你已经能够想象，他将要形成的那个新认识，会是怎样地阴暗。

　　鲁迅在虚无感中沉溺得太深了，他竟不得不用这样极端的方法来振拔自己。将来、自己、知识分子、文学，他现在统统将它们捺入泥水，弄得它们一个个满身污垢，黯淡无光。天地本来便一片昏暗，社会本来便异常险恶，既然置身这样的天地和社会，受苦受难是在所不免——当看到他竟是用这样的方法来缓解沮丧和虚无感的时候，你会不会觉得他太可怜、也太了不起呢?

第十一章　魏连殳的雄辩

　　鲁迅不仅有一颗世俗的灵魂，更有一颗文学的灵魂，他不仅以理智紧张地思索人生，更常常抱一份艺术的情感去吟味人生。他这文学的灵魂又相当特别，他对一位日本朋友说："我是散文式的人"[1]，这除了解释他不喜欢读诗，是不是也可以解释他越到晚年，越不愿意以写诗的方式公开去应对人世呢？

　　也许是太机械了，我总以为，诗和散文的区别，绝不只在文字形式上，它们其实标示了作家对于世俗生活的不同态度。粗糙一点说，诗的世界属于天国，它总要将世俗的猥琐气息排除干净。诗人也正如下凡的天使，他举着诗意和美的火把，照亮每个人心中与生俱来的灵气，他要将人们引入审美感悟的状态，使他们能在精神上超越自己卑琐的世俗存在。但总体而言，鲁迅并非这样的诗人，即便对地上的生活整个绝望了，他也无意借文学遁入天国，背对世俗。当伏案疾书、全身心投入艺术创造的时候，他固然会常常忘记自己的现实境遇，但这忘记的结果，却是能够更专注地审视世俗，更深切地感受黑暗。1914 年，他与朋友闲谈，连声称赞吴敬梓的《儒林外史》，说："我总想把绍兴社会黑暗的一角写出来，可惜不

---

〔1〕　鲁迅：1935 年 1 月 17 日致山本初枝信，《鲁迅书信集》下卷，人民文学出版社 1976 年版，第 1205 页。

能像吴氏那样写五河县风俗一般的深刻。不能写整的，我就捡一点来写。"[1] 已经被黑暗逼入了死角，还不思逃避，心心念念要刻画这黑暗，倘是一个崇尚天国的诗人，一定会摇头叹气：这人实在不可救药。

但也正因为是这样一个"不可救药"的人，鲁迅的小说和散文，就像他的社会评论一样，也成为他世俗意识的一面镜子。创作毕竟是一种情感性的活动，无论他多么矜持，一旦写入了神，他的许多内心隐情都会不自觉地流入笔下，他的创作的这一面镜子，就常常比那些社会评论更为明亮。他自己就对朋友说过，他的哲学都包括在《野草》当中。[2] 不用说，在 1920 年代中期，他那急于挣脱虚无感的紧张的身影，也同样清晰地印在他的小说和散文之中。我甚至觉得，比起那些观念上的自我修订，他这时期的文学创作，恐怕更是他驱逐内心"鬼气"的主要战场。那虚无感究竟膨胀到了何种地步？他对它的厌恶又有多么强烈？这战斗艰苦到了什么程度？他最后能够战胜它吗？所有这些你迫切想知道的答案，都清楚地写在他的创作中。

你也许会不同意：驱逐虚无主义的"鬼气"，这是鲁迅内心极其隐秘的冲动，他写小说，却是为了启蒙的呐喊，他自己就明确说，是要借它来改良社会[3]，那么，他恐怕不会愿意在小说中表现这种极其个人化的隐情吧？我觉得，这是误解了他。文学究竟是怎么一回事，他从来就很清楚。他知道诗人的心灵应该博大，要"感

<1> 张宗祥：《我所知道的鲁迅》，薛绥之主编：《鲁迅生平史料汇编（三）》，天津人民出版社 1983 年版，第 89 页。

<2> 章衣萍：《古庙杂谈（五）》，1925 年 3 月 31 日《京报副刊》。

<3> 鲁迅：《我怎么做起小说来》，《南腔北调集》，人民文学出版社 1958 年版，第 83 页。

得全人间世，而同时又领会天国之极乐和地狱之大苦恼"[1]。他也知道，一味"宣传爱国主义"，绝不能产生"伟大的诗人"。[2]倘说他的世俗意识当中，确有两个声音对他发令，一个要他用小说传播启蒙思想，另一个则要他借此宣泄人生的苦闷，他上面的两段话，早已将这两个声音的轻重分量，掂得一清二楚。

到了1920年代中期，他的心理天平还愈益向后者倾斜。他翻译厨川白村的《苦闷的象征》，热烈赞同这本书的基本思想："生命力受了压抑而生的苦闷懊恼乃是文艺的根柢。"[3]他又用格言的句式，简洁地写道："创作是有社会性的。但有时只要有一个人看便满足：好友，爱人。"[4]1927年春天，他更断言："没有思索和悲哀的地方，就不会有文学。"[5]语气是如此肯定，这时候，他和早先那个启蒙主义的创作动机，实际已经分手了。

他对自己的小说的评价，也证实了这点。他最引人注目的小说，是《狂人日记》和《阿Q正传》，可他自己最喜欢的，却不是这类作品。《呐喊》出版以后，有人问他：你最喜欢其中哪一篇？他笑笑说，是《孔乙己》。如果谁为了翻译他的小说而请他自荐篇目，他一定也是先提出《孔乙己》。他甚至自己动手，将这篇小说译成日文，送到日文杂志上发表。有一次和朋友闲谈，他还将《药》和《孔乙己》做过比较，说他不喜欢《药》一类的写法，因

〈1〉　鲁迅：《诗歌之敌》，《集外集拾遗》，人民文学出版社1959年版，第128页。

〈2〉　鲁迅：《〈战争中的威尔珂〉译者附记》，《译文序跋集》，人民文学出版社1977年版，第45页。

〈3〉　鲁迅：《〈苦闷的象征〉引言》，《译文序跋集》，人民文学出版社1977年版，第105页。

〈4〉　鲁迅：《小杂感》，《而已集》，人民文学出版社1958年版，第96页。

〈5〉　山上正义：《谈鲁迅》，中译稿原载《鲁迅研究资料》第2辑，1977年11月北京，此处引自薛绥之主编：《鲁迅生平史料汇编（第四辑）》，天津人民出版社1983年版，第295页。

为太不从容。⁽¹⁾ 的确，以这"从容"的标准来看，《孔乙己》是相当出色的作品，它也是要表现绍兴社会的一角，却没有设立《药》那样触目的主题，通篇都是以一种散文式的笔调，挟着隐隐的哀伤缓缓道来，社会和人心的冷酷薄情，反而表现得异常深切。从那些貌似平淡的叙述当中，你能强烈地感受到作者少年经历的影响，体会到他当年出入当铺时的痛苦心情。在《呐喊》集中，这可说是呐喊的火气最弱，作者的内心隐痛却表现得最饱满的一篇，鲁迅如此偏爱它，正显出了他创作的真正的兴趣所在。

所以，即便在 1920 年代初期，他个人对人生的悲苦体验，已经在小说中越涌越多。它们不但侵蚀那些明确的启蒙主题，就连作者表示一点空泛的乐观意愿，它们也要围上去破坏。我印象最深的是《故乡》。这是一篇祈祷希望的小说，借昔日"美丽"的故乡和现在破败的故乡的对比，也借"我"与闰土、宏儿和水生的不同的交往，更用了结尾的一段话，强调对于将来的希望。但是，这种祈祷从一开始便遭到破坏。首先是许多具体的景物描写，从"苍黄的天底下"，到"瓦楞上许多枯草的断茎当风抖着"，从闰土脸上"全然不动"地刻着的"许多皱纹"，到杨二嫂的凸颧骨和薄嘴唇，它们都向你拂去一股寒飕飕的冷气，使你不知不觉就陷入一种凄凉的心境，请想想，一旦陷入这种心境，你又如何响应作者的祈祷？再就是对这希望本身的描述，什么海边沙地上的碧绿的西瓜，什么手捏钢叉的少年，金黄的圆月，等等，色彩都涂得那样鲜艳，反而令人觉得生硬，尤其是最后那直抒希望的文字，句式和节奏犹如杂文，读者在一派细致的抒情氛围中骤遇这样的文字，难免会感到突兀，有这突兀的感觉隔在中间，你又如何能与它发生共鸣？连这点

〈1〉　孙伏园：《孔乙己》，见孙伏园《鲁迅先生二三事》，上海：作家书屋 1945 年版，第 27 页。

题的文字的句式，都在暗暗地削弱主题，鲁迅这时候的小说中，的确没有什么东西，敌得过他的个人苦闷的流露了。

　　正是这个渴望表现内心苦闷的强大的冲动，促使鲁迅把自己作为主要的描写对象。说到底，他在1920年代中期的最大的苦闷，就是不知道自己会变成什么样子。绥惠略夫式的绝望，虚无主义的"鬼气"，都站在前面向他招手，他不愿受它们的蛊惑，却发现双脚不由自主地向它们走去，在那些心境最阴郁的时刻，他简直都不认识自己了。一个人失去对自己的把握，这是最严重的精神危机，鲁迅越是明白这一点，就越要拼命找回对自己的把握。要"找回"，就先得把自己的灵魂摊开来，即便其中是"鬼气"蒸腾，也只能把眼睛凑上去，不把一样东西看清楚了，你怎么把握它？因此，他越是想驱逐内心的"鬼气"，就越要做深入的自我分析。他当时还不愿全卸下自己的面具，不愿向公众全露出自己的血肉。要探究自己的灵魂，利用小说和散文自然更为方便。倘说在《孔乙己》那样的作品中，他常常只是不自觉地现出自身的一角，现在情形却不同了，他有心要画出自己的脸和心。

　　其实，早在1922年夏天写短篇小说《端午节》的时候，他已经忍不住正面来描画自己了。主人公方玄绰，在某部做官，又在学校兼课，常常给杂志写一点文章，家里则有沉闷的夫妻生活，除了有个读书的孩子，其他方面都和作者颇为相像，甚至包括他的姓：有一段时间，鲁迅的朋友们给他取绰号，就是叫的"方老五"。当然不能说方玄绰就是鲁迅，但他的生活状况，却正是鲁迅可能遭遇的一种状况，尤其是他那构成小说中心题旨的"差不多"论，更令人联想到鲁迅同时或稍后几年发表的许多杂文，譬如《即小见大》，譬如《杂语》。

不过，作者似乎又没有打定主意正式来分析自己，他一面从自己身上取材，一面又扭曲这些素材，他用一种戏谑化的方式，夸张那原先带有自剖意味的细节，再掺进一些演绎和变形的成分，使你乍一看，真会以为他是在写别人。可是，他的叙述笔调又一次拆了他的台。这是一种颇为暧昧的笔调，有一点揶揄，也有一点袒护，有时候像在讽刺，有时候又漏出同情，只要把它和另一篇稍后写下的《幸福的家庭》的叙述笔调比较一下，你就会看出，作者并不真能像写别人那样从容自如。方玄绰在屈辱中苦苦撑持、日渐沮丧的那一份心境，不知不觉就会绊住他的笔。

但到 1924 年写《祝福》的时候，他的犹豫显然消除了。这篇小说似乎是继续《孔乙己》和《明天》的思路，借祥林嫂的故事来表现绍兴社会的一角。可是，就在用平实的白描手法写出祥林嫂的一生的同时，他又忍不住用了另一种繁复曲折的句式，对作品中的"我"细加分析，不惜将"我"的自语和祥林嫂的故事，隔成明显不同的两大块。他是那样不怕麻烦，翻来覆去谈论"我"在祥林嫂面前的支吾其词，你就难免要猜想，他最关心的恐怕并不是祥林嫂。如果还记得他搬出八道湾时，与朱安做的那一番谈话，如果也能够想象，他面对朱安欲言又止的复杂心态，我想谁都能看出，他这种分析"我"的"说不清"的困境的强烈兴趣，是来自什么地方。在他的小说中，《祝福》是一个转折，正是从这一篇起，他的自我分析正式登场了。他把它排在《彷徨》的卷首，这从他的小说的变化来看，确是一个恰当的提示。

接着写出的是短篇小说《在酒楼上》。"我"重返故乡，却在酒楼上遇见昔日的同事吕纬甫，先前是那样一个敏捷精悍的人，曾和"我"同去城隍庙里拔神像的胡子，和别人议论"改革中国的方法"竟至于"打起来"，现在却行动迟缓，神情颓唐，一副潦倒相。他奉母亲之命，回乡来迁小兄弟的坟，明明已经找不到骨殖，却将原葬处的土胡乱捡一些装进新棺材，煞有介事地迁走、掩埋；又受母亲之托，给原先邻居家的顺姑送两朵剪绒花，可这姑娘已经病死，他就将花随便送人，却打算回去说，"阿顺见了喜欢的了不得"。他甚至甘愿给富家子弟教《孟子》和《女儿经》："这些无聊的事算什么？只要随随便便……"

这样一个吕纬甫，和作者有什么相干？可你再仔细看看，他身上分明映着作者的影子。给小兄弟迁坟和顺姑的病死，都是作者亲历的事情，他选用自己的经历作素材，总含有几分自我分析的意思。我特别要请你注意，吕纬甫一手擎着烟卷，对"我"似笑非笑说出的话：

> 我在少年时，看见蜂子或蝇子停在一个地方，给什么来一吓，即刻飞去了，但是飞了一个小圈子，便又回来停在原地点，便以为这实在很可笑，也可怜。可不料现在我自己也飞回来了，不过绕了一点小圈子。……这样总算完结了一件事，足够去骗骗我的母亲，……你似乎还有些期望我，……这使我很感激，然而也使我很不安：怕我终于辜负了至今对我怀着好意的老朋友……"

这不正是鲁迅也会说的话吗？明知如此，却愿意另讲一套去"骗人"，一看见有谁对自己怀有期待，便深觉不安：这样的想法和心情，都是他后来公开表白过的；那飞了一圈又停回原处的人生概括，也是他对自己用过多次的；至于他那看穿一切价值的虚妄，于是打算顾"自己苦苦过活"的虚无感，不也就是吕纬甫的"随随便便"吗？倘若他真是顺着虚无感的道路一直走下去，多半就会和吕纬甫成为同路。从这个意义上说，《在酒楼上》正是作者对自己内心"鬼气"的一次专注的描述，主人公的精神历程，正是他从那"鬼气"的某一面概括出来的。甚至吕纬甫的脸相，都会令人想到他："乱蓬蓬的须发"，"苍白的长方脸"，"又浓又黑的眉毛"——这不就是鲁迅么？

再来看那个"我"。小说的全部叙述都是依"我"的视线展开，一面是"我"看到的吕纬甫，一面是"我"对吕纬甫的评价，小说从头到尾，这两部分总是交织在一起，因此，吕纬甫的故事再打动人，"我"总是隔在中间，破坏读者和主人公的情感共鸣。看得出，作者很看重这个"我"，为了让它一直在场，不惜设计那样一个呆板的叙述结构，让吕纬甫在酒楼上对着"我"长篇大论，滔滔不绝，以致小说的大部分都成了带引号的独白。

他为什么要这样做？请看小说的结尾：

> 我们一同走出店门，他所住的旅馆和我的方向正相反，就在门口分别了。我独自向着自己的旅馆走，寒风和雪片扑在脸上，倒觉得很爽快。见天色已是黄昏，和屋宇和街道都织在密雪的纯白而不定的罗网里。[1]

一种如释重负的轻松，一种从窒闷潮湿的地方走出来，可以深深地吸一口气的畅快，这正显出了作者突出那个"我"的用心所在。他固然要描述"鬼气"，目的却是想摆脱它，就在描绘出自己思想发展的某一种可能性，对它细加吟味的同时，他心中早有一个声音发

［1］　本段及前三段中所引文字，均出自《在酒楼上》，《彷徨》，人民文学出版社1956年版，第19—30页。

出警告：你必须和它划清界限。

到了这一步，鲁迅驱逐内心"鬼气"的思想战场，已经在他的小说中充分展开。《在酒楼上》呈现出这样一个"我"与吕纬甫面面相对的结构，更表明他已经发动了进攻。从小说的结尾来看，胜利似乎是在"我"一边，作者似乎是有能力告别吕纬甫式的沮丧了。

但是，写于一年半之后的《孤独者》，却表明情况并非如此。这一回，作者描写主人公魏连殳，是比对吕纬甫更无顾忌，几乎就是照着自己的肖像来描画他。首先是相貌："一个短小瘦削的人，长方脸，蓬松的头发和浓黑的须眉占了一脸的小半，只见两眼在黑气里发光"，这与他在绍兴教书时的相貌几乎一模一样。其次是行状："对人总是爱理不理的，却常喜欢管别人的闲事；常说家庭应该破坏，一领薪水却一定立即寄给他的祖母，还喜欢发表文章"，"发些没有顾忌的议论"。倘将祖母换成母亲，就不都是他自己的事么？再就是思想，魏连殳先是相信"孩子总是好的，他们全是天真"，结果却被"天真"的孩子仇视了，于是生出幻灭和憎恶，这段历程简直就是从他的头脑中录下来的。至于魏连殳借祖母一生所发的长篇议论，他写给"我"的那一封信，特别是其中的许多话，更是非鲁迅不会有，唯有他才写得出的。小说的许多素材，像魏连殳殓葬祖母，在城中遭受流言和恶意的包围，都是取自作者的亲历，也没有夸张，几乎就是实录。甚至一些细节，臂如小孩子拿一片草叶说"杀！"，也是他在其他自喻的地方用过，改也不改就搬来的。在鲁迅的全部小说中，还没有一个人物像魏连殳这样酷似作者，你当可想象，那种直接剖析自己的冲动，在他的创作中膨胀到了什么程度。

从表面看，作者描述魏连殳的态度，和对吕纬甫一样，他也设置了一个"我"，它在小说叙事结构中的位置，和《在酒楼上》里的"我"完全相同。甚至结尾也一样，而且更直截了当：

> 我快步走着，仿佛要从一种沉重的东西中冲出，但是不能够。耳朵中有什么挣扎着，久之，久之，终于挣扎出来了，隐约像是长嗥，像一匹受伤的狼，当深夜在旷野中嗥叫，惨伤里夹杂着愤怒和悲哀。我的心地就轻松起来，坦然地在潮湿的石路上走，月光底下。

但是，你再仔细看进去，就会发现，"我"的态度其实远不像这结尾表现得这样明确。作者把魏连殳描写成那样一个刚强的人。他对人生有幻想，可一旦看穿了，却又比谁都透彻，如对那"一大一小"的评论，就显示了对人心的异乎寻常的深察，一个人对亲戚都能看得如此透彻，还有什么人心的卑劣能惊骇他呢？对待社会的压迫，他的抵抗更是十分坚决，绝不像吕纬甫那样软弱，那样缺乏承受力，就连最后的自戕式的毁灭，也是对黑暗的报复，大有一种以自己的腐烂来加剧社会腐烂的意味。你看他已经被放进棺材了，还是"很不妥帖地躺着"，到死都不是一个顺民。

作者的这样的描写，势必促人发问：连魏连殳最后都失败了，难道面对中国的黑暗，吕纬甫那样软弱的人要颓唐，魏连殳式的刚硬的人也同样要绝望？在这样的问题面前，无论结尾如何强调"我"的快步逃脱，都难以转移读者的视线吧。与《在酒楼上》相比，作者对"鬼气"的探究是大大深化了。

作者态度上的暧昧尤其表现在小说的第 3 节中。"我"当面批评魏连殳："那你可错误了。人们其实并不这样。你实在亲手造了独头茧，将自己裹在里面了。你应该将世间看得光明些。"这其实是作者对自己说的话。虚无感也好，怀疑心也好，都是从一个根子上长出来的，那就是对人世的不信任。中国的社会也确实可怕，一个人稍微有一点悟性，又有一点记性，便很容易陷入这种心境。鲁迅一直想要摆脱这种心境，他对自己最可说的一句话，就是"人们其实并不这样"。可你听魏连殳的回答："也许如此罢。但是，你说：那丝是怎么来的？"在整篇小说中，这是最令人震撼的一句话，它不但将"我"对魏连殳的全部责难都击得粉碎，而且把小说的标题一下子放大，将它直推到读者面前，使你无法回避作者选取这个标题时的悲苦用心。是的，一个被虚无感缠绕住的人，正是一个最孤独的人，鲁迅在十年前就饱尝过这份孤独，现在又发现自己再一次深深地陷入其中。他当然想摆脱，可另一种咀嚼这孤独的欲望又那样强烈，正是这份复杂的心态使他写出了这么一个魏连殳，他在证实了"鬼气"会将你引向什么样的毁灭的同时，又证实了你将无法摆脱那"鬼气"的招引。与吕纬甫几乎正相反，魏连殳让人感到的，是"鬼气"的雄辩和"我"的嗫嚅。[1]

在写出《孤独者》之后仅仅四天，鲁迅又写下了短篇小说《伤逝》。它在形式上和《祝福》颇为相似，也是在"我"的自叹自剖当中，嵌进一个第三人称的故事。因此它也是用两副笔墨，写到"我"的心理活动，用那种曲折繁复的句式；叙述子君和涓生的恋爱，则用明白如话的白描句式。甚至小说关注的话题，也有相承之处，《祝福》不是讨论过"我"应否对祥林嫂说真话吗？《伤逝》中涓生的最大的悔恨，也就在对子君说了实话："我没有负着虚伪的重担的勇气，却将真实的重担卸给她了。"

〈1〉 本段及前 3 段中所引文字，均出自《孤独者》，《彷徨》，人民文学出版社 1956 年版，第 80—103 页。

但我觉得，就创作的动机而言，《伤逝》和《孤独者》更为接近。魏连殳是"孤独者"，这孤独的尽头是毁灭。那么，不再孤独，照着《孤独者》中的"我"的意思，另外去寻一条生路？这生路又会将你引向何方？作者在《伤逝》中展开的，正是这样一种探究，他同样是用涓生和子君来模拟自己人生道路的某一种可能性。不用说，答案依旧是否定的，在社会冷酷和内心软弱的双重打击下，子君死了，涓生抱着悔恨的心情迁回原住的会馆。尽管他像《在酒楼上》和《孤独者》中的"我"一样，在小说的结尾奋力挣扎："我要向着新的生路跨进第一步去……"但那和子君相爱的悲剧依然罩在他头上，以致他竟要"用遗忘和说谎做我的前导"！[1]《伤逝》提供给作者的，还是一个老结论：此路不通。

在评价陀思妥耶夫斯基的时候，鲁迅说："凡是人的灵魂的伟大的审问者，同时也一定是伟大的犯人。审问者在堂上举劾着他的恶，犯人在阶下陈述着他自己的善，审问者在灵魂中揭发污秽，犯人在所揭发的污秽中阐明那埋藏的光耀。"[2]他能如此理解陀思妥耶夫斯基，显然有自己的体验做帮手，他的小说创作，又何尝不是如此呢？他通过那个"我"，在小说中一一举劾和揭发自己灵魂中的"鬼气"，从吕纬甫到涓生的一系列人物，却一一陈述那"鬼气"的合理和必然，阐明它的深刻的光辉。非但如此，从《祝福》到《伤逝》，审问者的气势越来越弱，犯人的辩声却越来越高，这更是他始料不及的吧。他在一个星期中连续写下《孤独者》和《伤逝》，却不像对《阿Q正传》那样立刻送出去刊载，直至第二年将其收入

〈1〉 本段及前一段中所引文字，均出自《伤逝》，《彷徨》，人民文学出版社 1956 年版，第 104—125 页。

〈2〉 鲁迅：《〈穷人〉小引》，《集外集》，人民文学出版社 1959 年版，第 93 页。

小说集《彷徨》，都没有单独发表，这是否正表明他的惶惑，他不知道该怎样处理这些小说？

我不禁想到他在《小杂感》中的话：创作有时候"只要有一个人看便满足"，什么叫"一个人看"？除了给朋友和爱人，是否也是给自己看？继《伤逝》之后，他又写下两篇小说，《弟兄》和《离婚》。《弟兄》对沛君的内心隐情的揭发，似乎比对涓生更为犀利，《离婚》中弥漫的那股冷气，也令人联想到《孤独者》。但是，作者那种深刻的自我举劾，在作品中日渐隐晦，《离婚》里是完全看不见了。从《祝福》开始，鲁迅的内心之门逐渐敞开，到《孤独者》和《伤逝》，这门已经开得相当大。也许是开得太大，使他自己都觉得不安了？倘真是如此，他的头一个本能反应，就该是赶紧关门。我觉得，《弟兄》和《离婚》的一个突出意义，就是表现了作者的一种也许并不自觉的内心收缩：他原是想借小说来驱逐内心"鬼气"，却没有想到它反而利用了文学创作的特殊法则，在他内心膨胀得更为巨大，情急之下，他只好先丢开笔再说了。写完《离婚》，他果然停止了小说创作。

就在创作《彷徨》中的这批小说的同时，鲁迅还写下了一系列短短的散文诗，它们后来以《野草》的总名结集出版，这里就不妨称它们为《野草》。鲁迅的小说文字本就有两种句式，一种平实直白，是写他人的；另一种曲折繁复，是表现自己的。《野草》中的绝大部分篇章，都是用的后一种句式，单从这一点，你也不难判断，他写《野草》的目的是和写《孤独者》差不多，想通过自我描述来把握自己。但另一方面，也正是这种句式上的相类，泄露了作者的另一层心思：他既想深入地剖析自己，又不愿让读者一目了然，他是在袒露自己的血肉，却又总还想掩上一层纱巾。他的思想本就矛盾，照实诉说，已经是错综复杂，他现在又要刻意掩饰，就弄得更为暧昧。最深入的自剖和最小心的掩饰结合在一起，似乎他真在实践公布在《小杂感》中的那句话，专为"一个人"写作了。

明白了这一点，你就能从《野草》的那些奇特的意象背后，不断地读出作者的自我描写。第一篇《秋夜》，那枣树便是明显的自况：头上是奇怪而高的眹着冷眼的天空，周围是在夜气中瑟索的野花草，早已看透了小粉红花和落叶的梦的虚妄，也摆脱了当初满树是果实和叶子时候的弧形，欠伸得很舒服——这不正是迁离八道湾之后，看透了人生的鲁迅的自画像吗？至于"一无所有的干子，却仍然默默地铁似的直刺着奇怪而高的天空，一意要制他的死命，不管他各式各样地眹着许多蛊惑的眼睛"[1]，就更是他面对社会黑暗的战斗姿态的速写了。

类似这样的速写，《野草》中还有不少，像那明知道前面没有路，仍然只能跟跄着跨进野地里去的过客（《过客》），那最终将在无物之阵中衰老，却仍然举起投枪的战士（《这样的战士》），那或者使人类苏生，或者将他们灭尽的叛逆的猛士（《淡淡的血痕中》），就都是同一类型，在表现一种知其不可为而为之的精神，一种"绝望的抗战"[2]的意志。

当然，《野草》中更多的篇章，是在表现别样的心境。像《影的告别》和《死火》，是凸显那夹在明暗之间的"中间物"的意识；两篇《复仇》和《聪明人和傻子和奴才》，则是抒发启蒙者的沮丧情绪，和他对不可救药的大众的厌恶和蔑视。与这情绪相联系的，还有《失掉的好地狱》，暗示对社会变革的绝望；又有《颓败

〈1〉　鲁迅：《秋夜》，《野草》，人民文学出版社1956年版，第4页。
〈2〉　鲁迅：1925年3月18日致许广平信，《两地书》，人民文学出版社1959年版，第16页。

线的颤动》，近乎忘情地宣泄被人利用、施惠获怨的愤恨。《墓碣文》令人联想到《孤独者》，既是释放心中的"鬼气"，又拼命疾走，生怕看见它的追随。《希望》和《好的故事》则用了更为浅直的方式，表现类似的复杂心态。前者发誓要"肉搏这空虚中的暗夜"，"一掷我身中的迟暮"，可给自己打气的理由，仅仅是"绝望之于虚妄，正与希望相同"[1]。后者明知道结局是"骤然一惊，睁开眼"，面前什么都没有，却仍那样用心地描绘美丽的梦境，充分传达出一种心犹不甘的懊恼心情。[2]

我特别要说说《死后》。在《野草》当中，这一篇的文字颇为特别，全不像《秋夜》或《墓碣文》那样曲折，倒是相当平直活泼，时时显出一点讽刺；描绘勃古斋的小伙计的那一段，调侃的意味还相当触目。但是，唯其如此，这篇作品就格外使人感到一股冷气。你看这些细致的描写：

> 我想睁开眼睛来，他却丝毫也不动。……一辆独轮车从我的头边推过，大约是重载的，轧轧地叫得人心烦，还有些牙齿齚。……还有几个［指苍蝇］则聚在眉毛上，跨一步，我的毛根就一摇，……一个蚂蚁又起来，终于爬到脸上，只绕着眼眶转圈子。[3]

它们把那种空有强烈的意愿，却毫无动弹能力的绝望处境，表现得如此真切，我一边读着，一边就仿佛自己也与作品中的"我"一

〈1〉 鲁迅：《希望》，《野草》，人民文学出版社 1956 年版，第 17 页。

〈2〉 鲁迅：《好的故事》，同上书，第 24 页。

〈3〉 鲁迅：《死后》，同上书，第 43、44、46 页。

样，躺在地上任人摆弄，这是怎样可怕的感染力！像《秋夜》和《墓碣文》那样的作品，是表现了一些阴郁的意念，虽然形象很突出，意念本身却是抽象的。可《死后》不同，它表现了一种阴郁的想象，那样具体、细致，你简直要怀疑这是不是出自虚构的了。一个人难免有阴郁的念头，只要这是来自他的理智，那就不大要紧，因为它在他头脑中扎得还不深，改变起来也容易。如果这阴郁是来自他的情感深处，来自他的下意识，他的记忆、梦幻和联想，那就说明他的心地是真正黯淡，而且难以改变了。鲁迅在 1925 年夏天会写出《死后》这样的作品，他对自己人生厄运的预感，实在已经是根深蒂固、难以动摇了。

我们在《野草》中读到的，是作者的深层心理，是撑住他那公开的社会姿态的下意识的木桩，是孕育他那些独特思想的悟性的温床。因此，读懂了《野草》，你就不难理解他为什么会在公开的文章中说那些话，譬如"一切都是中间物"，中国的群众"永远是戏剧的看客"[1]；又为什么要在私人通信中写那些话，譬如"我常觉得惟黑暗与虚无乃是实有，却偏要向这些作绝望的抗战"[2]，现在有些年轻人"之于我，大抵是可以使役时便竭力使役，可以诘责时便竭力诘责，可以攻击时自然是竭力攻击……"[3] 你也就能理解，为什么面对青年的时候，他会有那些特别的表现，譬如总要戴一副面具，总是有一种深藏的自卑感；不消说，你也就能理解他为什么会停止小说创作，单是这些散文诗，已经把他内心的"鬼气"展示得这么深，靠那种《孤独者》式的自我分析，他怎么可能把它压制住？

〈1〉　鲁迅：《娜拉走后怎样》，《坟》，人民文学出版社 1956 年版，第 122 页。
〈2〉　鲁迅：1925 年 3 月 18 日致许广平信，《两地书》，人民文学出版社 1959 年版，第 16 页。
〈3〉　鲁迅：1926 年 11 月 7 日致许广平信，同上书，第 161 页。

在 1926 年，除了《野草》，鲁迅还写了十篇总题为《朝花夕拾》的回忆性散文，从小时候的种种趣事，一直说到老朋友范爱农的悲惨的溺死。内容既有点杂乱，口吻也不一致，有《二十四孝图》式的愤怒的诅咒，也有《范爱农》式的彻骨的悲悯，有《琐记》中谈及衍太太时的轻蔑和厌憎，更有许多类似《阿长与山海经》那样的轻松和幽默。和《野草》一样，《朝花夕拾》也证实了作者内心的复杂，即便回忆往昔，也因了旧事本身和回忆时心情的不同，而显出迥然相异的情致。但我更注意的是，他为什么会在这个时候写起回忆来？

在《朝花夕拾》的引言中，他有明白的解释："我有一时，曾经屡次忆起儿时在故乡所吃的蔬果：菱角，罗汉豆，茭白，香瓜。凡这些，都是极其鲜美可口的；都曾是使我思乡的蛊惑。……他们也许要哄骗我一生，使我时时反顾。"[1] 不错，每个人都有蛊惑他、令他时时反顾的记忆，但他在什么时候回过头去，却多半取决于他那时那刻的具体心境。鲁迅当然知道这一点，所以又说："我常想在纷扰中寻出一点闲静来，然而委实不容易。目前是这么离奇，心里是这么芜杂。一个人做到只剩了回忆的时候，生涯大概总要算是无聊了罢，但有时竟会连回忆也没有。"[2] 这话说得十分黯淡，却是实情。你看他 1926 年的文字活动，小说已经停写了，《秋夜》和《墓碣文》那样的散文诗也不写了。杂文虽然还在写，但除了继续与章士钊、陈西滢们打笔仗，以及几篇谈话记录，几乎就没有稍长一点的文章，就连《论"费厄泼赖"应该缓行》那样借题发挥的长论，似乎也作不出了。他这一年的杂文中，多的是《无花的蔷薇》

〈1〉 鲁迅：《小引》，《朝花夕拾》，人民文学出版社 1957 年版，第 2 页。
〈2〉 同上。

那样的杂感，一小段一小段的，这是否正表明了心里的"芜杂"呢？到下半年，又出现了日记体的杂感，后来又装上"通信"的框子，其实还是日记，这不正是"只剩了回忆"吗？四顾茫然，面对现实的社会和人生，他都不知道说什么好，自然是只能写回忆了。

其实，在整个1920年代中期，这"无话可说"一直是鲁迅的基本心态。他之所以竭力修订对人生的种种认识，之所以在小说和散文中一遍遍分析自己，都是要找回对社会和自己的把握，要恢复自己说话的信心，要重获一套能说的话。可是，他这些努力似乎都不成功，他在小说创作中那样迅速地关闭袒露隐情的门户，他始终用那样晦涩的笔调来撰写《野草》，都说明了他的游移，他不敢继续往下说，也不能确信这些话可以挑明了说。现在又出现这一批回忆散文，更是明确宣告了他的失败，他依然处在无话可说的困惑之中。

一个以写作为志业的人，连续写了那么多年，现在却发现自己无话可写，无话可说，这是怎样难堪的痛苦？倘说他以这一时期的文学创作，显示了驱逐"鬼气"、重振呐喊之心的强烈愿望，那也正是他写下的这批小说和散文，证实了他这愿望的落空。他在1926年8月离开北京南下时，会暗自决定"沉默两年"[1]，就说明他自己也知道这一点。

〈1〉 鲁迅：《答有恒先生》，《而已集》，人民文学出版社1958年版，第40页。

第十二章　女人、爱情和“青春”

当然，在和“鬼气”的对抗中，鲁迅并非处处失败。自从回国以后，他就不再是一个天真的乐观主义者，他赖以对抗“鬼气”的主要力量，也早已不是那种明确的理想主义信念，而是他的生命的渴望发展的本能。不甘心“待死”也罢，想告别魏连殳也罢，都主要是这本能勃发的结果。因此，即便在思想上挣不脱“鬼气”的包围，他也会在其他方面继续挣扎。到1925年，他终于在一个方向上打开了缺口，那就是对女人的爱情。

我们都还记得，一直到1920年代初，他的生活中可以说是毫无女性的温馨气息的。为了不使母亲伤心，也为了维持自己的名誉，他甘愿过一种苦行僧式的禁欲生活。但是，虽说自己愿意，这样的日子却非常难挨。1918年初，他的一位生性洒脱的堂叔病逝，他在信中向朋友慨叹：“家叔旷达，自由行动数十年而逝，仆殊羡其福气”[1]，就透露出他对自己这状态的不满有多么深切。随着对民族和社会的失望日益加深，又与周作人闹翻，大家庭的理想破灭，内心深处的虚无感弥漫开来，他这不满也一天比一天壮大。他不是看出了原先的那些牺牲的无谓，不想再那样“认真”么？他不是说

---

[1]　鲁迅：1918年3月10日致许寿裳信，《鲁迅书信集》上卷，人民文学出版社1976年版，第16页。

从此要顾自己过活，随便玩玩，不再一味替别人耕地么？原先重重地压在背上的那些责任感，似乎日益显出它们的轻薄，他势必一次次反问自己：你个人现在最需要的是什么？不就是冲出单人禁闭的囚室，寻一位真心喜爱的女人吗？他在虚无感中陷得越深，那孝道和婚姻的束缚力就越减弱，我简直想说，正是那"个人主义"的情绪，激活了他追求爱情和个人幸福的激情。

他开始和姑娘们来往，有的来往还相当密切。到女子师范大学任教之后，他的客厅里更出现了一群聪明活泼的女大学生。有一次过端午节，他请她们来家中吃饭，竟喝得有了醉意，"以拳击'某籍'小姐两名之拳骨"，又"案小鬼［指许广平］之头"[1]，手舞足蹈，开怀大乐，那久受压抑的生命活力，勃然显现。

就这样，在1925年夏天，鲁迅和这群女学生中的一个——许广平——相爱了。

许广平是广东番禺人，比鲁迅年轻近二十岁。虽是南方人，身材却颇高，好像比鲁迅还要高一些。人也不漂亮。但是，她却是那群女学生中最有才华的一个，对社会运动，甚至对政治运动，都满怀热情。她敬仰鲁迅，也能理解他，对他的追求就更为热烈。你不难想象，当她表白了爱情，又从他那里收获同样的表白的时候，她的心情会多么兴奋。

但是，鲁迅的心情却复杂得多。他爱许广平，但对这爱情的后果，心中却有疑虑。这疑虑还是来自虚无感，它就像一柄锋利的双刃剑，既戳破孝道之类旧伦理的神圣性，又戳破个性解放、"爱情

---

〔1〕　鲁迅：1925年6月28日致许广平信，《两地书》，人民文学出版社1959年版，第78页；并王得后：《〈两地书〉研究》，天津人民出版社1982年版，第40页。

至上"之类新道德的神圣性，它固然锈蚀了鲁迅的精神旧宅的门锁，却也会当着他的面，把他打算迁去的其他新居都涂得一团黑。传统的大家族当然是无价值的，孝道也可以说是无谓的，但那新女性的丰采，恋爱婚姻的幸福，是不是也是一个幻象呢？鲁迅早已过了"情人眼里出西施"的年龄，再怎样喜爱许广平，也不会看不出她的缺陷。社会又那样险恶，在1925年，无论北京的学界还是官场，都有一股对他的敌意在蜿蜒伸展，一旦他背弃自己的婚姻，会不会授那些怨敌以打击的口实呢？倘若种种打击纷至沓来，他们的爱情禁受得住吗？在写于这时候的短篇小说《伤逝》中，他把涓生和子君的结局描绘得那么绝望，把他们承受不住社会压力、爱情逐渐变质的过程表现得那么可信，你就能知道他的疑虑有多深，思绪怎样地偏于悲观了。

所以，他最初的行动非常谨慎。他向许广平表明，他无意和她正式结婚，在名分上，他还保持原来的婚姻。这实际就是说，他并不准备彻底拆毁那旧式婚姻的囚室，他仅仅是自己凿一个洞逃走。他也不想马上和许广平同居，因为条件还不具备，还需要做些准备。

首先是钱。为了购置砖塔胡同的房子，他已经欠了朋友800块钱的债，一直无力偿还；他又才被章士钊革职不久，倘若因为与许广平同居而遭人诟病，打输了官司，那岂不是要落入涓生式的厄运了吗？其次，他也不愿在北京与许广平同居，离母亲和朱安太近，同在一座城中，毕竟不大方便。北京的空气又日渐压抑，后来更发生"3·18"惨案，搞得他几次离家避难，要想建立一个新的家庭，总得另寻一处安全的地方。

当然，他最担心的，还是和许广平的爱情本身。这里既有对许广平的疑虑，也有对自己的反省。"我已经是这个年纪，又有这么多内心的伤痛，还能够容纳这样的爱情，还配得上争取这样的爱情吗？""让她这样与我结合，她的牺牲是不是太大了？""即便她现在甘心情愿，以后会不会后悔？""她究竟爱我到了什么程度？"……我相信，每当夜晚，他躺在床上抽烟默思的时候，类似上面这样的疑虑，一定会在他心中久久盘旋，去而复返。他面前似乎已经浮出了一条逃离绝望的清晰的生路，但他何时往里走，又怎样走进去，却不容易下决断。

1926年初春，一个新的机会来了，新任厦门大学文科主任的林语堂，是鲁迅的老朋友，邀请他去厦门大学任教。那里远离北京，邻近广东，不但气候温暖，政治空气也似乎比北京要和暖得多，每月又有400块钱的薪水，正是一个适合开始新生活的地方。鲁迅欣然应允，就在这一年8月离京南下，适逢许广平要回广州，便一同动身。

但是，尽管有这么合适的机会，又是与许广平同行，他仍然不作明确的计划。他只是与许广平约定，先分开两年，各自埋头苦干，既是做一点工作，也为积一点钱，然后再做见面的打算。[1] 你看，他还是用的老办法，当对将来缺乏把握、难下决断的时候，就先将决断往后推，拖延一阵子再说。

鲁迅兴致勃勃地踏上了厦门岛。可是，几乎从第一天起，种种不如意的事情就接踵而来。地方的荒僻，人民的闭塞，学校主事人那样势利，教师中的浅陋之徒又这么多，再加上若干职员和校役的褊狭懒散，终致使他连声叹息：自己还是天真了，民国首府的北京都那样糟糕，厦门还会好么？

〈1〉 许广平：《许广平忆鲁迅·鲁迅和青年们》，薛绥之主编：《鲁迅生平史料汇编（第四辑）》，天津人民出版社1983年版，第8页。

他尤其恼火的是，他在北京的那批学者对头——他称之为"现代评论派"的，如今也纷纷南下，有的就直接到了厦门大学，和他做同事。譬如顾颉刚，他曾公开说佩服胡适和陈西滢，现在竟然也到厦门大学来做教授了；自己来了不算，还推荐其他的熟人来，这些被荐者来了之后，又引荐另外的人，这在鲁迅看起来，简直就是"日日夜夜布置安插私人"[1]。他写信对许广平抱怨："现代评论派"的势力，"我看要膨涨起来，当局者的性质，也与此辈相合"[2]。远远地躲到厦门来，竟然还是会遇上他们；在北京受排挤，跑到这里来还可能受排挤，这怎么能不叫他光火呢？

于是他这样向朋友描述自己的心情："一有感触，就坐在电灯下默默地想，越想越火冒，而无人浇一杯冷水，于是终于决定曰：仰东硕杀！我�来带者！"[3]"仰东硕杀"是绍兴土话，意思是"操他妈的！"厦门大学竟然逼得鲁迅不断要在心里骂出这样的话，他当然不愿在这里久留了。到厦门不到四个月，他就开始想走。一个学期的课还没讲完，就已经向校方递了辞呈。他原想在厦门大学工作两年，现在却提前一年半离开，当他独自一个人在夜灯下写辞呈的时候，先前的种种走投无路、屡屡碰壁的记忆，一定又会涌上脑际吧。

处在这种经常要骂出"仰东硕杀"的心境，他对与许广平的爱情的疑虑，自然会逐渐加重。1926 年 11 月，他写信对她说：

> 常迟疑于此后所走的路：（一），积几文钱，将来什么都不

〈1〉 鲁迅：1926 年 12 月 15 日致许广平信，《两地书》，人民文学出版社 1959 年版，第 212 页。

〈2〉 鲁迅：1926 年 10 月 20 日致许广平信，同上书，第 136 页。

〈3〉 鲁迅：1926 年 11 月 21 日致章廷谦信，《鲁迅书信集》上卷，人民文学出版社 1976 年版，第 110 页。

做，苦苦过活；（二），再不顾自己，为人们做一点事，将来饿肚也不妨，也一任别人唾骂；（三），再做一些事（被利用当然有时仍不免），倘同人排斥，为生存起见，我便不问什么都敢做，但不愿失了我的朋友。第二条我已行过两年多了，终于觉得太傻。前一条当先托庇于资本家，须熬。末一条则太险，也无把握（于生活）。所以实在难于下一决心，我也就想写信和我的朋友商议，给我一条光。[1]

他是真的想不好：虽然列出了三条路，想走的却是第三条；但他不知道许广平是否真愿意和他携手共进，也不知道这条路是否真能够走得通。疑虑重重之际，就干脆向许广平和盘托出，既是试探，也是求援。

许广平是多么敏感的人，立刻就觉出了鲁迅的心思，她知道他有疑虑，也知道这疑虑的深广，她甚至还想到了他的可能的后退，这自然使她深为不满，就用了这样激动的口气回信说：

你信本有三条路，叫我给"一条光"，我自己还是瞎马乱撞，何从有光，而且我又未脱开环境，做局外旁观。我还是世人，难免于不顾虑自己，难于措辞，但也没有法了。到这时候，如果我替你想，或者我是和你疏远的人，发一套批评，我将要说：你的苦了一生，就是一方为旧社会牺牲。换句话，即为一个人牺牲了你自己。而这牺牲虽似自愿，实不啻旧社会留给你的遗产。……你自身是反对遗产制的，不过觉得这份遗产如果

〈1〉 鲁迅：1926 年 11 月 15 日致许广平信，《两地书》，人民文学出版社 1959 年版，第 169 页；并王得后：《〈两地书〉研究》，天津人民出版社 1982 年版，第 104—105 页。

抛弃了，就没人打理，所以甘心做一世农奴，死守遗产。……我们是人，天没有叫我们专吃苦的权利，我们没有必吃苦的义务，得一日尽人事求生活，即努力做去。我们是人，天没有硬派我们履险的权力，我们有坦途有正道为什么不走，我们何苦因了旧社会而为一人牺牲几个，或牵连至多数人，我们打破两面委曲忍苦的态度，如果对于那一个人的生活能维持，对于自己的生活比较站得稳，不受别人借口攻击，对于另一方，新的部分，两方都不因此牵及生活，累及永久立足点，则等于面面都不因此难题而失了生活，对于遗产抛弃，在旧人或批评不对，但在新的，合理的一方或不能加以任何无理批评，即批评也比较易立足。……因一点遗产而牵动到了管理人行动不得自由，这是在新的状况下所不许，这是就正当解决讲，如果觉得这批评也过火，自然是照平素在京谈话做去，在新的生活上，没有不能吃苦的。[1]

这信写得很动情，也许是急不择言吧，许多话都说得很直。她一下子挑穿了鲁迅不愿意解除旧式婚姻的内心原因，又用那样热烈的口气激励他做出决断。她甚至不隐瞒自己的焦急和不快，最后那一段话，简直是在赌气了。

幸亏是这样的急不择言，反而打消了鲁迅的疑虑。说到底，他最大的顾虑正在许广平本人，现在从她的这封信，他看见了她的真心，许多担心和犹豫，一下子消散了。他立刻回信，语气非常诚恳，不再有前一封信中的含混，态度也很乐观，似乎是决意要走第

〔1〕 许广平：1926 年 11 月 22 日致鲁迅信，引自王得后：《〈两地书〉研究》，天津人民出版社 1982 年版，第 126—129 页。

三条路了：

> 我一生的失计，即在向来不为自己生活打算，一切听人安排，……再后来，思想改变了，但还是多所顾忌，这些顾忌，大部分自然是为生活，几分也为地位，所谓地位者，就是指我历来的一点小小工作而言，怕因我的行动的巨变而失去力量。……我也决计不再敷衍了。……离开此地之后，我必须改变我的农奴生活，……我觉得现在 HM［即"害马"，对许广平的昵称］比我有决断得多……[1]

一个多月以后，他更明白表示："我对于名誉，地位，什么都不要，只要枭蛇鬼怪够了"[2]，这所谓"枭蛇鬼怪"，就是指许广平。

正在他终于确信了许广平的爱情的同时，广州的中山大学接连来信，热情地邀他去担任国文系的教授和主任。这无疑从另一面增加了他的勇气。人世间不但真有值得信赖的爱情，他自己也还有可以阔步的生路，无论从哪一头看，他的境况似乎都比涓生好得多，在争取新生活的方向上，他确乎应该试一试了。

从事后的旁观者的眼光看，这自然是又有点陷入错觉了，但是，一个刚刚开始全身心浸入爱情的人，多半会情不自禁地把整个世界都看成玫瑰花，会以为自己一拳便能打出个新天地，鲁迅的这一点错觉又算得了什么？他内心的虚无感是那么深厚，他大概也只有靠这样的错觉，才能够摆脱它的羁绊吧。

〈1〉 鲁迅：1926 年 11 月 28 日致许广平信，《两地书》，人民文学出版社 1959 年版，第 187 页。

〈2〉 鲁迅：1927 年 1 月 11 日致许广平信，同上书，第 236 页。

他终于下定了决心。1927年1月到广州，住进中山大学之后，即由许广平陪伴在旁，即便有客来访，她也并不回避。十个月之后他到上海，更在虹口的景云里租了一幢三层的房子，与许广平公开同居。在旧式婚姻的囚室里自我禁闭20年之后，他总算逃出来了。

身边有了许广平，鲁迅似乎年轻了许多。他的衣着现在有人料理，头发和胡须现在有人关心，在那么长久地禁欲之后，他终于体会到了女性的温暖和丰腴，他的整个心灵，都因此变得松弛了。在广州，他与许广平等人接连游览越秀山，白天逛花市，晚上看电影，满脸欢愉，兴致勃勃。到上海之后不久，又和许广平去杭州游玩，虽然是7月份，暑热逼人，他却毫不在意，去虎跑品茶，到西湖泛舟，快活得像一个小孩子。陪同游玩的许钦文和章廷谦都暗暗惊喜，从他们十几年前做鲁迅学生的时候起，还从未见他表现过这样浓的游兴。

鲁迅本是一个善感的人，你只要读过他的《社戏》，就一定会记得他对家乡风物的那份善感的天性。可是，由于家道中落以后的种种刺激，到了青年时代，他却对自然风景失去了兴趣。他在东京那么多年，只去上野公园看过一次樱花，而且还是和朋友去书店买书，顺路经过才进去的。他在仙台整整两年，附近不远就有一个著名的风景区松岛，他也只去玩过一次。回国以后，住在杭州那样优美的地方，一年间竟只去西湖游过一次，还是朋友请的客。别人都连声称赞"平湖秋月"和"三潭印月"，他却以为"不过平平"。1924年他写《论雷峰塔的倒掉》，居然把雷峰塔和保俶塔弄错了位置，你当可想象，他平日对这些景致是如何不留心。以后到北京，住的时间更长，游玩却更少。即使去西安，主人安排他游览名胜古迹，他最感兴趣的地方，却是古董铺。弄到最后，他甚至公开说："我对于自然美，自恨并无敏感，所以即使恭逢良辰美景，也不甚感动。"[1]

不知道他说这话有多少调侃的意味，倘是讲真话，那他是错了。对自然风景的敏感，是人的天性。每个人的天赋当中，多少都埋有亲近大自然的情感萌芽，只是由于后来的经历不同，有些人的这个天性得到激发，变成酷爱自然之美的多情者；有些人的天性却遭受压抑，便自以为对山水缺乏敏感了。面对优美的自然风景，我们会不会深受感动，这实在可以作为衡量我们的精神是不是正常发展的重要标尺。因此，看到鲁迅在广州和杭州玩得那样快活，我想谁都会为他高兴，他童年时代的善感的灵性，那《社戏》中的天真的情态，终于在他身上复苏了。

当然，爱情在他身上唤起的，绝不只是亲近自然的游兴。一说到爱情，人总会习惯性地想到青春，想到年轻的生命，尤其鲁迅那个时代的中国人，更容易把爱情看成青年人的专利，许多人鼓吹爱情至上的最大理由，不就是青春和生命的天赋权利吗？许广平是那样一个富于活力的姑娘，又比鲁迅年轻么多，鲁迅一旦与她相爱，这爱情就会对他造成一种强大的压力，要求他振作精神，尽可能地焕发生命活力。倘说在绍兴会馆时，他自安于"农奴"式的枯守，还可以倚仗老成和冷静来抵挡世俗欢乐的诱惑，甚至克制和压抑生命的本能冲动；他现在却必须完全改变，要竭力振奋自己的人生热情，竭力放纵那遭受长期压抑、差不多快要枯萎的生命欲望。男人毕竟是男人，鲁迅即便把人生看得很透，也总会希望自己是一个富于活力的人，一个能够让爱人崇拜的人。他当然有自卑心，所以才

〔1〕 鲁迅：《厦门通信》，《华盖集续编》，人民文学出版社 1958 年版，第 139 页。

说自己"不配"[1]；但他更多的是要强心，他希望自己能有活力，至少在精神上依然年轻。事实上，也只有当这要强心在他头脑中占上风的时候，他才会坦然地接受许广平的爱。只是这要强心一面允许他拥抱许广平，一面却又暗暗地告诫他：你必须像个年轻人！

鲁迅本就是情感热烈之人，假如他真正率性而行，至少在精神上，他的许多表现自然会洋溢出青年人的气息。他对黑暗的毫无掩饰的憎恶，他那种不愿意"费厄泼赖"（Fair Play）的决绝的态度，都是极能引起青年共鸣的性情。但是，他毕竟又是个思想深刻的人，四十年的经历早向他心中注入了一种深广的忧郁，迫使他养成一种沉静的态度，不喜欢雀跃欢呼，也不主张赤膊上阵。不轻信，更不狂热，选一处有利的屏障，伏在壕堑中静静地观察：这正是他到北京以后逐渐确定下来的人生态度，也是真正符合他的深层心境的人生态度。因此，一旦他有意要振作斗志，焕发精神，以一种青年人的姿态置身社会，他的言行就往往会逾出其"常态"，显出一种特别的情味。

比方说，他从来就是个实在的人，说话都是有一句说一句的，可在砖塔胡同的家里与姑娘们笑谈的时候，他却屡次提到自己床铺下面藏着一柄短刀，又详述自己在东京如何与"绿林好汉"们［指光复会中人］交往，言语之间，时时露出一丝夸耀的意味。再比如，到1920年代中期，他对青年学生已经不抱什么期望，所以"女师大风潮"闹了半年多，他一直取旁观态度。可是，一旦与许广平们熟识，他的态度就明显改变，代她们拟呈文，起草宣言，还一个一个去联络教员签名，组织校务维持会，里外奔走，口诛笔伐，终至被章士钊视作眼中钉，我不禁想，倘若他并不认识许广平

〈1〉 鲁迅：1927年1月11日致许广平信，《两地书》，人民文学出版社1959年版，第236页。

她们，他的态度会有这么大的转变吗？即便出于义愤，站出来声援学生，也不过是像联署那份宣言的马幼渔们一样，说几句公道话了事吧。

同样，他向来就不大赞成学生请愿，不但对五四运动做过那样冷淡的评价，就在1926年3月18日上午，他还硬把许广平留在家里，不让她去执政府门前请愿："请愿请愿，天天请愿，我还有东西等着要抄呢！"[1] 可是，当"3·18"惨案的消息传来，死难者中间又有他熟稔的女师大学生刘和珍，他的反应就完全不同了。他接二连三地写文章斥骂当局，口气激烈得近于切齿，我难免又要想，倘若他不是对刘和珍们怀有亲近的感情，他的反应会不会有所不同？身为这些年轻姑娘的亲近的师长，对她们的惨遭屠戮却全无救助之力，望着许广平们的悲愤的眼光，他简直不知道说什么好：我猜想，大概正是这样的一种心情，才使他下笔的态度格外激烈，诅咒的口气也格外决绝吧。推而广之，他在1920年代中期的公开的文章中，依旧勉力唱一些其实心里并不相信的希望之歌；在明明已经深觉沮丧的情形下，依旧戴着面具，表现出充满热情的斗士的姿态，所有这些"心口不一"的行为背后，是否都有那爱情或准爱情的压力在起作用呢？

不用说，他到广州与许广平会合以后，这压力就更大了。有活力的人不应该老是神情阴郁，于是他勉力说一些鼓舞人的话，有一次甚至断言："中国经了许多战士的精神和血肉的培养，却的确长出了一点先前所没有的幸福的花朵来，也还有逐渐生长的希望。"[2]

〈1〉 许广平：《鲁迅与三·一八惨案》，原刊于《鲁迅回忆录》，作家出版社1962年7月版，此处引自薛绥之主编：《鲁迅生平史料汇编（第三辑）》，天津人民出版社1983年版，第368页。

〈2〉 鲁迅：《黄花节的杂感》，《而已集》，人民文学出版社1958年版，第4页。

有活力的人不但应该对将来抱有信心，更应该投入实际的革命，许广平正是这样做的，她自己是国民党左派，对"国民革命"满怀热情，于是鲁迅藏起他先前那个彻底的怀疑意识，也来热烈地赞扬北伐，赞扬革命。尤其是对青年人发表演讲，他更是慷慨激昂。他称赞广州是"革命策源地"，而现在已是"革命的后方"；他向中山大学的学生呼吁，要他们用"革命的精神"，"弥漫"自己的生活，"这精神则如日光，永永放射，无远弗到"。[1] 他更说自己"愿意听听大炮的声音，仿佛觉得大炮的声音或者比文学的声音要好听得多似的"[2]。在一次演讲会上，他甚至提高了嗓门，大声号召说："广东实在太平静了，我们应该找刺激去！不要以为目的已达，任务已完，像民元革命成功时说的，可以过着很舒服的日子！"[3] 读着他这些激进的言辞，我仿佛能想象到当时的情景：一个黑瘦矮小、年近半百的人，迎着台下年轻听众们的热切的目光，用绍兴腔提高了嗓门大声呼喊——为了焕发青春的气息，他的确是尽了全力了。这也自然，身边有许广平，四周又是初到广州时的青年人的热烈的欢迎，任何人处在这样的境遇，恐怕都不免要兴奋得像一个十七八岁的小伙子吧。

但鲁迅毕竟不是十七八岁的小伙子了。1927年旧历初三，他和许广平等人漫步越秀山，当踏上一个小土堆时，也许是想表现一下自己的身手还健，他执意要从那土堆上跳下来。他是跳下来了，却扭伤了脚，半天的游兴，就此打断。这脚伤还迟迟不肯痊愈，半个

〈1〉 鲁迅：《中山大学开学致语》，《集外集拾遗》，人民文学出版社1959年版，第215页。

〈2〉 鲁迅：《革命时代的文学》，《而已集》，人民文学出版社1958年版，第16页。

〈3〉 清水：《我怀念到鲁迅先生》，薛绥之主编：《鲁迅生平史料汇编（第四辑）》，天津人民出版社1983年版，第275页。

月后他去香港做演讲，还是一拐一拐的，走得很费力。不知为什么，每当读到他在广州的那些激昂的言辞，我总要想起这件事，它似乎是一个象征，既表现了他的心态的活泼，更表现了他的心有余而力不足。他45岁才尝到爱情，以当时人的一般状况，已经太晚了，他无法像十七八岁的小伙子那样忘情地拥抱它。在整个1920年代中期和晚期，他常常都情不自禁地要用恶意去揣测世事，要他单单在争取个人幸福的事情上卸下心理戒备的盾牌，他实际上也做不到。因此，即使他决意和许广平同居了，即便他努力显示一种勇敢的姿态，他内心还是相当紧张。

这紧张也并非无因。就在他到厦门不久，北京和上海的熟人间已经有一种传闻，说他和许广平同车离京，又从上海同船去厦门，"大有双宿双飞之态"[1]。他们还没有同居，议论就已经来了，若真是同居了，那流言真不知要飞舞到怎样。事实上，1928年2月，他和许广平同居不到半年，就收到过这样一封信："鲁迅先生：昨与××××诸人同席，二人宣传先生讨姨太太，弃北京之正妻而与女学生发生关系，……此事关系先生令名及私德，……于先生大有不利，望先生作函警戒之……"[2]写信人自称是崇拜鲁迅的青年，却如此看待他和许广平的爱情，这叫他做何感想呢？社会上永远有好奇者，有好事者，有小人，有庸众，你就是再循规蹈矩，谨小慎微，只要你是名人，就总会有流言粘在背上，有恶意跟踪而来。干脆想通了这一点，不去管它，人反而能活得自在。鲁迅同辈的文人中，就颇有一些人是放浪洒脱、无所顾忌的。但是，鲁迅做不到这

〈1〉 川岛：《和鲁迅相处的日子》，人民文学出版社1958年版，第45页。
〈2〉 周伯超：1928年2月9日致鲁迅信，引自王得后：《〈两地书〉研究》，天津人民出版社1982年版，第270页。

一点，愈是心中"鬼气"蒸腾，愈是把社会看得险恶，一点小小的流言，就愈会引发他广泛的联想：形形色色的遗老遗少的攻讦，报章杂志上的恶意或无聊的渲染，学界和文坛上的有权势者的封锁，最后是经济上的拮据和窘困：他已经很难摆脱那个涓生和子君式的悲剧的梦魇了。

正因为心头总是压着那个梦魇，鲁迅和许广平同居之后，依然左盼右顾，如履薄冰。他将许广平的卧室设在三楼，自己则住二楼，对外只说她给自己当助手，做校对，除了对极少数亲近朋友，一概不说实情。即便去杭州，实际上是度蜜月，他也要遮遮掩掩。动身之前，他先要杭州的朋友预订一间有三张床的房间；到了杭州，许钦文等人接他们到旅馆，住进那房间后，正要离开，他却唤住了许钦文，眼睛盯着他，"严肃地说：'钦文，你留在这里。以后白天有事，你尽管做去，晚上可一定要到这里来！'"他并且指定许钦文睡在中间那张床上，将自己和许广平隔开——这是怎样奇怪的安排！[1] 一年半以前，他鼓励许广平到中山大学给他当助教，口气是何等坚决："不必连助教都怕做，同事都避忌，倘如此，可真成了流言的囚人。"[2] 可你看他这住房的安排，不正是自己要做流言的囚人吗？越是知道他白天玩得那样快活，看到他晚上这样睡觉，我就越感到悲哀，除了喝醉酒，他大概一辈子都没有真正放松过吧，陪伴心爱的女人到西湖边上度蜜月，都会如此紧张，这是怎样可怜的心境，又是怎样可悲的性格？

这样的紧张一直持续了很久。从一开始，许广平就没有向亲属

---

[1] 许钦文：《鲁迅在杭州》，钟敬文编：《鲁迅在杭州》，《西湖文艺》编辑部1979年印行，第7页。

[2] 鲁迅：1927年1月11日致许广平信，《两地书》，人民文学出版社1959年版，第238页；并王得后：《〈两地书〉研究》，天津人民出版社1982年版，第189页。

说过实情。直到 1929 年 5 月，她已经怀了五个月的身孕，她的姑母到上海，她才将实情告诉她，并请她转告家中的其他人。在鲁迅这一面，也是从这时候起，才陆续告诉远方的朋友。但即使是通报，口气也往往含糊，譬如他给未名社的一位朋友写信，说那些流言如何气人，于是他索性"到广东，将这些事对密斯许说了，便请她住在一所屋子里——但自然也还有别的人。前年来沪，我也劝她同来了，现就住在上海，帮我做点校对之类的事……"[1]。这哪里只是通报，中间夹着这么多解说，而且到了最后还是含含混混，并不把事情说清楚。也许他并非存心如此？那么，心里明明想告诉别人，写出来却这样吞吞吐吐，这又说明了什么呢？许广平将实情告诉姑母后，对鲁迅说："我的亲人方面，如由她说出，则省我一番布告手续，而说出后，我过数月之行动［指生产］可以不似惊弓之鸟，也是一法。"[2]什么叫"惊弓之鸟"？莫非在下意识里，他们自己也并不真能坦然？

　　一个人受多了压抑，就容易丧失从自己的角度看事情的能力，甚至连评价自己，也会不自觉地仿照周围人的思路。尤其当与社会习俗发生冲突的时候，他就是再明白自己应该理直气壮，心理上还是常常会承受不住，不知不觉就畏缩起来。鲁迅和许广平这"惊弓之鸟"的紧张，是不是也正来源于这一点呢？当然，他们愿意将消息公诸亲友，总还是因为有了信心，你看鲁迅这时候写给许广平的信："看现在的情形，我们的前途似乎毫无障碍，但即使有，我也决计要同小刺猬［对许广平的昵称］跨过它而前进的，绝不畏

〈1〉　鲁迅：1929 年 3 月 22 日致韦素园信，《鲁迅书信集》上卷，人民文学出版社 1976 年版，第 215 页。

〈2〉　许广平：1929 年 5 月 28 日致鲁迅信，《两地书》，人民文学出版社 1959 年版，第 270 页；并王得后：《〈两地书〉研究》，天津人民出版社 1982 年版，第 220 页。

缩"[1]，就明显表露出终于松了一口气的轻松感。但是，要到同居一年半以后，才刚刚松这一口气，他们先前的屏息担心，未免也太过分了。

从某种意义上讲，鲁迅和许广平相爱而终于同居，在上海建立新的家庭，是他一生中最有光彩的举动之一。正是在这件事情上，他充分表现了生命意志的执拗的力量，表现了背叛传统礼教的坚决的勇气，表现了一个现代人追求个人自由的个性风采。但是，也恰恰在这件事情上，他内心深处的软弱和自卑，他对传统道德的下意识的认同，他对社会和人性的根深蒂固的不信任，都表现得格外触目。人一旦相信爱情，就不再是一个虚无主义者，鲁迅能够打开一个缺口，也就应该可以冲出"鬼气"的包围：如果这样来看，他和许广平的同居就正显示了他对自己命运的一次重大的胜利。但是，他在冲出包围的途中，要经历那么多的犹豫和权衡，这会不会使他终于争取到手的幸福，不知不觉就变了味呢？男女爱情，这本是为人的一项基本乐趣，倘若你必须耗费那么长的生命，经历那么深的痛苦，才能够获得它，你还能说它是一项乐趣吗？用太多痛苦换来的幸福，它本身已经不完全是幸福，它甚至很容易变成一笔债，将承受者的脊梁压弯。因此，一想起鲁迅硬拉许钦文同眠一室的情景，我先前那因他们同居而产生的欣喜心情便迅即消散。鲁迅是获得了胜利，可恰恰是这个胜利，宣告了他可能难得再有真正的胜利。

---

〔1〕 鲁迅：1929 年 5 月 19 日致许广平信，《两地书》，人民文学出版社 1959 年版，第 248 页；并王得后：《〈两地书〉研究》，天津人民出版社 1982 年版，第 199 页。

第十三章　没完没了的"华盖运"

　　实际的情形正是如此，爱情并不能使鲁迅摆脱困境。就拿他到广州这件事说吧，他之所以愿意去，除了与许广平会面，也还有另外的意图。他自己说："其实我也还有一点野心，也想到广州后，对于'绅士'仍然加以打击……第二是与创造社联合起来，造一条战线，更向旧社会进攻，我再勉力写些文字。"[1]可他人还未到广州，郁达夫和郭沫若已经离开中山大学，不能组建联合战线了。他却仍不泄气，将眼光转向中山大学："只要中大的文科办得还像样，我的目的就达了。"[2]这所谓"还像样"，就是指像北京大学的样。他毕竟是新文化运动的参与者，他对蔡元培创立的那一种崇尚自由的大学风气，对这风气的发源地北京大学，始终有一份特殊的感情。的确，在现代中国，只要存在这样的大学，那就无论遇上怎样的专制和高压，思想的火炬都不会熄灭。手无寸铁的知识分子要想对社会施加影响，恐怕也只能从发扬北大风气这样的事情入手。

　　所以，鲁迅一到中山大学，除了做国文系的主任，还担任教务长，一头扎进教务堆中，忙得不可开交。他公开以"五四"时候的风气作为标准，在一次教务会议上，他主张让学生有研究、活动和

〈1〉　鲁迅：1926 年 11 月 7 日致许广平信，《两地书》，人民文学出版社 1959 年版，第 161 页。

〈2〉　鲁迅：1927 年 1 月 5 日致许广平信，同上书，第 226 页。

组织的自由，就特地举出北京大学作为榜样。直到国民党大举"清党"，4月15日从中山大学抓走几十个学生，他还以"五四"为例，在他召集的紧急会议上据理力争："五四运动时，学生被抓走，我们营救学生，甚至不惜发动全国工商界都罢工罢市。……我们都是五四运动时候的人，为什么现在这么多学生被抓走，我们又不营救了呢？"[1]在广州的最初几个月，无论说话做事，他的态度都那样积极，和在厦门时候是大不同了。

但是，迎面就有一连串壁在等着他碰。首先是广州的激进青年对他不满了。他初到广州时，这些青年曾经热烈地欢迎他，蜂拥去听他演讲，有的还直接去找他。可是，鲁迅毕竟看多了黑暗，即使极力振作，在演讲会高呼口号，话一说长了，还是会流露阴郁的意思。他说广州是一个红皮白心的萝卜，说广州的青年把革命游戏化，甚至说广州有大叫，却无思索，无悲哀，因此也就没有真正的革命和文学。[2]你想想，整日沉浸在狂热情绪中的激进青年怎么听得进这些话？他到广州才一个月，就有人以"鲁迅先生往哪里躲"的标题，在报纸上批评他："鲁迅先生！你莫尽自在大学教授室里编你的讲义。……如此社会，如此环境，你不负担起你的使命来，你将往哪里去躲！"[3]接着，更有年轻的军人用近于无理的态度责问他："你不愿意从事文学革命；你又不去做武装者的革命；那么你处在今日的中国，更拿着一种什么革命的东西在领导着一般青年？"[4]与此同时，广州的文学界也开始有人批评他"落伍"，认为

〈1〉 何思源：《回忆鲁迅在中山大学情况》，原载《鲁迅研究资料》第3辑，1979年2月北京，此处引自薛绥之主编：《鲁迅生平史料汇编（第四辑）》，天津人民出版社1983年版，第366页。

〈2〉 山上正义：《谈鲁迅》，同上书，第295页。

〈3〉 宋云彬：《鲁迅先生往哪里躲》，同上书，第223页。

〈4〉 和雅典：《请教鲁迅先生》，同上书，第443页。

在北伐的形势下，《阿Q正传》那样的作品已经没有资格再自称革命的文学。[1]

面对这样的不满和批评，鲁迅真不知道说什么好。他当然不愿意青年人误解他。读了那篇《鲁迅先生往哪里躲》，他立即请许广平以她的名义，写了《鲁迅先生往那些地方躲》的解释文章，在同一张报纸上发表。但是，他又很知道，他其实无法向这些青年解释清楚，以他们的天真和幼稚，怎么可能理解他那"无话可说"的深刻的迷惘？他只有暗自苦笑了。

接着是中山大学内部的人事纠纷。鲁迅虽是教务长，学校的实权却操在教务委员会手中。这委员会的几个主要人物，像戴季陶、朱家骅等人，都是国民党的要人，官场上的老手，他们绝不愿意将中山大学办成北大那样的学校，鲁迅和他们自然不会有多好的交情。文科主任傅斯年，本是鲁迅在北京时的旧识，但在校内事务的处理上，也使鲁迅很失望。1927年3月，傅斯年更将顾颉刚请到中山大学来当教授，鲁迅坚决反对，甚至说出"他来，我就走！"那样的话。可傅斯年还是将顾颉刚请来了，鲁迅立刻就辞了职。他写信对朋友愤愤地说："我到此只三月，竟做了一个大傀儡。……当红鼻〔指顾颉刚〕到此时，我便走了；而傅〔斯年〕大写其信，给我，说他已有补救办法，即使鼻赴京买书，不在校；……现在他们还在挽留我，当然无效，我是不走回头路的。"[2]

鲁迅是一介书生，爱憎强烈，性情又耿直，不会拐弯抹角，就很容易与刁钻或弄权的同事发生矛盾。全是为了自己的那一点"野

〈1〉 欧阳山：《光明的探索》，《鲁迅生平史料汇编（第四辑）》，第348页。

〈2〉 鲁迅：1927年5月15日致章廷谦信，《鲁迅书信集》上卷，人民文学出版社1976年版，第136页。

心"，才勉力挑起教务长这副担子，现在竟弄得连势不两立的对头也跑到身边来当教授，这岂不是又落入厦门大学的覆辙了吗？依他向来的脾气，自然是一走了之。

当然，他更震惊的还是"4·15"大搜捕。自到广州以后，他对国民党一直抱有好感，也为北伐的节节胜利而高兴，他那样无保留地赞扬孙中山，除了受风气传染，也因为他出身于清末的革命党，大体上赞同孙中山的理想。可是，一直举着孙中山的旗帜的国民党，竟会这样大规模地搜捕前一天还是同盟者的共产党员，抓去那么多无辜的人，还要那样杀戮被捕者，还要得意地形诸笔墨，什么"用斧劈死"，什么"乱枪刺死"……这实在出乎他的意料。在北京，是段祺瑞的卫队开枪击杀请愿学生，到广州，却又看见国民党更大规模地杀戮昔日盟友，偌大一个中国，难道就逃不脱这样的惨剧？

他尤其震惊的，是那杀戮者中间，许多竟是青年人，不但是年轻的目不识丁的赳赳武夫，更是年轻的戴着眼镜的大学生，投书告密，助官捕人，这些青年似乎还格外起劲。在北京时，青年学生的冷漠和健忘，已经使他深受刺激，现在这更可怕的情形，会给他怎样沉重的打击？他这样说：

> 我至今为止，时时有一种乐观，以为压迫，杀戮青年的，大概是老人。……现在我知道不然了，杀戮青年的，似乎倒大概是青年，而且对于别个的不能再造的生命和青春，更无顾惜。[1]

在南方的温暖、生机和光亮当中，竟看见了更为严重的寒冷、死地

---

[1]　鲁迅：《答有恒先生》，《而已集》，人民文学出版社1958年版，第40页。

和黑暗，他简直目瞪口呆了。

国民党的"清党"不但在精神上给他严重的打击，而且在人身安全上，也似乎要对他造成威胁。他和广州的共产党人本没有多深的交往，但他曾列名于成仿吾等人的一个颇具赤色意味的《中国文学家对于英国智识阶级及一般民众宣言》，又恰在"清党"后的第六天辞去中山大学的教职，有些人就难免要推测，他这是在表示抗议。知情者如傅斯年，又故意含糊其词，更助长了这种推测，以致香港的一家报纸公开登出消息，说他因为"亲共"而躲避起来了。

鲁迅自己知道是怎么一回事，当然不会太担心。但是，在当时那种满街军车急驶、风声鹤唳的情况下，有了那样的传闻，实在也难保不会出什么意外，所以，他又不敢放松警惕。他在广州已经无事，却宁愿忍受酷热继续逗留，这除了一时决不定何去何从，是不是也为了不愿授人以柄呢？[1]"清党"给了他极大的震惊，先前那"不惮于以恶意"去揣测世事的习惯，自然会膨胀起来，倘若他因此不自觉地夸大种种可能的危险，一时神经过敏，也是十分自然的吧。

直到5月底，他的担心才开始消减，有朋友听到传闻，写信来问，他回复说："事太凑巧，当红鼻到粤之时，正清党发生之际，所以也许有人疑我之滚，和政治有关，实则我之'鼻来我走'（与鼻不两立，大似梅毒菌，真是倒霉之至）之宣言，远在四月初上也。……兄所闻之流言，或亦此类也欤。然而'管他妈的'可

---

[1] 鲁迅当时的一个熟人回忆说，鲁迅听到有关他"亲共"的流言后，曾写信给广州市公安局长，表示随时听候逮捕；那局长回信安慰他，但他仍显得烦躁和愤懑。见尸一：《可记的旧事》，薛绥之主编，《鲁迅生平史料汇编（第四辑）》，天津人民出版社1983年版，第285页。

也"[1]，口气已经轻松了许多。到了7月，他更公开露面，到一所中学和广州市教育局做了两场演讲。人既露了面，那些流言自然就消散了。

流言消散了，他也就可以走了。9月27日，他和许广平一同登船，离开了广州这块险恶的是非之地。可是，还没容他们喘口气，新的麻烦又来了。当时广州往上海的船，都要经过香港，香港的海关人员，也就要上船检查。鲁迅这一回自不例外，遇上两位身穿绿制服、如狼似虎的检查员，把他的书籍和皮箱翻了个底朝天，甚至撕碎装鱼肝油的纸匣，捅穿饼干坛子的封口，最后是收了他20块钱的贿赂，才放过了他。鲁迅很诧异，不知道为什么要这样凶狠地检查他。船上的茶房说："你生得太瘦了，他疑心你是贩鸦片的"，这真使他愕然了。他万万没有想到，在中国，连生得太瘦，也会给自己招来麻烦，在这一刹那间，从归国时家乡人对他的胡子的指摘，到北京时有关他的门牙的流言，种种不愉快的记忆，都一齐涌上心头。

那天晚上，他便在船舱里铺开稿纸，愤激地写道："香港虽只一岛，却活画着中国许多地方现在和将来的小照：中央几位洋主子，手下是若干颂德的'高等华人'和一伙作伥的奴气同胞。此外即全是默默吃苦的'土人'，能耐的死在洋场上，耐不住的逃入深山中，苗瑶是我们的前辈。"[2]我不禁想，倘是一个向来就活得自在的人，遇上这样的事情，也许会哈哈一笑，自认倒霉吧，但鲁迅却生发出那样强烈的悲愤，他显然是想到了自己不断碰壁的一生。他

---

[1] 鲁迅：1927年5月30日致章廷谦信，《鲁迅书信集》上卷，人民文学出版社1976年版，第139页。

[2] 鲁迅：《再谈香港》，《而已集》，人民文学出版社1958年版，第104页。

正要到上海去，到那同样有着洋主子，而同胞的奴气恐怕比香港更为炽盛的洋场去，轮船上的这一场屈辱遭遇，会给他心头蒙上一层怎样的暗影呢？

果然，到上海才一个多月，他就在给朋友的信中发牢骚了："应酬，陪客，被逼作文之事仍甚多，不能静，殊苦。"[1]三个月之后又说："我在上海……心也静不下，上海的情形，比北京复杂得多，攻击法也不同，须一一对付，真是糟极了。"[2]他去上海的本意，是想与许广平一起，静静地休养一阵，既是缓减身体的疲惫，也是澄清思想的混乱，用他自己的话说，就是躲进草丛中，舔净自己的伤口。哪里想得到，他一踏上上海的码头，就又成为许多人包围的目标，纷纷上门拜访，还要约他写文章，拉他去做演讲。他到上海的第一个月内，几乎天天都有人来敲门，有时一天要来好几班；他搬进景云里的寓所才半个月，就已经有人笑嘻嘻地找来了，一定要请他去演讲。他当然要发牢骚了。

不过，应酬虽然麻烦，毕竟也还热闹，朋友和慕名者的笑脸的簇拥，多少也可以拂去一些类似在船上遭人检查的不快。何况又有许广平陪伴在旁，楼上楼下都充盈着新的家庭温暖，单是应酬多一些，鲁迅大概也不过就是发几句牢骚，并不会真觉得太苦。但是，事情却远没有这样轻省。上海不比广州，与北京更不相同，这是一座混杂着精明和浅薄的现代都市，一个不断滋生机敏、势利、浅薄和赤裸裸的利害之心的大温床。形形色色的人都能在上海插一脚，

〈1〉 鲁迅：1927年11月7日致章廷谦信，《鲁迅书信集》上卷，人民文学出版社1976年版，第171页。
〈2〉 鲁迅：1928年2月24日致台静农信，同上书，第181页。

上海的文坛和学界，也就格外显出五花八门的斑驳的色彩来。既有徐志摩、胡适那样的绅士派，也有蒋光慈、成仿吾那样的激进党；既有依附官方的御用文人，更有数量多得多的只知道迎合小市民的通俗作家：你想想，鲁迅这样一个人，骤然跨进这样一个世界，他将遭遇的，哪里会只是那些应酬？

比方说，他到上海才二十天，地处江湾的一所劳动大学的校长易培基，就上门来请他去授课。他是鲁迅在北京时的熟人，态度又非常殷切，说是每次用汽车来接他，鲁迅就答应了。可是，才上第二次课，那汽车就姗姗来迟，害得他焦急地等了老半天；第三次干脆就不来接了。这当然是有原因的，易培基却不来说明，像这样不明不白的事情，他还是头一回遇到。

再比如，也是他刚到上海不久，郭沫若托郑伯奇和蒋光慈来找他，说是要联合起来。还在厦门的时候，他就有过这个打算，听了自然高兴，于是联名在报纸上登出启事，宣布要恢复《创造周报》。可这事又没有下文了，他等到1928年初，《创造周报》没有复刊，却出来一个新杂志叫《文化批判》，成仿吾和创造社的一批年轻成员在上面接二连三地批评他。到后来，蒋光慈和他的"太阳社"也一齐来指责他。阿英断言阿Q的时代已经过去，《呐喊》《彷徨》都过时了；郭沫若更化名"杜荃"，在创造社的刊物上骂他是"封建余孽"，"二重的反革命"，是法西斯主义者！[1] 刚刚说好要联合，现在突然来围攻他，这叫他怎么接受得了？

甚至他在广州见过的青年残杀青年的"血的游戏"，在上海也又见到了。1927年11月，就在江湾的那所劳动大学里，警察和一部分手持棍棒的学生，闯入学生宿舍，抓走据说是共产党的另一

---

[1] 杜荃：《文艺战线上的封建余孽》，《创造月刊》2卷1期。

些学生。当有人把这事告诉鲁迅时，他喃喃地说："学生也参加了搜捕……"[1] 显然，是记起了半年前的广州。甚至连一向与他友善的北新书局，从北京迁来上海，书商的习气也愈益严重，欠了他将近万元的版税，迟迟不付，他只好请律师打官司，才一点一点地讨回来。

还有更卑琐的搅扰在等着他呢。他初到景云里，是住在23号，周围非常嘈杂，尤其到晚上，唱京戏的吊嗓子声，搓麻将牌的哗啦声，赢了钱时的重敲台面和哈哈大笑声，经常是彻夜不停，使惯于夜间作文的鲁迅每每掷笔长叹。他家后门相对的，是一位名律师的家，这人有一个十四五岁的儿子，仗着父亲的威风，屡次向鲁迅家的厨房扔石头；鲁迅向那律师告状，不料小无赖的气焰更高，公然在鲁迅家的门上撒尿、画乌龟。鲁迅没有办法，就搬到景云里18号，避开那户邻居。那小无赖却不罢休，竟在夜里偷偷将浸透煤油的引火纸扔进鲁迅家，简直就是要放火了！堂堂鲁迅，竟会碰上这样的事！

也就在这时期，他在广州时的学生廖立峨，一直很恭敬地与他通信的，突然带着情人跑到上海，要做他的"义子"，在他家里连吃带住，几个月后都不走，还提出种种要求，最后是不欢而去，弄得他哭笑不得。又过了一年，他雇用的一位来自浙江上虞农村的女佣，刚刚在他家做熟了，她的丈夫却带着人上门来，说要抓她回去。遭到拒绝以后，那人又通过上海的所谓"上虞同乡会"，向鲁迅索人。一直纠缠了好久，最后是鲁迅拿出150元钱，才将那批人打发走。当时是三方约定，这钱由那女佣逐月偿还，可两个月以

〈1〉 杜力夫：《永不磨灭的印象》，薛绥之主编：《鲁迅生平史料汇编（第五辑）》，天津人民出版社1986年版，第716页。

后，女佣不辞而别，钱自然也就不还了……

这些事情当然各有原因，不能都归之于"上海"，但其中有许多部分，确实跟这座城市的五方杂处、情势多变和等级分明的半殖民地结构，以及由此形成的市民文化中的重利轻义、灵活多变、看眼前不看长久的特性有关。在这之前，鲁迅是不熟悉上海这样的洋场的，极少的一点感性经验，例如过香港的客船上的遭遇苛待，又都是偏于恶劣，他初到上海就碰到这些事，哪怕有的本身很小，也会给他的生活造成那么多麻烦，他自然要生出水土不服之感，对上海感觉颇坏了。

难怪他到上海才半年，就便大病一场，拖了好久才恢复。第二年春末他回北京[1]看望母亲，竟又很喜欢北京。他写信对许广平说："这里的空气，真是沉静，和上海的动荡烦扰，大不相同……"[2]见了几个北京的熟朋友，无拘束地喝茶聊天，他更非常愉快，写信给许广平时，还特地强调，说这些聊天"都是近来快事"[3]。

三年多前，鲁迅将其 1925 年的杂文集名为《华盖集》，并解释说："听老年人说，人是有时要交'华盖运'的。这'华盖'在他们口头上大概已经讹作'镀盖'了，现在加以订正。所以，这运，在和尚是好运：顶有华盖，自然是成佛作祖之兆。但俗人可不行，

〈1〉 随着北伐战争于 1927 年顺利结束，北洋军阀集团覆灭，国民政府即将南京定为首都，北京则相应改名为北平，直至 1949 年才又恢复原名。为叙述方便起见，我统一称其为北京。

〈2〉 鲁迅：1929 年 5 月 22 日致许广平信，《两地书》，人民文学出版社 1959 年版，第 253 页；并王得后：《〈两地书〉研究》，天津人民出版社 1982 年版，第 203 页。

〈3〉 鲁迅：1929 年 5 月 30 日致许广平信，《两地书》，人民文学出版社 1959 年版，第 271 页。

华盖在上，就要给罩住了，只好碰钉子。"[1] 如此取名，自然是自比为被罩住的"俗人"，可现在，他避离北京三年多了，沿中国南方的海岸转了一个大圈子，最后却发现还是北京好：他的"华盖运"，也真是没完没了了。

〈1〉 鲁迅：《〈华盖集〉题记》，人民文学出版社 1958 年版，第 1—2 页。

第十四章　局外人的沮丧

　　鲁迅说，他被"4·15"事变吓得目瞪口呆："我恐怖了。而且这种恐怖，我觉得从来没有经验过。"[1] 他并非"清党"的对象，一直到离开广州，都没有受到国民党的迫害，在很大程度上，他是这场事变的局外人。事变后第五天，他写信给朋友："这里现亦大讨其赤，中大学生被捕者有四十余人，别处我不知道，报上亦不大记载。其实这里本来一点不赤，商人之势力颇大，或者远在北京之上。被捕者盖大抵想赤之人而已。也有冤枉的，这几天放了几个。"[2] 口气平淡，正是一个局外人的态度。1927 年年底，他又在通信中说："时事纷纭，局外人莫名其妙（恐局中人亦莫名其妙），所以近两月来，凡关涉政治者一概不做"[3]，更是明确以局外人自居了。可是，他为什么要用"从来没有经验过的""恐怖"那样重的词来形容自己？

　　其实，"目瞪口呆"也好，"恐怖"也好，都是一种比喻的说法，它们的对象并非从警车上跳下来的士兵，而是从自己内心涌上来的"鬼气"。1927 年他到广州。这在他的精神历程上，是一步

〈1〉　鲁迅：《答有恒先生》，《而已集》，人民文学出版社 1958 年版，第 40 页。

〈2〉　鲁迅：1927 年 4 月 20 日致李霁野信，《鲁迅书信集》上卷，人民文学出版社 1976 年版，第 137 页。

〈3〉　鲁迅：1927 年 12 月 19 日致邵文熔信，同上书，第 175 页。

近于孤注一掷的险棋。他同那"鬼气"已经苦斗了好几年，在北京是节节败退，于是借着与许广平的相爱，跑到厦门重整旗鼓，不料又是站脚不稳，只好再往广州。这里是北伐的起点，也是许广平的居处，为公为私，都是他击退"鬼气"的最后战场了。可是，到广州才几个月，远至"革命"阵营内部的血腥的屠杀，近至"现代评论"派势力在中山大学的伸展，他发现自己还是着着失败，即使有许广平从旁安慰，也还是挡不住种种期望的逐一破灭：他知道，他对"鬼气"的驱逐是又一次失败了。向希望和乐观攀爬得双手滴血，最后还是一骨碌滑入绝望和虚无的深渊，他能不"恐怖"吗？

他的"鬼气"大爆发了。"4·15"事变刚结束，有一位日本记者访问他，他说："中国革命的历史，自古以来，只不过是向外族学习他们的残酷性。这次的革命运动，也只是在三民主义-国民革命等言辞的掩护下，肆无忌惮地实行超过军阀的残酷行为而告终——仅限于在这一点上学习了工农俄罗斯。"[1] 几个月后，他又写道："革命的被杀于反革命的。反革命的被杀于革命的。不革命的或当作革命的而被杀于反革命的，或当作反革命的而被杀于革命的，或并不当作什么而被杀于革命的或反革命的。革命，革革命，革革革命，革革……"[2] 正因为他是局外人，才会这样来看待国民党的"清党"；也正因为他将这一次的屠杀与历史上的种种屠杀联系到一起，他才整个地厌弃它，就像他厌弃历史上的那些屠杀一样。他初到广州的时候，满口是希望和将来，可你看他对日本记者的谈话，分明是一脸历史循环论的神情。从在东京投身反清运动的

---

〔1〕 山上正义：《谈鲁迅》，中译稿原载《鲁迅研究资料》第2辑，1997年，此处引自薛绥之主编，《鲁迅生平史料汇编（第四辑）》，天津人民出版社1983年版，第296页。

〔2〕 鲁迅：《小杂感》，《而已集》，人民文学出版社1958年版，第96页。

时候起，在他的词汇当中，"革命"一直是个褒义词，可现在，他却把革命看成变幻无常的残杀、滥杀无辜的借口，甚至把中国革命的历史等同于残酷和吃人的历史——他简直是全面退回在绍兴会馆抄碑的时候了。

我特别注意到1927年7月，他答复一位署名"有恒"的读者的信，这是他在思想上返回抄碑时候的一份详尽的宣告。他说，他对青年的"妄想"已经破灭，互相残杀的"血的游戏"已经开头，他甚至看不出它会收场：他当初甘心蛰伏，不就是出于这种对将来的严重的绝望吗？他又提出一种"醉虾"的说法：

> 中国的筵席上有一种"醉虾"，虾越鲜活，吃的人便越高兴，越畅快。我就是做这醉虾的帮手，弄清了老实而不幸的青年的脑子和弄敏了他的感觉，使他万一遭灾时来尝加倍的苦痛，同时给憎恶他的人们赏玩这较灵的苦痛，得到格外的享乐。[1]

这不也正是十年前他那个"铁屋子"的论断的翻版吗？他还发现，他先前的呐喊"其实也是无聊的"，它并不真能够触痛社会和民众，否则，"几条杂感，就可以送命的"，因为"民众的罚恶之心，并不下于学者和军阀"[2]。这就更是他那"愚民的专制"论的大发挥了。历史，将来，思想启蒙，民众：在这些基本的概念上，他现在全都退到了绝望和虚无感一边。《野草》里还有寻找希望的宣告，有一掷"迟暮"的誓词，他现在是比写《野草》的时候更沮丧了。

〈1〉 鲁迅：《答有恒先生》，《而已集》，人民文学出版社1958年版，第41页。
〈2〉 同上书，第44页。

《答有恒先生》也并非都是重复旧话。就在那段否定自己对社会的攻击的文字中，他叹道："我之得以偷生者，因为他们［指民众］大多数不识字，不知道，并且我的话也无效力，如一箭之入大海。"⁽¹⁾请仔细体味这段话罢，那一股痛感自己渺小无用的悲愤之情，如此强烈，如此不掩饰，恐怕是他以前未曾表现过的吧。他初到广州时固然说过，文学是最无用的人讲的，有实力的人不开口，就杀人，但他这样说的主要情绪，还是那种"秀才遇见兵，有理讲不清"的激愤，那种文明人遇见野蛮人的悲哀，虽将文人贬为最不中用，精神上的优越感依然存在。可你看《答有恒先生》中的话，优越感几乎全部消失，字里行间一股股冒出来的，分明是另一层自觉多余的沮丧，一种深感无聊的冷气。它们是从哪里来的？

我想，这还是那个局外人的处境给他的馈赠。我在前面说过，无论从中国传统的社会结构来看，还是从西方近代启蒙主义的眼光来看，像鲁迅这样的人，在社会上都应该是很重要的。事实上，鲁迅的老师们那一辈，康、梁和严复们不用说了，就是章太炎这样文字深奥、民国后也一直以平民自任的人，在政治变革和社会议题上都有很大的影响力。正因为有这样的社会、政治和文化传承，在"五四"时期，以《新青年》同人为核心的那一群启蒙者，依然可以占据社会变革的重要位置，并因此自觉到自己对于社会和民众的重大责任：这正构成了他们的精神自信的社会基础。当然，此时的《新青年》同人，大多已经是独立于政府的知识分子，不再有老师辈们那样的革命履历和政治资源，但是，只要是由知识阶级在充当社会变革的倡导者，他们当中的领袖人物，就依然会显得十分重要。鲁迅是这群人中的一个，自然会分有这份精神上的自重。

⟨1⟩　鲁迅：《答有恒先生》，《而已集》，人民文学出版社1958年版，第44页。

他投身新文化运动之后的社会经历，似乎也都证实了他的这份自重。新文学的创造自不用说，就是与章士钊打官司，被列入政府通缉的黑名单，也从另一面证实了，他并非无足轻重。在厦门大学和中山大学，他受到青年人那样热烈的欢迎，这就更容易令他确信，他对这个社会有很大的影响力。在和许广平的通信中，他会那样谈及他的"地位"，他"历来的一点小小工作"〈1〉，就说明了他的自负。因此，即便他很早就对自己有深刻的失望，即使从《新生》流产和"3·18"惨案之类的事情中，他已经敏感到知识分子在黑暗社会中的无价值，他在理智上却一直不愿意承认，他那样用力压制虚无感的"鬼气"，重点之一，也就是要压制对自己无价值的预感。这个预感太可怕了，它是要抽走他精神世界的一根最粗大的支柱，他只要还有一点办法，就总要全力稳住它。

可是，他到广州以后的种种体验，尤其是"4·15"事变后的时局的发展，却逼得他不能不承认，自己其实是个无足轻重的人。并不是他自己想超然事外，恰恰相反，他本来是想发挥作用的，所以才那样召开紧急会议，力主营救被捕的学生。但是，人家根本就不理睬他，那个紧急会议等于白开；他迁出中山大学之后，差不多半年时间里，广州城更似乎将他遗忘了，几乎没有人去招呼他。局势一天天变化，与他却毫无关系。国民党，共产党，右派，左派，南京政府，武汉政府，北伐军，北洋军：他们自己杀来杀去，你争我夺，犹如一大群鳄鱼在河中厮杀争抢，搅得浊浪滔天，血腥气弥漫两岸。整个社会则像一条破船，就看它们厮杀的结果来决定自己的航向。至于像他这样的知识分子，能够躲得远一点，不被它们顺手

〈1〉 鲁迅：1926 年 11 月 28 日致许广平信，《两地书》，人民文学出版社 1959 年版，第 187 页。

拷下河去，吞进腹中，就算是万幸了。他自己就说过："我这回最侥幸的是终于没有被做成为共产党。"⁽¹⁾ 什么唤醒民众，"救救孩子"，什么"更向旧社会进攻"，全都是自己的空想，局外人的错觉，于实际的社会毫不相干。不是还有青年学生愿意听他的指引吗？可是，他对青年却不再相信，正派老实的青年自然有，他们的命运是做"醉虾"；别样的青年就更不必提，他们多半会龇出利牙，跃入河中——也变成小鳄鱼！《答有恒先生》中那自觉多余的沮丧和冷气，就正是从类似上面这样的思绪中，源源不断地发散出来的吧。

鲁迅心中弥漫着那么浓厚的虚无感，又早已经看透中国社会的无望，就是再清楚地发现自己被挤到了社会的边缘，他也应该是无所谓的吧，对一个本就打算背向社会的人，社会的冷落又算得了什么？可是，鲁迅的情况并非如此。还在 1927 年 3 月，他刚刚开始遭受广州的激进青年的批评，他就在一封给北京的朋友的信中，特别强调他的著作在广州如何畅销："我所做的东西，买者甚多，前几天至涨到照定价加五成，近已卖断。而无书，遂有真笔版之《呐喊》出现，千本以一星期卖完。"⁽²⁾ 一个真正自信的作家，恐怕是不会这样对人详述著作的销售情况的，越是深信读者对自己的崇拜，他有时候反而要挑剔这种崇拜。你看在北京时，鲁迅就不赞成小学课本选收《狂人日记》，说是怕将自己的思想传染给天真的孩子。他甚至对慕名来访的青年人说，倘若有谁"以我为是，我便发生一种悲哀，怕他要陷入我一类的命运；倘若一见之后，觉得我非其族类，不复再来，我便知道他较我更有希望，十分放心了"⁽³⁾。就正以

〈1〉 鲁迅：《答有恒先生》，《而已集》，人民文学出版社 1958 年版，第 43 页。

〈2〉 鲁迅：1927 年 3 月 15 日致李霁野信，《鲁迅书信集》上卷，人民文学出版社 1976 年版，第 132 页。

〈3〉 鲁迅：1924 年 9 月 24 日致李秉中信，同上书，第 61 页。

一种特别的自我挑剔的方式，显示了高度的自信。

因此，看到他在广州这样向人报告读者如何喜欢他的书，我就不免觉得，他此时是太看重社会对自己的态度了。他似乎不愿意承受社会的冷淡，一旦敏感到这冷淡的征兆，就本能地要去寻找相反的证据。遭受一点"落伍"的批评，他都会做那样的反应，自己究竟是不是社会变革的局外人，就更会成为一件差不多生死攸关的大事。在他租住的那间闷热的西屋内，他一面编《朝花夕拾》，一面又忍不住写道："做着这等事，真是虽生之日，犹死之年……"[1] 四个月之后他又说："要自杀的人，也会怕大海的汪洋，怕夏天死尸的易烂。但遇上澄静的清池，凉爽的秋夜，他往往也自杀了。"[2]

这时候，他和许广平的爱情之花正开得鲜艳；就是编《朝花夕拾》这样的回忆文集，从容品味往日的印象，对个人也应该是极富情趣的乐事。可他似乎都视而不见，从笔底流泻出来的，竟是那样痛觉到生命的无用和无聊，饱含悲哀情味的文字，不知道许广平当初读到这些，心里会怎么想。也许她能够理解鲁迅，知道在他的心理天平上面，"社会"其实比什么都重，他可以对社会表示绝望，却不能够失去社会对他的需要，因为他对自己的大部分信心，都是建筑在这需要，以及因之而生的尊重之上。鲁迅既然是这样一个人，他怎么可能对自己陷入局外人的境遇无所谓呢？

他势必要反复琢磨："我怎么会变成这样一个局外人？我和社会的真实关系究竟是怎样的？知识分子在现实社会中到底扮演一个什么样的角色？我今后该怎么办？……"在他滞留广州的那半

---

[1] 鲁迅：《小引》，《朝花夕拾》，人民文学出版社 1957 年版，第 1 页。
[2] 鲁迅：《小杂感》，《而已集》，人民文学出版社 1958 年版，第 97 页。

年，甚至他迁进上海景云里的新居之后，他的思绪大概都很难离开这些问题。他并没有明白对人说过，他究竟是怎么想的，但他到上海之后，接连去几所大学演讲，题目是《关于知识阶级》《关于文学与革命问题》《文学与社会》和《文艺与政治的歧途》。单从这些题目就可以看出，他这琢磨的思路和轮廓，大致是怎样的了。

概括起来，他这些演讲主要说了四个意思。第一，知识分子和文艺家的特性是敏感，"他确能替平民抱不平，把平民的苦痛告诉大众"，"文艺家的话其实还是社会的话，他不过感觉灵敏，早感到早说出来"；除此之外，他们并无实际的力量，"有了思想，就会没有勇气了"，"孙传芳所以被赶走，是革命家用炮轰掉的，决不是革命文艺家做了几句'孙传芳呀，我们要赶掉你呀'的文章赶掉的"。第二，唯其敏感，要说话，知识分子和文艺家必然会与统治者和政治家发生冲突，"知识和强有力是冲突的，不能并立的"；"文艺和政治时时在冲突之中"；"政治家认定文学家是社会扰乱的煽动者，心想杀掉他，社会就可平安"。第三，既然有这样的特性，又为当权的政治家所厌恶，那就无论在什么社会，知识分子和文艺家总是要痛苦，要遭难的，"他们对于社会永不会满足的，所感受的永远是痛苦，所看到的永远是缺点"；"文学家的命运并不因自己参加过革命而有一样改变，还是处处碰钉子。现在革命的势力〔指北伐军〕已经到了徐州，在徐州以北文学家原站不住脚；在徐州以南，文学家还是站不住脚，即共了产，文学家还是站不住脚"。第四，既然如此，知识分子和文艺家的存在意义是什么呢？他们可以使社会热闹起来，"他们预备着将来的牺牲，社会也因为有了他们而热闹"，"社会太寂寞了，有这样的人，才觉得有趣些。人类是欢喜看看戏的，文学家自己来做戏给人家看，或是绑出去砍头，或是在最近墙脚下枪毙，都可以热闹一下子"[1]。

我这样一条一条地复述鲁迅的意见，心里真有点难过，这都是些什么样的说法啊，为了缓解局外人的沮丧，他不惜将知识分子和文学家一贬到底，将他们的悲惨说到极处，这看上去像是理智的分析，其实包裹着多么强烈的愤激！显然，和三年前提出"中间物"的说法一样，他这一次还是求助于"必然性"：你本来就只是一个局外人，社会本来就不怎么需要你，自然也就不会尊重你，这一切都是必然的事情，你又何必耿耿于怀呢？在另一处地方，他甚至从知识分子的必然的碰壁里，引申出他们的新价值："凡有革命以前的幻想或理想的革命诗人，很可有碰死在自己所讴歌希望的现实上的运命；而现实的革命倘不粉碎了这类诗人的幻想或理想，则这革命也还是布告上的空谈。但叶遂宁和梭波里是未可厚非的，他们先后给自己唱了挽歌，他们有真实。他们以自己的沉没，证实着革命的前行。他们到底并不是旁观者。"[2] 立论如此曲折，竟至于将知识分子被社会变革的残酷现实所吞噬，也说成是对这变革的介入，为消除那局外人的沮丧，他实在是尽了全力。

但这并没有多大的效用。三年前他对自己说，你必然是个牺牲者，而这牺牲本身有正面的意义：只要这后半句能令他信服，他这自解就能起效；现在他又对自己说，你必然是个碰钉子者，受冷落者，而这碰钉子和受冷落，本身也有正面的意义：可是，碰钉子和受冷落，其实都是可怜的事，并不能容易地与"牺牲"画等号，更

〈1〉 本段中所引文字，分别出自这几次演讲的两个记录下来的讲稿，即《关于知识阶级》（《集外集拾遗》，人民文学出版社 1959 年版，第 236—240 页）和《文艺与政治的歧途》（《集外集》，人民文学出版社 1959 年版，第 101—108 页）。另两次演讲的讲稿未能保留下来，但据当时的听众的回忆，内容大致与这两个讲稿相同。

〈2〉 鲁迅：《在钟楼上》，《三闲集》，人民文学出版社 1958 年版，第 29 页。

何况，这碰钉子的含义里面，还包括了"做戏给人家看"的"可笑"！他之所以用"碰死"和"粉碎"这样的重词来描述知识分子和文学家的厄运，大概也就是因为，他觉得这么说有助于画等号吧。但是，要从实际上无法排除其可怜意味的事情中体会出对社会人生的正面意义，还是太难了，鲁迅是为了自我辟解才如此重新解释知识分子和文学家的命运的，可实际上，这样的解释只会更加重他的沮丧和消沉。直到1929年春末，他在北京对大学生演讲，仍然从"打倒知识阶级"的话题开始，仍然反复讲"巨大的革命，以前的所谓革命文学者还须灭亡"⁽¹⁾，就说明他还是陷入这些问题里，先前的答案都不管用。

像自己这样一个作家，一个知识分子，在这残酷叵测的社会中究竟有什么用？他恐怕是再也不可能把这个深刻的惶惑逐出心底了。

整个的生存意义都成了疑问，剩下的就只有眼睛看得见、两手摸得着的物质生活了。1927年夏天，鲁迅对一位亲近的朋友说："我想赠你一句话，专管自己吃饭，不要对人发感慨（此所谓'人'者，生人不必说，即可疑之熟人，亦包括在内）。并且积下几个钱来"；又说他自己："我已经近于'刹那主义'，明天的事，今天就不想。"⁽²⁾从先秦时代起，中国的士人便有"义""利"之辨，"君子喻于义，小人喻于利"，孔夫子这一句名言，成为几千年来自居君子之位的士人的立身信条。到了鲁迅那一代人，脑筋虽然开通得多，不会再那样轻贬实际的物质利益，但把精神追求放在物质利益

⟨1⟩ 鲁迅：《现今的新文学的概观》，《三闲集》，人民文学出版社1958年版，第105页。

⟨2⟩ 鲁迅：1927年7月17日致章廷谦信，《鲁迅书信集》上卷，人民文学出版社1976年版，第149页。

之上，依然是普遍的处世原则。因此，倘若他们公开宣称要"积下几个钱"，那总是因为对精神的价值发生了怀疑。连知识分子的价值都找不到了，那又何必太拘束，徒然苦了自己呢？

于是鲁迅明明在4月份就辞去了中山大学的全部职务，人也已经搬出了大学，却依然收下学校当局送来的5月的薪水，并且对朋友说："中大送五月的薪水来，其中自然含有一点意思。但鲁迅已经'不好'，则收固不好，不收亦岂能好，我于是不发脾气，松松爽爽收下了。"[1]于是他到上海之后，明明已经对国民党深感失望，却依然从1927年12月开始，从南京政府大学院［即教育部］领取每月300元的"特约撰述员"薪水。一年以后，这笔钱改为"教育部编辑费"，他照领；甚至后来和国民党政府公开对立了，他也还是照领，一直领到1931年12月。借用他的话说，这应该也是"不好"的事，虽然是大学院院长蔡元培主动提供的钱，它毕竟是国民党政府的官俸。你看1929年5月，许广平写信告诉他收到了这个月的钱："中央行那张纸，今天由三先生托王［鲁迅三弟周建人的妻子王蕴如］去转了一个地方，回来的收据，放在平常的地方一起了"[2]，用词如此隐晦，处置又如此小心，连转账都要借弟媳的名义，后来印行《两地书》时，更把这段话全部删去，就说明他自己也明白这个"不好"。可他仍然按月收受：那种看破了"义"的虚妄、先管"利"的实益要紧的虚无情绪，不可谓不触目。1928年夏天，他更对一位朋友说："处在这个时代，人与人的相挤这么凶，每个月的收入应该储蓄一半，以备不虞。"后来又一再重复："说什

<1> 鲁迅：1927年7月7日致章廷谦信，同上书，第147页。

<2> 许广平：1929年5月22日致鲁迅信，《两地书》，人民文学出版社1959年版，第264页；并王得后：《〈两地书〉研究》，天津人民出版社1982年版，第214页。

么都是假的，积蓄点钱要紧！"这样说的时候，神情还很激动。⁽¹⁾

　　就性情讲，鲁迅其实是个手很松的人，不说他对家人的长期资助，譬如直到晚年，每周六周建人夫妇去他家吃完晚饭回法租界的家的时候，他都坚持由他付出租车费。⁽²⁾就在他劝人"积下几个钱"的 1927 年，他也不止一次地拿出钱来，帮助陷于困厄的青年人，那位"有恒"便是其中的一个。因此，他这些似乎是极端重视物质实利的言行，正从另一面证实了"鬼气"在他内心的再次获胜，它竟能将一个在广州那样热烈地讴歌希望的人，这样快就逼入了"刹那主义"的精神死角。

　　随着内心"鬼气"的再度上升，鲁迅那种挑剔人、不信任人的脾气，也又一次膨胀起来。你看他劝人储钱的理由，就是"人与人的相挤这么凶"。在北京时，他这脾气已经很大，但他似乎很少怀疑亲近的朋友，也尽量克制自己，不向熟识的青年人发火。可到厦门以后，他在这方面的克制力越来越弱。1926 年深秋他对许广平说："即如伏园所办的副刊，我一定也就是被用的器具之一"；又说："前回因莽原社来信说无人投稿，我写信叫停刊，现在回信说不停，因为投稿又有了好几篇。……现在从许多事情观察起来，觉他们之于我，大抵是可以使役时便竭力使役，可以诘责时便竭力诘责，可以攻击时自然是竭力攻击……"⁽³⁾这里说的几个人，都是他很亲近的年轻朋友，他却用这样重的话指责他们，他对人的怀疑已

⟨1⟩　郑奠：《片断的回忆》，见沈尹默等著：《回忆伟大的鲁迅》，上海：新文艺出版社 1958 年版，第 6 页。

⟨2⟩　黄源：《鲁迅先生》，范诚编：《鲁迅的盖棺论定》，上海：全球书店 1939 年版，第 82—83 页。

⟨3⟩　鲁迅：1926 年 11 月 7 日致许广平信，《两地书》，人民文学出版社 1959 年版，第 161 页；并王得后：《〈两地书〉研究》，天津人民出版社 1982 年版，第 97 页。

经是扩大到几乎所有人了。

　　大凡这样的时候，他难免会产生"天下无一个好人"的感觉："我其实还敢站在前线上，但发见当面称为'同道'的暗中将我当傀儡或从背后枪击我，却比被敌人所伤更其悲哀。长虹和素园的闹架还没有完，……听说小峰也并不能将约定的钱照数给家里，而家用却没有不足……"[1]从莽原社和未名社的青年朋友，到关系密切的书局老板，甚至到北平家中的母亲和朱安，他全用挑剔的眼光望过去。那一顶"暗中将我当傀儡"的罪名，又何其宽泛，他的青年朋友当中，恐怕也没有谁能够逃脱了。对亲近者尚且如此，对较生疏者就更不用说。一位旧日的学生去拜访他，正遇他下课归来，面有倦容，便关切地建议他不妨搬一张椅子，坐着上课，不料他脸一沉："你说坐着讲课好，那么搬张小床去讲，不是更适意吗？"[2]简直是动辄迁怒了。

　　迁居上海以后，他这脾气更发展了。以前多半还是对许广平私下发牢骚，现在却经常形诸辞色。林语堂是他极熟的朋友，他到上海的当天和第二天，林语堂都来探访陪伴。可有一次郁达夫请吃饭，席间为了几句话，他就勃然变色，与林语堂大吵起来，十多年的友情，从此变质。钱玄同更是他的老朋友了，可因为说过"人一过四十，便该枪毙"之类的话，引起他的不快，他1929年到北京，遇到钱玄同，竟拉下脸来，不和他说话，一对老朋友，从此也绝了交。与老朋友交往都如此严峻，他那"脾气大"的名声就更大了。也在这一年秋天，他在上海家中招待一位东京留学时的老朋友，正巧两

〈1〉　鲁迅：1926年11月9日致许广平信，《两地书》，人民文学出版社1959年版，第164页；并王得后：《〈两地书〉研究》，天津人民出版社1982年版，第101页。

〈2〉　倪文宙：《深情怀念鲁迅师》，见绍兴鲁迅纪念馆编印：《乡友忆鲁迅》，1986年版，第119页。

位相熟的年轻朋友章廷谦和柔石也在场。谈笑之间，那老朋友笑指鲁迅："咳，你这个呆虫！"竟将章、柔二人吓了一大跳，他们面面相觑，生怕鲁迅受不了这个戏谑，会和那老朋友翻脸。[1] 你可以想见，鲁迅那神经过敏、容易发脾气的表现，他们看到了多少次。

在文字上，鲁迅也不再掩饰对别人的恶意的揣测。1929 年写有关《语丝》的回忆，就直截了当指责孙伏园当初的办《语丝》，是拿他当"炸药"。[2] 他甚至也不再掩饰对母亲的不满。他到北京省母，去的时候自然是满怀孝心，可住不几天，他就写信向许广平发牢骚；返回上海之后，更对朋友说，他原想在北京家里多住几天，"后来一看，那边，家里是别有世界，我之在不在毫没有什么关系，……所以早走了"[3]。他以文字对朋友明确表示对母亲的不满，这是第一次。

他当然知道自己的状况，曾写信对人说："我总觉得我也许有病，神经过敏，所以凡看一件事，虽然对方说是全都打开了，而我往往还以为必有什么东西在手巾或袖子里藏着。但又往往不幸而中，岂不哀哉。"[4] 似乎是承认自己有病，却又说"往往不幸而中"，其实还是替自己辩护，并不真以为是神经过敏。可是，像他这样的心理状况，就是自己真想克服，也未必能够转变，他现在还不自觉，那就只能是愈益发展了。

不用说，他这心理的阴影也自然会罩住景云里的那幢小楼。最初的兴奋和欢乐过去之后，他很快就会觉察到家庭生活的另外一

〈1〉 川岛（章廷谦）：《一件小事》，见沈尹默等著：《回忆伟大的鲁迅》，上海：新文艺出版社 1958 年版，第 28 页。

〈2〉 鲁迅：《我和〈语丝〉的始终》，《三闲集》，人民文学出版社 1958 年版，第 130 页。

〈3〉 鲁迅：1929 年 6 月 25 日致章廷谦信，《鲁迅书信集》上卷，人民文学出版社 1976 年版，第 223 页。

〈4〉 鲁迅：1928 年 8 月 15 日致章廷谦信，同上书，第 196 页。

面。1928 年 4 月，一位青年朋友问他是否应该结婚，他回信说："据我个人的意见，则以为禁欲，是不行的，中世纪之修道士，即是前车。但染病［指与妓女交往而染上梅毒之类］，是万不可的。……于是归根结蒂，只好结婚。结婚之后，也有大苦，有大累，怨天尤人，往往不免。但两害相权，我以为结婚较小。"[1] 虽然是劝人结婚，但语词之间，你看不到一丝对爱情和婚姻的浪漫热情。两年以后他又说："爱与结婚，确亦天下大事，由此而定，但爱与结婚，则又有他种大事，由此开端，此种大事，则为结婚之前，所未尝想到或遇见者，然此亦人生所必经（倘要结婚），无可如何者也。"[2] 他甚至断言，一个人结婚以后，"理想与现实，一定要冲突"[3]。

鲁迅是认真的人，相熟的年轻人郑重地来问他，他一定也是郑重地去回答；他明说是根据自己个人的意见，那他说的这些话，就多少是含有他亲身的体验的。这些话当然都不错，两个相爱的人结婚，本来只是他们互相适应的漫长历程的起点，像鲁迅和许广平这样个性特别的人，互相适应的困难尤其会比一般人大，同居生活中远非罗曼蒂克的那一面，自然会逐渐显露出来。何况家庭并非一只密封的铁罐子，他们的恋爱同居，至少在鲁迅这一面，从一开始就不是他们之间的事，而是他向自己整个命运的一次夺路而逃式的抗争，他在家庭之外的种种遭遇，更必然会强有力地影响他们两人单独相对时的心绪和气氛，他会将爱情和婚姻描述得这样透彻，应该说也很自然。但是，看看他开始说这些话的时间，离他们正式同居

〈1〉 鲁迅：1928 年 4 月 9 日致李秉中信，《鲁迅书信集》上卷，人民文学出版社 1976 年版，第 187 页。

〈2〉 鲁迅：1930 年 5 月 3 日致李秉中信，同上书，第 255 页。

〈3〉 鲁迅：1930 年 9 月 3 日致李秉中信，同上书，第 258 页。

才半年多，我仍然觉得，他这透彻的认识来得太快了。谁能想到，他在杭州度"蜜月"、快活得像一个小孩子的时候，心底可能竟已经存有这样一份透彻的认识？与许广平同居，当然是给了他很大的慰藉，从身心两方面都增强了他对抗社会黑暗的力量，但同时，这恐怕也使他更深切地体验到了人性的复杂，人生的难于两全，而禁不住与那久久缠绕他的虚无情感，又添加一份深刻的共鸣吧。

可叹的是，他这样来揣测别人，是否就不再上当了呢？并不，他依旧免不了上当。与那位要做他"义子"的廖立峨的交往，自然是不用说了。1928 年，一位自称姓黄的青年向他求诗，他认真写了四句寄去："禹域多飞将，蜗庐剩逸民。夜邀潭底影，玄酒颂皇仁。"不料过了一段时间，却见一份官方色彩的杂志上登出这首诗，而且是用手迹制成封面，这才知道受了骗，就说明他还是缺乏警戒心。[1] 因此，看到他在 1920 年代晚期心绪如此恶劣，与熟人朋友动辄翻脸，对应该怀疑的人却每每丧失警惕，我就特别感到悲哀。他这多疑和易怒并不是表示他的为人之道的转变，而是证实了他对自己立身之道的惶惑的深广，他的精神危机的深重。倘说他与许广平同车离京南下，是开始了对内心"鬼气"的又一轮反抗，是从那精神"待死堂"的第二次逃离，那到这个时候，这反抗和逃离似乎全都失败了，自 1909 年回国以来，那"鬼气"还没有像现在这样重压过他。

〈1〉　鲁迅：《无题》，见周振甫编注：《鲁迅诗全编》，浙江文艺出版社 1991 年版，第 170 页。

第十五章 一脚踩进了旋涡

鲁迅怎么办？1925 年，他曾对许广平说：

> 走"人生"的长途，最易遇到的有两大难关。其一是"歧路"，倘是墨翟先生，相传是恸哭而返的。但我不哭也不返，先在歧路头坐下，歇一会，或者睡一觉，于是选一条似乎可走的路再走，……其二便是"穷途"了，听说阮籍先生也大哭而回，我却也像歧路上的办法一样，还是跨进去，在刺丛里姑且走走。[1]

这话说得很实在。墨翟和阮籍，都是走了回头路，鲁迅内心的"鬼气"，也正是要拉他往回走，退回十年前那绍兴会馆式的生活。索性回到家中，关上窗户，背对社会上的喧嚣，选一样自己合意的事情，坐下来静静地做——在整个 1920 年代晚期，这样的生活一直诱惑着他，直到 1929 年初夏，他还在犹豫，是否该"暂且静静，做一部冷静的专门的书"[2]。

但是，他其实并不能退回去。十年前他形同单身，现在身边却

〈1〉　鲁迅：1925 年 3 月 11 日致许广平信，《两地书》，人民文学出版社 1959 年版，第 12 页。

〈2〉　鲁迅：1929 年 6 月 1 日致许广平信，同上书，第 273 页；并王得后：《〈两地书〉研究》，天津人民出版社 1982 年版，第 224 页。

有了许广平，这位倔强的姑娘之所以会追随左右，可不只是出于一般的男女爱情，她首先是敬服他对黑暗社会的决绝态度，才接着生出了爱慕之情。也就是说，他们的相爱建立在鲁迅作为一个启蒙先驱的基础之上，景云里 23 号的新家庭，是不允许他将它当成北京的绍兴会馆的。更何况，鲁迅自己也不愿意退回去，否则等于向失败屈膝，承认这些年来的挣扎都毫无意义，像他这样性格的人，怎么能甘心？只要有一线机会，他就不愿意往回走。

既不愿转身，那就只有如他自己所说的，先坐下来歇一会，再抬脚跨步，"姑且走走"了。事实上，他回答"有恒"的那封信的最后一段，已经说出了"姑且走走"的大致方式：

> 我觉得我也许从此不再有什么话要说，恐怖一去，来的是什么呢，我还不得而知，恐怕不见得是好东西罢。但我也在救助我自己，还是老法子：一是麻痹，二是忘却。一面挣扎着，还想从以后淡下去的"淡淡的血痕中"看见一点东西，誊在纸片上。[1]

这真是非常精确的自我预言，他生命的最后九年间的大致的生活状况，几乎全包括在这段话中。其实是没有什么话可说，却仍挣扎着要在纸上写一点东西，这正是他在 1930 年代的基本姿态；他赖以维持这姿态的两支最顺手的拐杖，也正是"麻痹"和"忘却"。

所谓"麻痹"，就是将注意力转开，不去想那些没有答案的大苦恼，只考虑日常生计，也就是"先在歧路头坐下，歇一会"。可是，以鲁迅当时的情形，怎样安排今后的生计呢？做官自然不行了。仍

---

[1] 鲁迅：《答有恒先生》，《而已集》，人民文学出版社 1958 年版，第 45 页。

到大学去教书？经历过在北京、厦门和广州的种种刺激，他现在是既对青年失了信任，又对同事间的倾轧深感厌恶，几乎从搬出中山大学的那一天起，就打定主意要"脱离教书生活"。[1] 他不想再与人做什么同事，情愿一个人单干，做一名以文字为生的自由人。

可是，以哪一种文字为生呢？心境是这样消沉，先前的呐喊式的文章和小说，当然是不能做了。那么做研究？他对这个倒是一向就有自信，还在厦门时，就对许广平说过："如果使我研究一种关于中国文学的事，大概也可以说出别人没有见到的话来，所以放下也似乎可惜。"[2] 但是，真要做研究，譬如写他一直想写的《中国文学史》或《中国字体变迁史》，他就必须沉潜下心，整个陷进古书堆里，这和那绍兴会馆式的生活，实际上也差不多了，他一时就还下不了这个决心。

因此，他初到上海时，是选择了翻译这一条路，还明白对熟人宣布："我在上海，大抵译书。"[3] 算起来，他"译书"也有二十年的历史了，但那多半是借它作启蒙的工具，对翻译本身，他其实并无太大的兴趣。即便现在选它作自己的谋生之道，他其实是很难长久地专注于它的，一有什么事情打岔，心思就很容易分散开去。他自己也知道，到上海才两个月，就已经担心了："本想从事译书，今竟不知可能如愿。"[4] 他怪别人干扰太多，可如果他自己真想译书，几个朋友的应酬，若干访客的邀约，还不容易对付吗？归根结蒂，还是他自己心神不定，不知道究竟做什么好。这也难怪，有那

---

〔1〕 鲁迅：1928 年 2 月 24 日致台静农信，《鲁迅书信集》上卷，人民文学出版社 1976 年版，第 181 页。

〔2〕 鲁迅：1926 年 11 月 1 日致许广平信，《两地书》，人民文学出版社 1959 年版，第 154 页。

〔3〕 鲁迅：1928 年 2 月 24 日致台静农信，《鲁迅书信集》上卷，人民文学出版社 1976 年版，第 181 页。

〔4〕 鲁迅：1927 年 11 月 7 日致章廷谦信，同上书，第 171 页。

样的大苦恼纠缠于心，他确实难于看清前面的路，难于决定该何去何从。他租下景云里23号的房子，却并不买齐家具，似乎随时准备卷铺盖走人一样。你想想，连家安在哪里，以什么谋生，他都定不下来，他又如何真"麻痹"自己呢？

他还有另一条办法，就是"忘却"，竭力淡忘种种阴暗的记忆，重振乐观的热情，实在不能淡忘，也总要将它们尽量推至意识的边缘，腾出地方来酿造新的希望。这也就是他所说的，"跨进刺丛里，姑且走走"。人真是习惯的俘虏，明明遇上了穷途，这穷途就意味着原先的走法不对头，可只要还没有学会新的走法，他一抬脚，一跨步，就还是会依照老走法。一路走来，他只会这一种，要"姑且走走"，不用它又怎么办？鲁迅正是如此。从迎接绍兴"光复"到现在，将近二十年了，他不断地用"忘却"来振作自己，种种似乎能够"忘却"，而终于又全部记起的徒劳的痛苦，他是体验得太多，也太深了。但是，当他现在救助自己，挣扎着不愿没入虚无感的时候，他能使用的最后一条办法，仍然只是"忘却"，这是怎样令人悲哀的事情？十年前他用什么姿势爬出那座"待死"的深坑，他现在就只能还是用那个姿势。

你看他到上海后，虽然抱怨别人的打扰，可只要有地方请他演讲，他总是应允前去，甚至半个月内连讲四五次。明明打定主意不再教书，一旦有人坚请，他就还是接受了劳动大学的聘书，实在是易培基做事太不像话，他才去退了聘书。在文学方面，他一到上海就复刊《语丝》，白任编辑。创造社来联合他，他欣然答应；那些人翻脸骂他了，他就一面还击，一面与郁达夫合作，创办《奔流》月刊，作文，校对，跑印刷厂，写编后记，忙得四脚朝天。又和柔石等几个青年人组织"朝花社"，办《朝花》周刊。他还想把北京的《未名》半月刊也移到上海来，由他做编辑，"取攻击姿态"，"大扫"一下文坛。[1] 那在文学界"兴风作浪"的热情，简直比得上 1920 年代初了。

甚至一些激进的社会团体来找他，他也非常热情。当时共产党有一个为援救被捕者而组织的"中国革命互济会"，鲁迅一到上海，就接受这互济会的一个成员的邀请，答应为互济会的刊物写稿；第二年春天，更正式加入这个组织，多次捐款。1930 年初，又去参加也是共产党组织的"中国自由运动大同盟"的成立会议，第一个做演讲，因此被推为发起人。几乎同时，又参与组织"中国左翼作家联盟"，不但同意用"左翼"做团体的名称，还同意担任它的领导人。当年在东京参加光复会的热情，似乎也复活了。

当然，表现出"五四"式的热情，并不说明他心里就真有这种热情。他对那些激进团体的活动，其实是常常并不以为然的。有一次，送走一位互济会的来访者，他就对客厅里的其他朋友说："这人真是老实，每次来都对我大讲一通革命高潮。"[2] 在善意的揶揄中，明显流露对那"革命高潮"的怀疑。对于成立自由运动大同盟，他更是摇头，在成立大会上发完言，他就提前离开了，事后还对动员他去开会的人说：这种组织"发个宣言之外，是无法做什么事的"。[3] 至于左翼作家联盟，其中的多位中坚人物都来自创造社和太阳社，他们前不久还骂他"落伍"，是"二重的反革命"，现在却来尊他为领袖，他怎么可能会相信？冯乃超拿"左联"的纲领给

〔1〕 鲁迅：1929 年 7 月 8 日至李霁野信，《鲁迅书信集》上卷，人民文学出版社 1976 年版，第 227 页。

〔2〕 冯雪峰：《党给鲁迅以力量——片断回忆》，载《文艺报》第四卷第五期，此处引自薛绥之主编：《鲁迅生平史料汇编（第五辑）》，天津人民出版社 1986 年版，第 73 页。

〔3〕 同上书，第 102 页。

他看，他一面表示"没意见"，一面又说："反正这种性质的文章我是不会做的。"[1] 参加了"左联"的成立大会以后，他更向朋友描述说："于会场中，一览了荟萃于上海的革命作家，然而以我看来，皆茄花色［绍兴方言，意谓没起色］，于是不佞势又不得不有作梯子之险，但还怕他们尚未必能爬梯子也。"[2] 语气极为轻蔑。

可是，尽管心存种种芥蒂，他仍然去参加那些组织的活动。他在广州的后半年里，那样受人冷落，现在却有这些热情的团体来邀请他，有这些激进的青年来拥戴他，这使他重新感觉到社会的需要和自己的声望，感觉到自己还有力量，你想想，单是为了证实这些感觉，他也应该去参加那些活动吧。说到底，不辞辛劳地各处演讲也好，在文坛上"四面八方地闹"[3] 也好，都是在做同样的证实。那自我怀疑和自我否定的"鬼气"压得他太厉害了，他情愿再一次戴上面具。他现在的心境比"五四"时阴郁得多，再要硬戴面具，它就自然大得多，也重得多，但他甘心承受，比起在沉默中听任虚无感咬啮自己，借频繁的行动来忘却痛苦，总要容易一些吧。

也就从到上海开始，他陆续买来一批日文的介绍马克思主义的书，非常认真地读，单在 1928 年内，他就读了十多本这样的书，许广平甚至说他是"几乎每天手不释卷的在翻着这方面的著作"[4]。他教许广平学日语，也用其中的一册《马克思读本》作教材，不仅详细讲

〈1〉 夏衍：《"左联"成立前后》，《文学评论》1980 年第 2 期。

〈2〉 鲁迅：1930 年 3 月 27 日致章廷谦信，《鲁迅书信集》上卷，人民文学出版社 1976 年版，第 250 页。

〈3〉 这是他 1926 年致许广平信中对自己的描述，见王得后：《〈两地书〉研究》，天津人民出版社 1982 年版，224 页。

〈4〉 许广平：《欣慰的纪念》，人民文学出版社 1951 年版，此处引自薛绥之主编：《鲁迅生平史料汇编（第五辑）》，天津人民出版社 1986 年版，第 65 页。

解内容，还能够订正书上的错字。他甚至花力气将一部日文版的卢那察尔斯基的《艺术论》翻译出来。他自己笔下，也逐渐出现了用他理解的唯物主义来论人析事的文字。到后来，连和青年聊天，他口中也经常会吐出"阶级斗争""社会主义"之类的新词。和朋友通信时，他更称赞说："以史底惟物论批评文艺的书，我也曾看了一点，以为那是极直截爽快的，有许多昧暧难解的问题，都可说明。"[1]

还在东京的时候，他就拜访过日本的马克思主义理论家，因此得到日文版的《共产党宣言》；回国以后十几年间，对社会主义和马克思主义也时有所闻。但他一直不怎么在意，即使书橱中放有这类书，也极少取出来仔细地读。可现在，"无产阶级革命"似乎成了思想界的新兴潮流，那批口口声声说他"落伍"、骂他是"反革命"的青年人，手中也正是拿着马克思主义的词句，甚至他翻译别人介绍马克思主义的书，那些人也要冷嘲热讽，说他是投机——在这种情况下，他就不能再疏忽了。即便为了回击那些年轻人，他也得认真来看一看，马克思主义究竟是怎么回事。他自己说："我译这些书［指卢那察尔斯基的《艺术论》等］是给那些从前专门以革命文学为口号而攻击我的人们看的"[2]，这就把他的动机说得非常明白了。在他这认真阅读马克思主义的态度后面，在他那些不畏讥笑、坚持翻译和运用马克思主义的言行后面，你正可以看到他特有的那种"不甘心"：他不甘心被人视为落伍，不甘心被新兴的潮流摒诸河岸，几乎从踏进上海的那一天起，他就自觉不自觉地想要跟上新的思潮，要重返文学和社会的中心，要

〈1〉 鲁迅：1928 年 7 月 22 日致韦素园信，《鲁迅书信集》上卷，人民文学出版社 1976 年版，第 194 页。

〈2〉 柳敬文：《关于鲁迅先生》，薛绥之主编：《鲁迅生平史料汇编（第五辑）》，天津人民出版社 1986 年版，第 962 页。

第十五章　一脚踩进了旋涡　｜　163

找回那已经失去的社会战士和思想先驱的自信，要摆脱那局外人的沮丧和孤独。他并没有多想这些挣扎会给他带来什么样的后果，他现在只顾一件事，就是竭力挣脱那绍兴会馆向他伸出的热情招呼的手。

但是后果却来了。首先是国民党浙江省党部，以他参加自由运动大同盟为理由，在1930年3月向国民党中央公开申请，要通缉"反动文人鲁迅"。几个月后，国民党中央执行委员会更下令"取缔"自由运动大同盟、中国革命互济会和左翼作家联盟等八个团体，在附于取缔令后面的"左联"成员名单上，赫然列着他的名字。

这使他多少有点意外。一听说浙江省党部要"通缉"他，他便把事情的经过详细告诉朋友："自由大同盟并不是由我发起，当初只是请我去演说。按时前往，则来宾签名者已有一人（记得是郁达夫君），演说次序是我第一，郁第二，我待郁讲完，便先告归。后来闻当场有人提议要有什么组织，凡今天到会者均作为发起人，迨次日报上发表，则变成我第一名了。"情形既然是这样，那是不是在报上登个声明，解释一下？他的态度是："浙江省党部颇有我的熟人，他们倘来问我一声，我可以告知原委。今竟突然出此手段，那么我用硬功对付，决不声明，就算由我发起好了。"[1]

对这个"通缉"本身，他其实并不重视，他了解事情的实际起因是什么，知道这最多也只是一个警告。好几年前，在《无花的蔷薇之三》里，他就用嘲讽的笔调将这类恫吓手段一一列出过。一位熟识的日本书店的老板内山完造，担心他的安全，劝他躲避，他笑笑回答说："不要紧的，如果是真的要捉，就不下通缉令什么的

---

[1] 许寿裳：《亡友鲁迅印象记》，人民文学出版社1953年版，第77—78页。

了。……就是说，有点讨厌，别给我开口——是那么一回事。"[1]

但也唯其如此，他就更为愤慨："我所抨击的是社会上的种种黑暗，不是专对国民党，这黑暗的根源，有远在一二千年前的，也有在几百年，几十年前的，不过国民党执政以来，还没有把它根绝罢了。现在他们不许我开口，好像他们决计要包庇上下几千年一切黑暗了！"[2] 在广州，他之所以那样反感国民党的"清党"，一个重要原因，就是他们捕杀无辜，没想到自己到了上海，竟亲临这样的遭遇，他能不愤慨吗？他当然知道，一旦国民党政府认定你是"共产党"，你会遭遇什么样的危险，但他从来是一个吃软不吃硬的人，你既然肆行高压，搞这一套来威吓我，我倒偏要和你斗一斗了。倘说他初到上海时，虽已对国民党非常失望，却毕竟无意与它为敌，那到这个时候，他却似乎是决意要站到国民党的对面去了。

他继续写一系列文章，激烈地抨击政府；他更积极地参加"左联"的活动，1932年又参加宋庆龄、杨杏佛等人组织的"中国民权保障同盟"，担任它的执行委员。1931年国民党在上海捕杀柔石等五名年轻的"左联"成员，他更是怒不可遏。在"左联"秘密出版的刊物上发表文章，直斥国民党政府是"灭亡中的黑暗的动物"。[3] 他甚至重新解释当年在广州辞职的原因，说是"我一生从未见过有这么杀人的，我就辞了职"[4]，几乎完全不掩饰对国民党的敌意了。

这自然引来官方的更大的压迫。1933年夏天，"蓝农社"的特务暗杀了身为中国民权保障同盟总干事的杨杏佛，随即放出风声，

〈1〉　内山完造：《鲁迅先生》，见禹长海编：《鲁迅在上海（三）》，山东师范学院聊城分院1979年印，第3页。

〈2〉　许寿裳：《亡友鲁迅印象记》，人民文学出版社1953年版，第78页。

〈3〉　鲁迅：《中国无产阶级革命文学和前驱的血》，《二心集》，人民文学出版社1958年版，第73页。

〈4〉　鲁迅：《自传》，《集外集拾遗》，人民文学出版社1959年版，第79页。

说也将鲁迅列入了暗杀的名单。从 1934 年起，政府的书报检查机关更连续查禁他的著作，从《二心集》《南腔北调集》之类的年度文集，一直到《鲁迅杂感集》那样的选本，到后来，网还越收越紧，他到上海以后的几乎所有杂文集，都被打上了黑叉——不但威胁他的人身安全，还要封闭他的文字生涯。但这样全面的压制和迫害，只会促成更决绝的反抗。鲁迅发誓一般地说："只要我还活着，就要拿起笔，去回敬他们的手枪！"[1] 有朋友劝他克制自己的火气，他回信说："即如不佞，每遭压迫时，辄更粗犷易怒，顾非身历其境，不易推想，故必参商到底，无可如何。"[2] 到这时候，他其实已经身不由己，既然被逼到了这个位置，就只有反抗到底了。

中国的专制统治，从来是非常残暴的。从 1931 年开始，国民党政府接连捕杀文化界的共产党人，后来更将也是国民党员的杨杏佛也杀掉了。这从鲁迅的眼光来看，这样的事都干了，还有什么事干不出呢？他特有的那种凡事从最坏处着想的心理，就自然会占满他的心胸。从听到柔石被捕的消息起，只要风声一紧，他就离家避难，或是去一家日本人开的花园庄旅店，或者就去内山完造家。在花园庄饭店躲避时，他的神经相当紧张，有一次看见两个陌生人在草地上对着他避居的房间指指点点，就赶紧躲进里屋，许久都不出来。

大约从 1930 年初夏开始，他就逐步采取一种半秘密的生活方式，不对人公开自己的居处，几次搬迁，都是托熟识的日本人出面租赁；除了少数可以信赖的人，他从不邀请客人到家中聊天，一般

〈1〉　鲁迅：1933 年 6 月 25 日致山本初枝信，《鲁迅书信集》下卷，人民文学出版社 1976 年版，第 1135 页。

〈2〉　鲁迅：1934 年 5 月 4 日致林语堂信，同上书，第 536 页。

会面，都约在内山书店里；来往信件也都通过这家书店，他情愿每天到书店去取，也不要别人直接寄到家中。空气紧张的时候，他就极少下楼出门，甚至连窗边也不坐。可就是这样，他依然不放心，一到觉得危险的时候，还是要避出去。他对自己的人身安全，实在是没有什么信心了。有一次他对别人这样介绍他的书架："这些书架全是木箱，里面装满了书，任何时候都可以装上卡车逃跑。"[1] 甚至和许广平走在街上，他也常常要她走到马路对面去，说是万一遇到麻烦，她可以及时脱身。连日常生活的这些方面，都笼罩在高度的紧张之中，他有生以来，这还是头一次。

许广平后来回忆说，他虽然如此警觉，有时候却又有一种冒险的冲动，愈是空气紧张，愈在家里坐不住。杨杏佛被杀之后，他坚持要去送殓，那天早上出门，还有意不带大门的钥匙，以示赴难的决心。后来几次传闻说要抓他，他都特地每天出门去转一圈。[2] 这当然是显示了极大的勇气，但请想一想，一个向来主张爱惜生命、反对轻率赴死的人，现在却自己怀着赴死的心情，跨出家门去迎接随时可能袭来的捕杀，就好像一头无处逃遁的野狼，掉过头来拼死相扑：这是怎样的摒弃理智的情态，又是怎样的愤不欲生的决绝呢？

原本是为了摆脱局外人的沮丧，才那样积极地介入公众生活，却不料一脚踩进了政治斗争的旋涡，身不由己地越卷越深，直至被推上与官方公开对抗的位置，人身安全都岌岌可危——从那样的起点，竟会一路滑入现在这样的境遇，大概是鲁迅想不到的吧。正是从这个"想不到"，我又一次看见了命运对他的毫不留情的拨弄。

---

〔1〕 长尾景和：《在上海"花园庄"我认识了鲁迅》，见沈尹默等：《回忆伟大的鲁迅》，新文艺出版社 1958 年版，第 213 页。
〔2〕 许广平：《鲁迅回忆录》，薛绥之主编：《鲁迅生平史料汇编（第五辑）》，天津人民出版社 1986 年版，第 370 页。

第十六章　新姿态

　　正因为是身不由己地陷入与政府对抗的险恶处境，这处境对鲁迅心理的影响就特别大。他的精神世界，本来是常常并排供着两尊神，一个要他注重实际，把眼前的功利奉为第一；另一个却要他超越世俗，向上下左右追问人生的根本意义。在很长一段时间，他一直不知道该皈依哪一尊神，总是在其间犹豫徘徊。身遭严重的压迫时，狭隘的功利意识就膨胀起来，1925年他甚至说："若今日者，则我以为只要目的是正的，……即可用无论什么手段。"[1]可在另外一些时候呢，他又很知道人该有更为宽广的人生视界，于是他就说诗人应该有博大的心灵，能感受人间、天国和地狱这三界的大痛苦和大欢乐，又说真正的知识分子永远是痛苦的，因为他看到的永远是缺陷。倘说他那些启蒙主义的呐喊的冲动，常常将他赶到前一尊神的座下，他碰壁之后的种种怀疑和悲观，又会将他拉回到后一尊神的面前。

　　可是，从1930年代初开始，与官方直接对抗的处境却不允许他再这样两边摇摆了：强大的敌人正对你虎视眈眈，它随时可能猛扑过来，你哪里还有工夫去做那种不着边际的玄想？虚无也好，悲哀也罢，小说家的想象也好，知识者的怀疑也罢，统统只能抛开

〈1〉　鲁迅：1925年5月3日致许广平信，《两地书》，人民文学出版社1959年版，第54页。

去，你先得集中全力来对付眼前的敌情！我相信，任何人处在鲁迅那样的境遇，都会本能地向自己提出这一类警告吧。随着他和国民党官方的关系越来越紧张，这种凡事都以眼前利害为重的权衡方式，就自然会逐渐挤开其他的权衡方式，独占他的头脑。无论什么事，只要能帮助他渡过眼前的险恶处境，他现在都愿意做了。

其中第一件事，就是寻找一个身外的精神寄托。越是意识到自己和官方的力量悬殊，意识到自己的速胜的无望，他就越需要构造一个理想，来证明自己为什么要这样徒劳地和官方对抗。因此，尽管他早已经多次证实了侈谈理想的可笑，他现在还是不得不再一次谈论理想。

理想总是关乎将来，他既然要谈，就只能捡回那个历史进步的老观念。他在通信中对朋友们说："无论如何，将来总归是我们的。"[1]"人生现在实在苦痛，但我们总要战取光明，即使自己遇不到，也可以留给后来的。我们这样的活下去罢。"[2] 又在公开的文章中摆出更为乐观的姿态："历史决不倒退，文坛是无须悲观的"[3]；"我已经确切的相信：将来的光明，必将证明我们不但是文艺上的遗产的保存者，而且也是开拓者和建设者"[4]。口气如此坚定，真是难为了他。

但是，这些话毕竟太空，光用几个"将来""历史"之类的大名词，并不就能构成一个理想，他还得将它们落到实处，为它们配

〈1〉　鲁迅：1931 年 2 月 2 日致韦素园信，《鲁迅书信集》上卷，人民文学出版社 1976 年版，第 268 页。

〈2〉　鲁迅：1936 年 3 月 26 日致曹白信，《鲁迅书信集》下卷，人民文学出版社 1976 年版，第 967 页。

〈3〉　鲁迅：《"中国文坛的悲观"》，《准风月谈》，人民文学出版社 1958 年版，第 45 页。

〈4〉　鲁迅：《〈引玉集〉后记》，《集外集拾遗》，人民文学出版社 1959 年版，第 465 页。

备一个现实的可能。可是，到哪里去寻找这种可能？眼前的中国一片漆黑，自然不行；欧美的资本主义社会呢？像鲁迅这样跟着严复、章太炎、孙中山这一代人成长起来的中国知识分子，不大可能如一些更年轻的同道那样，视"西洋"和"资本主义"为理想之地，何况以鲁迅当时的了解，欧美政府大多站在中国的当权者背后，这就更令他不满；唯一可以考虑的，就是苏维埃制度下的俄国了。说起来，他在"五四"时候就看过介绍俄国革命的书籍，1920年代中期介绍苏俄的文艺论战和文学作品的时候，他也明显表示过对俄国的变革的好感。在厦门和许广平讨论今后的出路时，许广平还曾提议去苏联："党〔指国民党〕内似乎好些，我想如国民党不容，则跑到俄国去，在广东，去俄很容易……"[1]虽然他对布尔什维克的革命一直有怀疑，尤其反感它的血腥和残酷方式，但他现在别无选择，对理想的需要如此急迫，他不得不先把这一点怀疑和反感压入心底。更何况，中国的官方也好，它的外国的支持者也好，都一齐攻击苏俄。单从敌我利害考虑，也应该将苏俄引为同志，用他自己的话说："帝国主义和我们，除了它的奴才之外，那一样利害不和我们正相反？我们的痈疽，是它们的宝贝，那么，它们的敌人，当然是我们的朋友了。"[2]既然抱定了以现实利害为重的宗旨，那就正不妨以苏俄为论证自己理想的材料。

他开始频繁地谈论苏俄。先是在介绍苏俄及其文学作品的序跋中："一个簇新的，真正空前的社会制度从地狱底里涌现而出，几百万的群众自己做了支配自己命运的人。"[3]"当苏俄施行五年计画

〈1〉 许广平：1926年12月7日致鲁迅信，《两地书》，人民文学出版社1959年版，第204页；并王得后：《〈两地书〉研究》，天津人民出版社1982年版，第149页。
〈2〉 鲁迅：《我们不再受骗了》，《南腔北调集》，人民文学出版社1958年版，第14页。
〈3〉 鲁迅：《林克多〈苏联闻见录〉序》，同上书，第11页。

的时候，革命的劳动者都为此努力的建设，……到两年半，西欧及美洲'文明国'所视为幻想，妄谈，昏话的事业，至少竟有十个工厂已经完成了。"[1] 接着又专门写文章来称赞，说俄罗斯的黑土中确实长出了"成功"[2]；说这成功使他相信，"无阶级社会一定要出现"[3]。如此热烈的无保留的口气，他还从没有对别的事物用过。

将苏俄描述成理想的标本，下一步就自然是在中国寻找它的相似物。既然认定布尔什维克的成功是千千万万穷苦人造成的，你要在中国实现同样的成功，就势必把目光转向中国的穷苦人。鲁迅似乎早有这样的念头。在北京和广州，他看多了知识者的无用，也看多了青年人的叵测，种种流血的事实又一再向他证明，光靠文字和思想，决不能战胜拥有暴力的黑暗。因此，还在离开厦门的时候，他就已经产生了将人区分为"聪明人"和"傻子"的想法。他去集美学校演讲，一开口就说："聪明人不能做事，世界是属于傻子的"，"这些傻子，就是工农群众"，"他们有坚强的魄力，有勤劳的德性……"[4] 在《坟》的后记中，他更明白写道："古人说，不读书便成愚人，那自然也不错的。然而世界却正由愚人造成，聪明人决不能支持世界，尤其是中国的聪明人。"[5] 从早先高喊"任个人而排众数"，到现在将世界放到"愚人"肩上，他的立场已经有了180度的转变。从这个新立场再转到将工农视为中国的希望，那几乎是顺理成章，非常容易了。

---

〔1〕 鲁迅：《〈一天的工作〉后记》，《译文序跋集》，人民文学出版社1977年版，第267—268页。

〔2〕 鲁迅：《祝中俄文字之交》，《南腔北调集》，人民文学出版社1958年版，第44页。

〔3〕 鲁迅：《答国际文学社问》，《且介亭杂文》，人民文学出版社1958年版，第10页。

〔4〕 陈梦韶：《鲁迅在厦门的五次演讲》，薛绥之主编：《鲁迅生平史料汇编（第四辑）》，天津人民出版社1983年版，第97页。

〔5〕 鲁迅：《写在〈坟〉后面》，《坟》，人民文学出版社1956年版，第213页。

于是，也从 1930 年代初开始，他接二连三地断言，中国的将来必是工农百姓的天下："左翼文艺现在在和无产者一同受难，将来当然也将和无产者一同起来"[1]；"惟新兴的无产者才有将来"[2]。不用说，他对共产党和红军控制下的江西"苏区"，也因此就特别重视，这是中国土地上唯一和苏俄相似的地方，也是他那"无产者"的"将来"在现实中的唯一的例证，倘若那里的状况能够使他满意，他对自己的理想就可以放心了。可惜他困居上海，不能自己前往"苏区"去看，只好求助于目击者的介绍。就是这样的目击者也很难找到，他只好向共产党人去询问。1932 年，他在家中会见从"苏区"秘密来上海养病的红军将领陈赓，向他了解"苏区"的情况，他尤其注意农民的生活状况，提了一大堆具体的问题。最后他相当满意，确信"苏区"的农民已经获得了某种"解放"。他后来甚至表示，要写一本描写红军的小说。[3] 国外有苏俄，国内又有"苏区"，再加上国民党官方的反证，他似乎可以相信，他相当快速地建立起来的这个对于"将来"的理想，是确有实现的可能的。

不过，单凭这一点可能，这个理想还是不够稳固，所以鲁迅紧接着要做第二件事，就是像五年前驱逐内心的"鬼气"那样，再一次搜索自己的头脑，剔除那些与这理想不合的思绪。需要剔除的东西也真不少。比方说，他向来把流血看得很严重，因此，他一方面愤恨统治者的凶残，甚至将被统治者翻身之后的"残酷"，也算到

〈1〉　鲁迅：《黑暗中国的文艺界的现状》，《二心集》，人民文学出版社 1958 年版，第 79 页。
〈2〉　鲁迅：《序言》，同上书，第 3 页。
〈3〉　张佳邻：《陈赓将军和鲁迅先生的一次会见》，见沈尹默等：《回忆伟大的鲁迅》，新文艺出版社 1958 年版，第 10 页。

统治者的账上[1]；另一方面又反感这种"残酷"，甚至会由此联想到中国历史上的那些大规模的屠杀，那些"愚民专制"的血淋淋的暴行，而禁不住生出对"革命"本身的厌恶。他对俄国十月革命的怀疑，对国民党在广州"清党"的反感，都有很大一部分，是出自对鲜血的珍贵，他之所以称许叶赛宁们的"无可厚非"，一个下意识的原因，也就在他们对革命的残暴一面的惊骇，能引起他的深切的共鸣。

可是，他现在将自己的理想托付给了俄国式的革命，怎么还能再反感它的残酷呢？自己亲身经历了统治者的暴力威吓，他对那种"以牙还牙"的报复心理，也比先前更能体会。从 1930 年代初开始，他有意识地替革命的残暴辩护了。借评述法捷耶夫的小说《毁灭》，他强调："革命有血，有污秽，但有婴孩"，"只要有新生的婴孩，'溃灭'便是'新生'的一部分"。[2] 1933 年初秋，顺着那"以牙还牙"的思路，他更提出一个"酷的教育"的说法："要防'奴隶造反'，就更加用'酷刑'，而'酷刑'却因此更到了末路。……人民真被治得好像厚皮的，没有感觉的癞象一样了，但正因为成了癞皮，所以又会踏着残酷前进，这也是虎吏和暴君所不及料，而即使料及，也还是毫无办法的。"[3]

几乎同时，他又用"痛打落水狗"的理由，为革命的暴力开脱。他详细叙述卢那察尔斯基的剧本《解放了的堂·吉诃德》的梗概："革命终于起来，专制者入了牢狱；可是这位人道主义者〔指

〈1〉 鲁迅：《〈争自由的波浪〉小引》，《集外集拾遗》，人民文学出版社 1959 年版，第 188 页。

〈2〉 鲁迅：《〈毁灭〉第二部一至三章译后记》，《译文序跋集》，人民文学出版社 1977 年版，第 225 页。

〈3〉 鲁迅：《偶成》，《南腔北调集》，人民文学出版社 1958 年版，第 139—140 页。

堂·吉诃德]，这时忽又认国公们为被压迫者了，放蛇归壑，使他又能流毒，焚杀淫掠，远过于革命的牺牲"；又引用剧中一位革命者德里戈对堂·吉诃德的坦然自白："是的。我们是专制魔王，我们是专政的。……"然后称赞道："不能不称赞德里戈的嘲笑，憎恶，不听废话，是最为正当的了，他是有正确的战法，坚强的意志的战士。"[1] 如此将革命的残暴誉为"正确的战法"和"坚强的意志"，他在这时刻，是完全被敌我意识牵引着，站到"踏着残酷前进"的立场去了。

鲁迅要剔除的另一种思绪，就是对大众的轻蔑，他现在是指望"愚人"来支持世界，怎么还能像以前那样，一味在意和揭发他们的愚昧呢？ 1933 年夏天他说："近来的读书人，常常叹中国人好像一盘散沙，无法可想，……其实这是冤枉了大部分中国人的。小民虽然不学，见事也许不明，但知道关于本身利害时，何尝不会团结。……他们的像沙，是被统治者'治'成功的。"[2] 从在日本的时候起，他自己不就经常是一个悲哀中国人愚昧无救的读书人么？可他现在的立场变了，虽然承认老百姓确实"像沙"，但他强调的重点已经转移，不在他们怎样"像"沙，而在他们如何被治成"沙"，锋芒所向，是统治者了。

一年以后，看到上海有人借莎士比亚的《凯撒传》，指责民众永远是受人操纵，"鸡来迎鸡，狗来迎狗"，他就引用一位俄国人的话，把这解释成民众对"鸡""狗"的赏玩："人往往愤慨着群众之不可靠。但其实，岂不是正有适用着'以眼还眼，以牙还牙'的

〈1〉 鲁迅：《〈解放了的堂·吉诃德〉后记》，《集外集拾遗》，人民文学出版社 1959 年版，第 444—446 页。

〈2〉 鲁迅：《沙》，《南腔北调集》，人民文学出版社 1958 年版，第 108 页。

古来的正义的法则的事在这里吗？劈开底来看，群众原是轻蔑着彭贝，凯撒，安东尼，辛那之辈的，……今天凯撒握着权力，凯撒万岁。明天轮到安东尼了，那就跟在他后面罢。只要他们给饭吃，给戏看，就好。"[1] 如此曲折地替民众辩护，可谓用心良苦。可他还觉不够，第二天再写一篇文章，用相当尖刻的措辞，讽刺那指责民众的论者。他似乎完全忘记了，就在差不多一年前，在一封私人通信中，他还说过和对方一样的话。[2] 到 1935 年春天，他更借谈论孔子的机会，直截了当地赞扬中国的老百姓："中国的一般的民众，尤其是所谓愚民，虽称孔子为圣人，却不觉得他是圣人；对于他，是恭谨的，却不亲密。但我想，能像中国的愚民那样，懂得孔夫子的，恐怕世界上再也没有的了。"[3] 倘若单看这些言论，恐怕谁都会觉得，这时候的鲁迅，在看待民众的思路上，是完全走到自己原先的思路的对面去了。

在鲁迅的观念中，民众除了以被统治者的身份，与统治者构成一对反义词，更以自己的不识字，和知识者构成一对反义词。因此，他改变了对民众的认识，也就势必改变对知识阶级的认识。你当然还记得，在 1920 年代中期，他是怎样谈论知识分子和革命的：他把知识分子看成一种特殊的人，他断定他们和一切权势都有不可调和的矛盾；他常常举出叶赛宁和梭波里作为例子，向人证明

<hr>

〈1〉 鲁迅：《"以眼还眼"》，《且介亭杂文》，人民文学出版社 1958 年版，第 92 页。

〈2〉 他在 1933 年 10 月 2 日致姚克的信中，如此指责北京的居民："人民是一向很沈静的，什么传单撒下来都可以，……这地方，就是换了旗子，人民是不会愤慨的，他们和满洲人关系太深，太好了。"见《鲁迅书信集》上卷，人民文学出版社 1976 年版，第 412 页。

〈3〉 鲁迅：《在现代中国的孔夫子》，《且介亭杂文二集》，人民文学出版社 1958 年版，第 81—82 页。

知识分子对革命的必然幻灭，每当讲述到这种幻灭，他总是掩饰不住自己的同情。可到1930年代，他的立场有了明显的移动。在左联的成立大会上，他警告那些年轻作家："对于革命抱着浪漫谛克的幻想的人，一和革命接近，一到革命进行，便容易失望。"[1]然后又举出叶赛宁的例子——他对叶赛宁的悲剧的解释，已经和此前不一样，不再是归因于革命的残酷，而是归因于他自己的"浪漫谛克"了。1930年底，他又对两位向他求教的年轻人说："别阶级的文艺作品，大抵和正在战斗的无产者不相干。……例如也是法国人的波特莱尔，当巴黎公社初起时，他还很感激赞助，待到势力一大，觉得于自己的生活将要有害，就变成反动了。"[2]这就更进一步，不但说叶赛宁们咎由自取，还指他们的幻灭是对于革命的"反动"；说这些话的时候，他分明已经站到那使知识者痛苦的势力一边了。这也是没有办法。叶赛宁之所以对革命失望，很大一个原因，就是感受到了无理性的非知识者的残暴，事实上他自己就并非自杀，而是被人拷打以后吊起来，伪装成自杀的。鲁迅并不知道这个真相，他只是照自己处境的需要来立论，既然已经替苏俄的革命辩护，替这革命的残酷辩护了，他就只能把对叶赛宁的同情统统收起来。

可这就引出了一个疑问：他过去一直用叶赛宁们来代表知识分子，倘说他们是活该幻灭，活该自杀，那在今后的革命的时代，这样的知识分子又有什么用呢？事实上，北伐时期广州的一批激进的青年，就正是顺着这样的思路，喊出"打倒知识阶级"的口号的。鲁迅自己到上海后的几个演讲，尤其是那篇《关于知识阶级》，也

<1> 鲁迅：《对于左翼作家联盟的意见》，《二心集》，人民文学出版社1958年版，第35页。
<2> 鲁迅：《关于小说题材的通信》，同上书，第145页。

分明暗含着同样的疑问。他自己是知识分子，二十多年来一直以此自豪，骤然听到这"打倒知识阶级"的口号，自然觉得非常刺耳。他在 1927 和 1928 年间的内心苦闷，正有很大一部分是来自这个口号所代表的那些状况和看法。可是，他现在剔除头脑中的阴郁思绪，竟又在自己的内心奏响了这个口号，唯其是发自内心，其声势就更为逼人，他不能不认真来回答。

可怎么回答呢？他似乎不能不承认，叶赛宁这样的知识分子是应该灭亡，可在情感上，他又绝不愿意说整个的知识阶级都过时了。那剩下的唯一的办法，就是把知识阶级一分为二，一部分应该灭亡，另一部分还有将来。可这区分的依据何在呢？鲁迅无奈，只好又搬出苏俄来："在社会主义的建设中，智识劳动和筋肉劳动的界限也跟着消除……由此更可见社会一异，所谓'智识者'即截然不同，苏联的新的智识者，实在已不知道为什么有人会对秋月伤心，落花坠泪，正如我们的不明白为什么熔铁的炉，倒是没有炉底一样了。"[1] 这话说得实在呆气，活现出他那种强自为说的倔脾气，就像三年前鄙薄蒋光慈式的"革命＋恋爱"的小说时，他不惜做那样的断言一样："革命的爱在大众，于性正如对于实物一样，再不会缠绵菲恻。"[2]

但是，他正是用这种颇为呆气的空想，来论证那不会灭亡的知识者的存在。1932 年底，他第二次回北京探望母亲，去北京女子文理学院和北京师范大学演讲，都特别挑起知识阶级会不会"灭亡"的话题，反复强调说，有一种新的知识者，他们与群众结合，

〈1〉　鲁迅：《〈一天的工作〉后记》，《译文序跋集》，人民文学出版社 1977 年版，第 268 页。

〈2〉　鲁迅：1929 年 4 月 7 日致韦素园信，《鲁迅书信集》上卷，人民文学出版社 1976 年版，第 217 页。

反对个人主义，能够把握住实际人生，因此在将来仍能生存。[1]
到 1934 年，他更明确描绘出这新知识者的相貌："凡有改革，最
初总是觉悟的智识者的任务。但这些智识者，……不看轻自己，
以为是大家的戏子，也不看轻别人，当作自己的喽罗。他只是大
众中的一个人，我想，这才可以做大众的事业。"[2]所谓"看轻自
己……"，是他初到上海时的看法；那"看轻别人……"，则是他
到广州之前的看法。它们虽有不同，却都将知识分子看成大众之
外的特殊人物。现在他把这两个看法都否定了，径直将新的知识
分子归入大众：他将知识分子和大众的关系，总算是安排得比较
协调了。

　　能够将知识分子一分为二，他也就获得了心理平衡，他现在可
以隐约地自居为新知识分子，而放纵他对"旧"知识分子的失望。
杨杏佛被刺以后，知识界一片骇然，有些人难免惊慌过度，他就连
声感叹，说知识阶级就是怕死："盖怕死亦一种智识耳。"[3]读了一
些描述东北抗日游击队的笔记，他又借题发挥："我觉得文人的性
质，是颇不好的，因为他智识思想，都较为复杂，而且处在可以东
倒西歪的地位，所以坚定的人是不多的。"[4]有一次和朋友闲谈，他
更断然说："知识分子，实在是应该轻蔑的，他们花样多，……有

〈1〉　他的这些演讲，都没有完整的文字记录留存下来，但北平当时的报刊，却有一些相当
　　　详细的报道，譬如《世界日报》1932 年 11 月 28 日即有题为《鲁迅昨在师大讲演》的
　　　长篇报道。见薛绥之主编：《鲁迅生平史料汇编（第三辑）》，天津人民出版社 1983 年
　　　版，第 549—551 页。

〈2〉　鲁迅：《门外文谈》，《且介亭杂文》，人民文学出版社 1958 年版，第 80 页。

〈3〉　鲁迅：1933 年 7 月 11 日致曹聚仁信，《鲁迅书信集》上卷，人民文学出版社 1976 年
　　　版，第 387 页。

〈4〉　鲁迅：1934 年 12 月 10 日致萧军、萧红信，《鲁迅书信集》下卷，人民文学出版社
　　　1976 年版，第 685 页。

些事情就败于他们之手。"[1] 他这些话当然都有具体的所指，但人有了知识便会软弱和东倒西歪，却是他初到上海时就有的想法。这个想法现在竟发展到这么激烈的地步，以致他用如此轻蔑的口吻来谈论知识分子，这些又都是私下的谈论，并非公开作态，我实在要感叹，那种将"坚定"和"勇敢"看得比什么都重要的战斗意识，此刻对他思想的影响是太大了。

鲁迅重新解释了知识分子，也就重新解释了文学和艺术。既然新的知识分子是大众中的一员，他们的工作都属于革命运动的"一翼"[2]，他们中一部分人所从事的文学和艺术创造，也就自然可以用来做政治斗争的工具。还在 1928 年他引述苏俄"那巴斯图"派有关文艺只具有阶级性的理论时，就做过这样的两可的评价："这问题看去虽然简单，但倘以文艺为政治斗争的一翼的时候，是很不容易解决的。"[3] 在另一篇文章中又说："我是不相信文艺的旋乾转坤的力量的，但倘有人要在别方面应用他，我以为也可以，譬如'宣传'就是。"[4] 到了 1930 年代，他更大进一步，多次从正面强调文学艺术的宣传功能。看见有人指出"文学不是宣传"，他还作文抨击："谁用文字说'文学不是宣传的'，也就是宣传"，"要于社会毫无影响，必须连任何文字也不立"。[5] 这其实是偷换概念，因为对方说的"宣传"，和他说的"宣传"不在一个层次，与所谓"社会""影响"，更是两个意思。但也唯其如此，他为文艺的宣传功能

〈1〉 冯雪峰：《关于知识分子的谈话——片断回忆》，见周建人等：《我心中的鲁迅》，湖南人民出版社 1979 年版，第 149 页。

〈2〉 同上注。

〈3〉 鲁迅：《〈奔流〉编校后记·三》，《集外集》，人民文学出版社 1959 年版，第 181 页。

〈4〉 鲁迅：《文艺与革命》，《三闲集》，人民文学出版社 1958 年版，第 65 页。

〈5〉 鲁迅：《势所必至，理有固然》，《集外集拾遗》，人民文学出版社 1959 年版，第 473 页。

辩护的急切之情，却是充分表现出来了。

这种急切之情是来自他读过的那些马克思主义的文学理论书？实际上，他对马克思主义文学理论的认识，主要是取自普列汉诺夫和卢那察尔斯基两人的著作，尤其是前者的那一本《艺术论》。笼统来讲，马克思主义当然是偏重功利的，但你看鲁迅对普列汉诺夫的推崇，在他举出的几个"尤合于绍介给现在的中国"的观念中，却有"要宣传主义，必须豫先懂得这主义，而文艺家，适合于宣传家的职务之处却很少"[1]这一条。每个人读书，都有自己的取舍，鲁迅阅读普列汉诺夫的时候，正在和创造社那批只认教条、不在意文学特性的年轻人打笔仗，就自然会特别注意普列汉诺夫对文学自身特性的强调。他那样含糊其词地评价"那巴斯图"派，也因为他实在知道，艺术并不只是政治手中的工具。所以，单是读那些介绍马克思主义的书，并不就能使他信奉"文艺就是宣传"，他现在这样冲动地强调文学的宣传价值，还是因为受多了官方的压制和迫害，情不自禁地希望文学也能被像长枪那么用吧。

鲁迅毕竟是作家，比起鼓吹文学的现实的宣传意义，他更愿意描绘理想的文学前景。这也正符合他对知识分子的新认识，既然会有一种新的知识分子，那么理所当然，也该有一种新的文学。他在广州时就预言，随着平民世界的建立，将来会有一种"平民文学"。[2]1931 年，他更肯定地说，将来的文坛会出现"别一种作者"和"别一样看法"。[3]

由这对将来的文学的笼统的称颂，他更引申出两个意见。一是

---

〔1〕　鲁迅：《论文集〈二十年间〉第三版序译者附记》，《译文序跋集》，人民文学出版社 1977 年版，第 212 页。

〔2〕　鲁迅：《革命时代的文学》，《而已集》，人民文学出版社 1958 年版，第 16 页。

〔3〕　鲁迅：《关于小说题材的通信》，《二心集》，人民文学出版社 1958 年版，第 146 页。

废除方块字。将来的文学的作者，当然是出自工农群众，可至少在目前，这群众的绝大多数都不识字，汉字的笔画如此繁难，要说他们能很快掌握，鲁迅也知道不大可能。那怎么办呢？只有废除汉字。所以他断言："汉字和大众，是势不两立的。"[1] 还多次打比方，说方块字是大众身上的结核菌。到 1935 年冬天，他更明确说："由只识拉丁化字的人们写起创作来，才是中国文学的新生，才是现代中国的新文学。"[2] 这分明在重复钱玄同二十年前的主张了。

再就是推崇"无产阶级文学"。既然唯无产者才有将来，那至少在名义上，这"无产阶级文学"就是将来的新文学的先声，他就是再看不起成仿吾和蒋光慈，对他们手上的这面旗帜，却不能不表示敬意。所以他这样向朋友介绍上海的"左翼"作家："我看此辈于新文学大有害处，只有提出这一个名目［指"无产阶级文学"］来，使大家注意了之功，是不可没的。"[3] 对提出名目者的轻蔑，和对名目本身的尊重，区分得清清楚楚。柔石被杀之后，他为美国的一个左派杂志写文章，第一句就是："现在，在中国，无产阶级的革命的文艺运动，其实就是惟一的文艺运动。"[4] 这明显不符合实情，他却偏要这样写，而且用这样坚决的口气，我想他心里其实很清楚：鼓吹"无产阶级文学"也好，修正对知识分子和大众的认识也好，更不必说为"革命"的残暴辩护了，都不是在讨论抽象的道理，而是做具体的抗争，是在回击身外的压迫，是在克服内心的阻力。既然是抗争，那就先得满足现实的功利需要，别的方面，只好

〈1〉 鲁迅：《答曹聚仁先生信》，《且介亭杂文》，人民文学出版社 1958 年版，第 54 页。

〈2〉 鲁迅：《论新文字》，《且介亭杂文二集》，人民文学出版社 1958 年版，第 181 页。

〈3〉 鲁迅：1930 年 9 月 20 日致曹靖华信，《鲁迅书信集》上卷，人民文学出版社 1976 年版，第 261 页。

〈4〉 鲁迅：《黑暗中国的文艺界的现状》，《二心集》，人民文学出版社 1958 年版，第 75 页。

不管它了。

为了能有个理想来支撑他与官方的对抗，鲁迅不惜对自己的思想做那么大的修正，那在实际的社会交往中，他会采取什么样的功利策略，你也就可想而知。谁都不愿意孤身一个人面对强敌，他总希望两边有支援，背后有接应，越是发现敌人的强大，这寻找和亲近盟友的心情还越急迫。鲁迅自然也是如此，他自己和国民党政府为敌了，对一切也与国民党为敌的人，就本能地会产生好感。在1930年代的中国，与国民党对抗最激烈的势力，就是共产党，鲁迅看待它的目光，也就最为亲切。

从1930年代初开始，他家的客厅里就经常有文化界的共产党人来来往往，其中瞿秋白和冯雪峰等人，更成了他非常亲近的朋友。以参加"左联"为起点，他公开和上海文化界的共产党人站在一起，即使对其中有些人心存芥蒂，也总是克制着，尽量不露在脸上。他将自己的寓所提供给瞿秋白作避难所，瞿秋白一有危险，就往他家里躲，有一次还在他家里约见其他的共产党人。他甚至和北京的共产党组织也有联系，1932年他去北京，就在共产党北方局的安排下，借一个朋友的家，和北京各个左翼文化团体的核心分子见面，其中绝大多数是共产党员。他因此常常充当共产党的"联络人"。那北方局失掉了和共产党中央的联系，就派人将汇报信送至他手上，请他转交；一些共产党员被国民党打散了，失去了和组织的联系，也都会来找他，请他帮忙恢复联系。有好几次，他果然也能帮上忙，譬如1933年冬天，他就帮助成仿吾和上海的共产党组织接上了头。

当认真地做着这些的时候，鲁迅大概会记起当年在东京以自己的居所充当光复会据点的往事吧。不过，与在东京时不同，他并没有加入共产党。他现在也不会加入，自回国以后，他就对政治性的团体有了明显的戒心。1925 年春末，他回答许广平关于参加国民党的询问，更明确说："如要思想自由，特立独行，便不相宜。如能牺牲若干自己的意见，就可以。"〈1〉他在东京时就不愿意当刺客，现在又经历了二十多年的人生风雨，看多了政治团体的分合变化，将个人的独立就看得更重，自然不会愿意再加入什么团体了。因此，他和共产党人的联合，就主要是以他那一支笔，和那个令人眼亮的名字。事实上，当时的共产党领导人之所以再三敦促成仿吾、钱杏邨这些人，要他们收起对鲁迅的敌意，主动去联合他，甚至尊他为"左联"的领袖，也就是看中了他的名字和笔。〈2〉

鲁迅其实也知道，所以，凡是共产党方面要求他写的文章，只要和自己的见解抵触不太大，他就总是勉力照写。在这样写下的文章中，他也总是尽力以共产党人的口吻说话，对国民党政府痛加斥责。1931 年春天的《中国无产阶级革命文学和前驱的血》，1934 年冬天的《中国文坛上的鬼魅》，就是两则突出的例证。有时候，他甚至愿意按照共产党的要求发表对时局的看法。1931 年，上海有一家《文艺新闻》杂志请他评论日本侵占中国东北的意义，他就写道："这在一面，是日本帝国主义在'膺惩'他的仆役——中国军阀，……在另一面，是进攻苏联的开头，是要使世界的劳苦群众，永受奴隶的苦楚的方针的第一步。"〈3〉几乎可以说是完全照着共产党——不仅是中国的共产党，还有斯大林的共产党"第三国际"——的意思来回答了。至于将自己的名字列在共产党组织的各

〈1〉 鲁迅：1925 年 5 月 30 日致许广平信，《两地书》，人民文学出版社 1959 年版，第 62 页；并王得后：《〈两地书〉研究》，天津人民出版社 1982 年版，第 32 页。

〈2〉 有关这方面的情况，见阳翰笙：《中国左翼作家联盟成立的经过》，《文学评论》1980 年第 2 期。

〈3〉 鲁迅：《答文艺新闻社问》，《二心集》，人民文学出版社 1958 年版，第 95 页。

种宣言上，次数就更多了。连红军"长征"到达陕北，他都和茅盾联名拍电报去祝贺。甚至冯雪峰自作主张，以他的名义买了火腿，作为给毛泽东的礼物送去陕北，他事后也表示同意。他临逝世前，请冯雪峰代拟《答托洛斯基派的信》，其中有这样一段话："那切切实实，足踏在地上，为着现在中国人的生存而流血奋斗者，我得引为同志，是自以为光荣的"[1]，他过目时并不涂改，同意就这样送出去发表，就更说明了，直到生命的最后一年，他都非常看重和共产党人的联盟，要竭尽所能，献出自己的一分力量。

从将苏维埃俄国描绘成理想的乐土，到与中国的共产党人公开结盟，鲁迅在短短的几年间，摆出了一个与从前明显不同的新姿态。十年前他告诫年轻人，万不可做关于将来的梦，可现在呢，他自己就不断向人描绘这样的梦；十年前他已经认定，无论那些人自称什么，都不过是在争夺地狱的统治权，可现在他公开跨进那争夺的战场。他自然是不得已，借用他自己的话说："即如我自己，何尝懂什么经济学或看了什么宣传文字，《资本论》不但未尝寓目，连手碰也没有过。然而启示我的是事实，而且并非外国的事实，倒是中国的事实，中国的非'匪区'【这是当时国民党官方对"苏区"的称呼】的事实，这有什么法子呢？"[2]你甚至还可以说，在现代中国，知识分子根本就没有彻底坚守自己确信的可能，他们置身那样险恶的处境，总难免会在某些时候，以某种方式，修改自己的确信，以适应争取生存的斗争的需要。虽然事实并非一定如此，我却

[1] 鲁迅：《答托洛斯基派的信》，《且介亭杂文末编》，人民文学出版社 1958 年版，第 98 页。托洛斯基，即"托洛茨基"。

[2] 鲁迅：1933 年 11 月 15 日致姚克信，《鲁迅书信集》上卷，人民文学出版社 1976 年版，第 444 页。

愿意相信它是如此，差不多整整一个世纪了，那种无论处在什么情况下也不肯移动信念、继续保持思想和言行维度的知识分子，实在也是不多吧。

从这个角度看，鲁迅如此明显地改变面目，就正是体现了他逃离精神"待死堂"的第三次努力。这一次他能成功吗？

第十七章 "还是一个破落户"

　　鲁迅毕竟是"五四"时代的知识分子，性情又和郭沫若那一类人很不相同，不习惯在精神上迅速地脱胎换骨，因此，无论他怎样认真地读那些介绍马克思主义的书，也无论他在笔下添加多少"无产者""史底唯物论"之类的新名词，他的言谈举止，总还是和共产党人不大一样。即便写那些有特定意义的政论文章，譬如《中国无产阶级革命文学和前驱的血》，他特别用心，勉强能像一些，一到写杂感，写短评，写那些直接针砭社会现象的议论文，他的本相还是会暴露出来。

　　例如，1930年他写《习惯与改革》，不但断言"多数的力量是伟大的"，还特别引证列宁的话，称他是"真实的革命者"，你乍一看，会觉得他简直就是马克思的信徒。可再仔细读下去，就不对了："有志于改革者倘不深知民众的心，设法利导，改进，则无论怎样的高文宏议，浪漫古典，都和他们无干，……假如竟有'好人政府'，出令改革乎，不多久，就早被他们拉回旧道上去了"[1]，这不还是将民众看成愚昧守旧，以为他们是黑暗赖以维持的最有力的支柱吗？说来说去，他还是重复在北京时的那个"此后最要紧的，是改革国民性"的呼吁，用了马克思主义的词句作封面，内页还是

---

[1]　鲁迅：《习惯与改革》，《二心集》，人民文学出版社1958年版，第27页。

《新青年》。

在整个 1930 年代前半期，他只要谈到民众，多半还是重复以前的看法。他屡次打比方，说现代中国的历史就是几个人轮番变戏法，老百姓呆头呆脑地围着看："许多年间，总是这一套，也总有人看"[1]，仿佛是给《示众》那样的小说添注释。回忆往事，他记起家乡旧时的"堕民"，不禁感慨他们"不但安于做奴才，而且还要做更广泛的奴才，还得出钱去买做奴才的权利"[2]。翻翻报纸，又看见上海市民一窝蜂放爆竹救月亮，余姚的农民则迎神求雨，还把一位阻挡者当场咬死，他更悲愤地问道："依然是旧日的迷信，旧日的讹传，在拼命的救死和逃死中自速其死。……这悲剧何时完结呢？"[3]

愈到晚年，他对民众的揭发还愈深刻。在 1920 年代，他常常把老百姓的愚昧归因于麻木，认为统治者已经用愚民政策征服了他们的灵魂；可到 1934 年，他却说："在中国，其实是彻底的未曾有过王道，……人民之所讴歌，就为了希望霸道的减轻，或者不更加重的缘故。"[4]一年以后他又说：在一般百姓身上，"忍从的形式，是有的，然而陀思妥夫斯基式的掘下去，我以为恐怕也还是虚伪"[5]。倘把这些话和他另一段也说于这时候的话联系起来看："暴露幽暗不但为欺人者所深恶，亦且为被欺者所深恶"[6]，你会得出什么印象呢？中国的人民并不是真的麻木到不知道自己过着猪狗不如的生活，他们其实是知道的，但因为不敢反抗，就只好装作麻

〈1〉 鲁迅：《现代史》，《伪自由书》，人民文学出版社 1958 年版，第 10 页。

〈2〉 鲁迅：《我谈"堕民"》，《准风月谈》，人民文学出版社 1958 年版，第 23 页。

〈3〉 鲁迅：《迎神和咬人》，《花边文学》，人民文学出版社 1958 年版，第 102 页。

〈4〉 鲁迅：《关于中国的两三件事》，《且介亭杂文》，人民文学出版社 1958 年版，第 5—6 页。

〈5〉 鲁迅：《陀思妥夫斯基的事》，《且介亭杂文二集》，人民文学出版社 1958 年版，第 136 页。

〈6〉 鲁迅：《朋友》，《花边文学》，人民文学出版社 1958 年版，第 32 页。

木，装作不知道，于是也就特别痛恨那些试图指明真相的人，因为正是这些人搅得他们不能再继续这么装下去，继续照老样子苟活下去——这是怎样阴暗的看法！

原来他对中国的民众，依旧是抱着这样的认识，他那些硬着头皮替他们辩护的言辞，他自己恐怕也不会全信。别的且不说，单是那个"变戏法"的比喻，就足以把上一章介绍的他对群众"鸡来迎鸡，狗来迎狗"的辩解，一下子破坏掉。在逝世前半年，他对一位朋友比较日本人和中国人的国民性："日本国民性，的确很好，但最大的天惠，是未受蒙古之侵入"[1]，这简直是回到三十年前，他和许寿裳讨论国民性时的看法上去了。

怎样理解"人心"，历来是中国文人思想的一个基本的出发点，视"人心"为评判社会的第一指标，也是中国思想的一大特征。鲁迅自然不例外，他对社会和自己的看法，有许多都是从对"国民性"的认识中生发出来的。在这个如此重要的认识上，三十年过去了，他几乎没有多大的改变，他自己大概也料不到吧。

既然给社会诊病的时候，他常常还是照着老思路，他接着给治疗的意见，就难免还是要抄旧方。1932 年他去北京辅仁大学演讲，先说日本侵占东北，接着讲上海的"1·28"事件，照一般的听众想来，他总该大骂日本了罢，可他不，反而拿日本人和中国人做比较，说日本人凡事都很认真，中国人却松松垮垮："这样不认真的同认真的碰在一起，倒霉是必然的。"[2]这就露出了当年《新青年》

〈1〉 鲁迅：1936 年 3 月 4 日致尤炳圻信，《鲁迅书信集》下卷，人民文学出版社 1976 年版，第 1064 页。

〈2〉 鲁迅：《今春的两种感想》，《集外集拾遗》，人民文学出版社 1959 年版，第 411 页。

同人作文章的老习惯，总是拿外国的事情来衬显自己的缺陷。

在他生命的最后几年，他不断地重复这种中国人必得向外国学习的"五四"式的主张。他说中国人的"哑"，是因为精神上的"聋"，倘再不输入精神的粮食，中国人便要成为尼采所说的"末人"。[1] 于是他提倡"拿来主义"，再三强调，说这是当务之急："启蒙工作在现在是最需要的。……知识分子别的事做不了，翻译介绍是总做得到的。"[2] 他甚至又拾起十年前那个文法"欧化"的老话题，一连写好几篇文章来讨论它。直到生病躺在床上，还想着要用日本人的认真态度，做一帖灵药，来救治四亿中国人的"马马虎虎"："不治好这种病，就不能救中国。"[3] 越是生病发烧，头脑昏昏沉沉，这种《热风》式的思路反而越清晰地浮现出来，他的深层意识的"救世"的部分里，实在还是"五四"精神的天下。

也许是因为自己有了儿子海婴，对下一代的前途有了更切身的忧虑，他从 1933 年起，又接连发出了"救救孩子"的呼吁。譬如那一篇题为《上海的儿童》的杂文，就仿佛是《随感录·二十五》的续篇；1936 年写下的《立此存照（七）》，更直截了当地重复"救救孩子"的呼喊。十年前他就表示，"救救孩子"式的议论是太空洞了，可到头来，他还是忍不住要发这样的议论，这真是没有办法的事了。

这种抄录旧药方的情形，甚至体现在他的用词上。1933 年夏天，他解释自己为什么要换着笔名给《申报》的"自由谈"专栏投稿：

<hr />

〔1〕 鲁迅：《由聋而哑》，《准风月谈》，人民文学出版社 1958 年版，第 67 页。

〔2〕 冯雪峰：《回忆鲁迅》，薛绥之主编：《鲁迅生平史料汇编（第五辑）》，天津人民出版社 1986 年版，第 963 页。

〔3〕 内山完造：《思念鲁迅先生》，沈尹默等：《回忆伟大的鲁迅》，新文艺出版社 1958 年版，第 207 页。

"一是为了朋友的交情，一则在给寂寞者以呐喊，也还是由于自己的老脾气。"[1]他对这"老脾气"的描述，就用了十年前《〈呐喊〉自序》里的词。1934年春末，他又重提那个"染缸"的比喻："每一新制度，新学术，新名词，传入中国，便如落在黑色染缸，立刻乌黑一片"，并且断言："此弊不去，中国是无药可救的。"[2]1936年他干脆以"我要骗人"作文章的题目，一开始就讲："我不爱看人们失望的样子"，结尾时又引用庄子"相濡以沫"的名言，使你禁不住要产生错觉，仿佛是在重读他1927年给有恒的那封信，不但意思、情绪，连词句都那么像。

文人也好，知识分子也好，他的思想旨趣，常常就表现在他使用的一些特定的语词上，这些语词体现了他看待人世的独特角度，凝聚着他对人生和社会的独特体会，因此，他选用这些词而不是那些词，绝不只是一个表达的选择，而往往也是一个思路和立场的选择。在1930年代，像"染缸""看客""历史的螺旋""窃火者""呐喊""奴才""救救孩子""流言"……这些鲁迅早在十年前甚至二十年前就已经频繁使用的语词，又从他笔下纷纷走出来，还有什么，能比这更清楚地证实他的头脑的基本依旧呢？

也就从1930年代初开始，他一面说："唯无产者才有将来"，一面又读起了中国的史书，尤其是宋、明两代的野史。他会在这个时候去读这些书，本身就说明了他对现实的悲观，正像他自己说的："一个人处在沉闷的时代，是容易喜欢看古书的。"[3]他向来有

〈1〉 鲁迅：《前记》，《伪自由书》，人民文学出版社1958年版，第2页。

〈2〉 鲁迅：《偶感》，《花边文学》，人民文学出版社1958年版，第49页。

〈3〉 鲁迅，1934年11月28日致刘炜明信，《鲁迅书信集》下卷，人民文学出版社1976年版，第671页。

一种从今天看出昨天的锐利的眼光，1930年代的中国，从鲁迅这样犀利而偏于阴暗的眼光来看，又恰似暴雨将倾，一派将乱未乱的纷扰景象，因此，他越是细读宋、明野史，就越觉得自己也正活在那样的时代。

心里这样想，笔下就不免也要这样写，于是他1930年代的私人通信和公开文章中，不断出现了以古例今的文字。无论是向东京的朋友介绍国内的恐怖统治："生人箝口结舌，尚虞祸及，读明末稗史，情形庶几近之"[1]，还是向北京的熟人描述火车上遇见的"护教团"："每当历代势衰，回教徒必有动作，史实如此，原因甚深"[2]；也无论是鄙薄谣言家："明末，真有被谣言弄得遭杀身之祸的，但现在此辈小虫，为害当未能如此之烈"[3]，还是轻蔑"围剿"者："看看明末的野史，觉得现今之围剿法，也并不更厉害……"[4]他都忍不住要举出古事来比较。尤其是1934年，他接连写出《儒术》《隔膜》和《买〈小学大全〉记》等一系列文章，从今天的一件事情，引出古书的一段记载，再拿了那样的记载，转回身来解释今天，文字从容洒脱，笔力却非常遒劲，隔了十年之后，他又一次焕发出《春末闲谈》和《灯下漫笔》那样深沉透彻的神采。直到1936年，他还不断以明末的事情，来比附现实中文学家的"逸民气"和老百姓的怯懦性，那种以为自己正是活在宋季和明末的强烈感觉，始终没有消散。

一旦沉浸在这样的感觉里，衡人论事的时候，他就不知不觉会沉

---

[1] 鲁迅，1930年5月3日致李秉中信，《鲁迅书信集》上卷，人民文学出版社1976年版，第255页。

[2] 鲁迅：1932年12月2日致许寿裳信，同上书，第339页。

[3] 鲁迅：1933年7月29日致黎烈文信，同上书，第392页。

[4] 鲁迅：1934年5月22日致杨霁云信，同上书，第550页。

第十七章 "还是一个破落户" | 191

入循环论式的思路。1934年，他在内山书店的一次聊天中说，在中国，"只要建立一个政府，就一定用儒家思想控制庶民"，"这个儒家思想的强制一方搞得很厉害的时候，就会发生有名的东西——革命。这个革命一旦巧妙获得成功，革命政府就出现了"，它在最初阶段，当然要"说点新事情，但是不知不觉间又跑到以儒家思想强制庶民的地方去了"，而待到它"搞得很凶的时候，下次革命就又会一下子发展起来"……[1] 这不恰好是一种典型的循环论式的认识吗？

正是依据这种认识，他写出了《在现代中国的孔夫子》和《关于中国的两三件事》这样的名篇；也正因为有这种认识，他连写《北人与南人》这样的随感，也禁不住要用讽刺的语气，说出"如果此后的历史是不再回旋……"这样的反话来。甚至他有心要鼓吹历史进步的观念，一不留心，还是会露出循环论的尾巴。1934年他写信对人说：

> 中国的事，大抵是由于外铄的，所以世界无大变动，中国也不见得单独全局变动，待到能变动时，帝国主义必已凋落，不复有收买的主人了。然而若干叭儿，忽然转向，又挂新招牌以自利，……却未必会没有。这除却与之战斗以外，更无别法。这样的战斗，是要继续得很久的。所以当今急务之一，是在养成勇敢而明白的斗士，我向来即常常注意于这一点，虽然人微言轻，终无效果。[2]

开头是马克思主义式的乐观，结尾却是近于沮丧的悲观，这180度

〈1〉 内山完造：《上海漫语》，薛绥之主编：《鲁迅生平史料汇编（五）》，天津人民出版社1986年版，第1029页。

〈2〉 鲁迅：1934年6月9日致杨霁云信，《鲁迅书信集》上卷，人民文学出版社1976年版，第566页。

的急转弯，就是循环论思想介入的结果。到了他晚年，这循环论思想对他的诱惑更趋强烈，他只好又一次取出类似"大时代"的论述来抵挡。1935 年夏天他说：

> 现在只要有人做一点事，总就另有人拿了大道理来非难的，例如问"木刻的最后的目的与价值"就是。……人是进化的长索子上的一个环，木刻和其他的艺术也一样，它在这长路上尽着环子的任务，助成奋斗，向上，美化的诸种行动。至于木刻，人生，宇宙的最后怎样呢？现在还没有人能够答复。也许永久，也许灭亡。但我们不能因为"也许灭亡"就不做，正如我们知道了人的本身一定要死，却还要吃饭也。[1]

从具体的木刻艺术，他一下子扯到人类生存的终极意义，可见那"将来究竟会怎样"的疑问，在他心头是坠得多么沉。他之所以用这种"且不管它"式的回答来搪塞，就说明他实在是打不起精神，再对人强说"将来一定进步"了。

心中存着这样一面古代的镜子，脑中又时时闪过历史循环的念头，鲁迅对现实中的人事，看法就自然和周围的人很不一样。1934年，周作人在上海的《人间世》杂志发表一首打油诗，编者又加上"五十自寿"的标题，引来蔡元培、钱玄同等人的一连串和诗，颇为热闹。这引起上海等地的左翼青年作家的不满，纷纷撰文批评，有的措辞还相当激烈，闹得沸沸扬扬。鲁迅和周作人早已交恶，又

---

[1] 鲁迅：1935 年 6 月 29 日致唐英伟信，《鲁迅书信集》下卷，人民文学出版社 1976 年版，第 839—840 页。

身为"左联"的名义上的盟主，他却保持沉默，一言不发。但在写给朋友的信中，却这样说："周作人自寿诗，诚有讽世之意，然此种微辞，已为今之青年所不憭。……而不作此等攻击文字，此外近日亦无可言。此亦'古已有之'，文人美女，必负亡国之责，近似亦有人觉国之将亡，已在卸责于清流或舆论矣。"[1] 对周作人们虽有微词，但主要的锋芒，却是指向了那些围攻他们的人。

这也自然，早在一年前，他就用非常尖锐的语气，抨击过这种怯懦的"卸责"术："我实在恐怕法律上不久也就要有规定国民必须哭丧着脸的明文了"，因为"人类究竟不能这么沉静，当大敌压境之际，手无寸铁，杀不得敌人，而心里却总是愤怒的，于是他就不免寻求敌人的替代。这时候，笑嘻嘻的可就遭殃了，因为他这时便被叫作：'陈叔宝全无心肝'"。[2] 正是那种将过去和今天看作一回事的独特的思路，使他有了这样犀利的眼光，以这样的眼光望过去，周作人就恰似一个现代"陈叔宝"，他的反感，自然不会只对准他了。"左联"的许多年轻人都在那里愤愤地声讨周作人，鲁迅却回过身来看透了他们的心肠，而这是连他们自己也未必能看清的，鲁迅与他们的精神距离，实在是太大了。

他自己也知道，譬如 1930 年春天，他依照自由运动大同盟的安排，接连去上海的几所大学演讲，同盟的主持人希望他多讲些社会斗争，他却只讲文学，而且在通信中告诉朋友："我本不知'运动'的人，所以凡所演讲，多与该同盟格格不入……"[3] 心里就明

〈1〉 鲁迅：1934 年 4 月 30 日致曹聚仁信，《鲁迅书信集》上卷，人民文学出版社 1976 年版，第 534 页。

〈2〉 鲁迅：《从幽默到正经》，《伪自由书》，人民文学出版社 1958 年版，第 35 页。

〈3〉 鲁迅：1930 年 3 月 21 日致章廷谦信，《鲁迅书信集》上卷，人民文学出版社 1976 年版，第 249 页。

白得很。他不但在私人通信中这样说，在有些公开的场合，他也这样说。1930 年秋天，上海文化界的共产党组织通过美国记者史沫特莱，租了一家荷兰人开设的西餐馆，给鲁迅祝 50 岁的寿辰。到了那一天，上海的几乎所有左翼文化团体都派代表来参加，把餐馆挤得满满的，气氛相当热烈，鲁迅也很高兴。可是，当他站起来致辞时，却说出这样一番扫兴的话：

> 我现在被人请求出来领导无产阶级文学运动，我的几位年轻的朋友还坚持要我做一个无产阶级作家。我要是真装作一个无产阶级作家，那就幼稚可笑了，我的根子是植在农村中、农民中以及学者的生活中。我也不相信中国的知识分子的青年，没有对工人和农民的生活、希望和痛苦的体验，就能创作出无产阶级的文学……[1]

这整篇讲话，简直好像是故意在强调他和那些给他祝寿的人的差别，后面那几句，更是明显夹着刺了。他对那些明明和他一样——或者还不如他，却摇身一变，以无产阶级自居，大骂他落伍的人，一直耿耿于怀，只要有机会，他就要指责他们的善变："从这一阶级走到那一阶级去，自然是能有的事，但最好是意识如何，便一一直说，……不要脑子里存着许多旧的残滓，却故意瞒了起来，演戏似的指着自己的鼻子道：'惟我是无产阶级！'"[2]他这样去指责别人，自己就更会警惕，即使真是非常欣赏激进的左翼浪潮，他理

〈1〉 戈宝权：《史沫特莱回忆鲁迅》，薛绥之：《鲁迅生平史料汇编（第五辑）》，天津人民出版社 1986 年版，第 435 页。
〈2〉 鲁迅：《现今的新文学的概观》，《三闲集》，人民文学出版社 1958 年版，第 107 页。

智上也会不断地提醒自己站稳双脚，不要使自己整个陷进那潮水中。所以，连对激进的青年表示自己奋斗的决心，他往往也很注意分寸，只是说"呐喊助威，则从不辞让"⁽¹⁾，并不自居为中军。直到 1935 年，他还对一位亲近的朋友这样描述自己："使我自己说，大概也还是一个破落户，不过思想较新"⁽²⁾，依旧是沿用十年前那个"中间物"的说法。看起来，一直到生命的最后时刻，他都保持着这份清醒的自觉，他知道自己究竟是怎样一个人，不论别人怎么说。

〈1〉 鲁迅：1933 年 10 月 28 日致胡今虚信，《鲁迅书信集》上卷，人民文学出版社 1976 年版，第 428 页。

〈2〉 鲁迅：1935 年 8 月 24 日致萧军信，《鲁迅书信集》下卷，人民文学出版社 1976 年版，第 865 页。

第十八章　"横站"

　　既然骨子里还是一个"五四"式的知识分子，鲁迅在政治斗争的旋涡里陷得深了，就难免会觉得格格不入。1930 年 5 月，他刚刚和共产党人结盟，共产党的一位领导人李立三，就秘密约见他，直截了当地提出要求："你在社会上是知名人物，有很大影响。我希望你用周树人的真名写一篇文章，痛骂一下蒋介石。"鲁迅婉言拒绝："文章是很容易写的。……不过，我用真名一发表文章，在上海就无法住下去。"李立三却说："这个问题好办！黄浦江里停泊着很多轮船，其中也有苏联船。你跳上去就可以到苏联去了。……"口气如此粗鲁，一点也不掩饰他对鲁迅的利用心，好像看得他如同一枚炸弹一样，这叫鲁迅怎么受得了，他当然一口拒绝了。[1]

　　几年以后，一个偶然的机会，他又读到了另一位有名的共产党人的词，强烈感觉到其中回荡着一股"山大王"的豪气。[2] 山大王者，绿林豪杰也，鲁迅对这一类人物，向来不敢轻信。当初在东京参加光复会，他就领教过他们的厉害，所以才会对朋友预言，倘若

〈1〉　周建人：《关于鲁迅的若干史实》，周建人等：《我心中的鲁迅》，湖南人民出版社 1979 年版，第 14 页。
〈2〉　陈琼芝：《在两位未谋一面的历史伟人之间——记冯雪峰关于鲁迅与毛泽东关系的一次谈话》，薛绥之：《鲁迅生平史料汇编（第五辑）》，天津人民出版社 1986 年版，第 247 页。

他们造反成功，像自己这样的人恐怕都得遭殃。民国初年在绍兴，他又从王金发身上证实了这个预言，这位也参加过光复会的山大王，掌权后没几个月，不就派兵捣毁报馆，对昔日的同志肆行高压了吗？自那时起，鲁迅眼见一批批造反者成功之后，是如何迅速地翻脸变相，变得比前任更加专横。不但山大王们是这样，受过新式教育的青年人也这样。1930 年代在上海查禁他的著作的政府官员中，就颇有五四运动时冲锋呐喊的闯将，以致他那样感慨："其实现在秉政的，就都是昔日所谓革命的青年也。"[1] 他之所以用循环论去解释中国的历史，除了依据史书上的记载，他亲身经历的这些造反者的可怕，也是一个重要的刺激吧。

在他生命的最后几年，他甚至对一切打着新旗号的造反者都心存戒备。譬如 1933 年深秋，一批政府军的军官在福州成立"福建人民革命政府"，公开打出反对蒋介石和中央政府的旗帜，共产党自然全力支援，上海的一些热血青年，也纷纷前往助阵。鲁迅看在眼里，暗暗摇头，他写信对朋友说："闻此地青年，又颇有往闽者，其实我看他们〔指福建人民革命政府的主持者〕的办法，与北伐前之粤不异，将来变脸时，当又是杀掉青年，用其血以洗自己的手而已。"[2] 当他写这段话的时候，陶成章的霸气，王金发的专横，乃至广州"清党"时的种种恶状，都在他心头一一闪过吧。

对现代中国的形形色色的造反者，他已经存了这样固执的看法，现在又从李立三等人身上，看见了如此赤裸裸的功利心，如此无掩饰的绿林气，他会做何感想呢？1928 年他曾写道："所怕的只

---

〔1〕 鲁迅：1935 年 6 月 24 日致曹靖华信，《鲁迅书信集》下卷，人民文学出版社 1976 年版，第 833 页。

〔2〕 鲁迅：1933 年 12 月 19 日致姚克信，《鲁迅书信集》上卷，人民文学出版社 1976 年版，第 461 页。

是成仿吾们真像符拉特弥尔·伊力支［即列宁］一般，居然'获得大众'；那么，他们大约更要飞跃又飞跃，连我也会升到贵族或皇帝阶级里，至少也总得充军到北极圈内去了。译著的书都禁止，自然不待言。"[1] 这实际上是重复了当年他在东京关于陶焕卿的那个预言。而到1936年，他和共产党人结盟六年之后，他竟又一次重复这个预言。有一回和冯雪峰闲聊，谈着谈着，他突然用玩笑式的语气说："你们来了，还不是先杀掉我？"冯雪峰愕然，赶忙摇手："那怎么会呢，那怎么会呢……"[2] 这位老实的年轻人，太不理解鲁迅了。

充军西伯利亚也罢，杀头也罢，这都是对于将来的假设，可就在上海，在文学界，鲁迅和那些尊他为领袖的共产党人，还有更直接的矛盾在。它的起因就是"左联"。严格说起来，这其实是一个仓促建立的组织，鲁迅和创造社、太阳社那些年轻人正在报刊上战得昏天黑地，共产党的领导人却出来调停，强拉双方坐到一张桌子边上来当战友，你想想，倘不是出于"大敌当前"式的利害考虑，彼此怎么肯这样克制？因此，即便表面上是握手言和了，鲁迅也好，那批激进的青年也好，心里的不快依然梗着，不但鲁迅依旧讨厌成仿吾，蒋光慈也依旧看不上鲁迅，就是钱杏邨，他可以服从命令，不再写文章骂鲁迅，但在心里，他却并不认错，直到"左联"成立以后，他都一再说，他看不出前两年批评鲁迅有什么错。这也难怪，鲁迅和这批年轻人，思想上完全是两路人，鲁迅看他们是浅

〈1〉 鲁迅：《"醉眼"中的朦胧》，《三闲集》，人民文学出版社1958年版，第54页。

〈2〉 陈琼芝：《为什么鲁迅没有加入中国共产党》，丁锡根：《鲁迅研究百题》，湖南人民出版社1981年版，第562页。

薄做作，他们看鲁迅则是落伍守旧，这样两种人蹲在一条壕堑里，磕碰还会少吗？

就在"左联"成立的第一天，矛盾就暴露出来。鲁迅在成立大会上讲话，依然批评创造社和太阳社"专事于吹擂"，"力量实在单薄"[1]；听者中间的那些年轻人，则有好几个在会后公开指责："他说的还是这些话！"[2] 所谓"还是这些话"，不单是指鲁迅依旧记仇，也指他老生常谈，说不出一句新鲜话。几个月后，在那次为鲁迅祝寿的集会上，鲁迅刚讲完，一位年轻人就摇着头对身边的人说："这太令人失望啦！……他对无产阶级文学的态度，使青年人为之沮丧……"[3]

这些都还是一般的思想上的分歧，说过也就算了。随着鲁迅逐渐介入"左联"的领导工作，他和一些共产党人的矛盾，因为掺进了具体的人事纠葛，变得日益尖锐。比方说，原先共产党人拟定的"左联"发起人名单中，是没有郁达夫的，因为鲁迅很诧异"怎么没有郁达夫"，才勉强添补上。可郁达夫这个人，身上实在没有多少"左翼"的气味，平常处世，倒多半是一派名士风度，散漫而冲动。他很少参加"左联"的活动，后来还干脆写了一封信给"左联"的实际主持人，说他不能常来开会。"左联"和它隶属的"中国左翼文化界总同盟"的实际主持人，都是组织性颇强的共产党员，怎么能容忍这件事？一怒之下，就把郁达夫开除了。这自然使鲁迅极不高兴，你们怎么能把我介绍的这样一位文坛宿将，随意开除呢？到1932年，因为批评"左联"刊物《文学月报》上的一首

〈1〉 鲁迅：《对于左翼作家联盟的意见》，《二心集》，人民文学出版社1958年版，第37页。

〈2〉 冯夏熊：《冯雪峰谈"左联"》，《新文学史料》1980年第1辑。

〈3〉 戈宝权：《史沫特莱回忆鲁迅》，薛绥之主编：《鲁迅生平史料汇编（第五辑）》，天津人民出版社1986年版，第435页。

诗，鲁迅又得罪了这份刊物的主编周扬。偏巧从第二年开始，周扬成为"左联"中的共产党负责人，于是鲁迅和周扬的个人矛盾，就演化为他和"左联"中一群共产党人的矛盾。说起来也是冤枉，鲁迅之所以要批评那首诗，正是听了"左联"中另一位共产党人冯雪峰的建议。就这样，他当初和创造社、太阳社那批年轻人之间的一点意气，和现在他与"左联"中共产党人的矛盾，和这些共产党人自己之间的矛盾，纠缠成一团，怎么也解不开了。

既然解不开，矛盾就势必逐渐激化。1933 年春，"左联"的四位成员联名发表文章，替《文学月报》上的那首诗辩护，斥责鲁迅是"右倾机会主义"，是"戴着白手套的革命家"。[1]1934 年，又有一位"左联"的青年成员化名"林默"，说鲁迅当时在报纸副刊上发表的短文是"花边文学"，"往往渗有毒汁……"[2]也就在这一年，周扬等人以"内奸"的嫌疑，革去了与鲁迅较为亲近的胡风的左联书记的职务，这令鲁迅非常不满。本来胡风当书记时，他每月捐 20元钱作"左联"刊物的印刷费，周扬们这么一搞，他就不捐了。于是周扬在背后说鲁迅"吝啬"，这话后来传入鲁迅耳中，自然更添一份厌恶。到 1935 年夏天，又有一位"左联"中的共产党员化名指责鲁迅，说他和敌人"调和"，而使追随他的青年人"死得不明不白"。[3]攻击的言辞，是一次比一次激烈了。

类似这样的事情，当然不止我举出的这几件；鲁迅又特别敏感，几乎每一次都能猜出化名攻击者的真实面目，他的反击，就往往相当厉害。当初你成仿吾骂我是"有闲，有闲，还是有闲"，我就干脆

〈1〉 冯夏熊：《冯雪峰谈"左联"》，《新文学史料》1980 年第 1 辑。
〈2〉 林默：《论"花边文学"》，1934 年 7 月 3 日上海《大晚报·火炬》。
〈3〉 绍伯：《调和》，1935 年 8 月 31 日《大晚报·火炬》。

将 1927 年至 1929 年的杂文集名为《三闲集》，且在序言中指明，这是"射仿吾也"。你林默扣我一顶"花边文学"的帽子，我就干脆摘来做这些短论的总名，而且也在序言中指明："这一个名称，是和我在同一营垒里的青年战友，换掉姓名挂在暗箭上射给我的。"[1]他更用种种不指名的方法，回敬周扬和他的同志。譬如编自己和许广平的通信集，他就屡屡在旧信中插进新的议论，像 1925 年 6 月 13 日的那一封，原就有自己和青年人合作而总无好结果的慨叹："每每终于发见纯粹的利用，连'互'字也安不上，被用之后，只剩下耗了气力的自己而已"，鲁迅这回重抄时，就特意添写道："有时候，他还要反而骂你；不骂你，还要谢他的洪恩。"[2]这就明显是针对周扬那一类人，是借昔日的牢骚，来纾遣今天的不满了。有时候，他甚至将这种不指名的斥责直接送到那化名攻击他的人面前，譬如他知道了是田汉化名攻击他，就在寄给田汉当主编的《戏》周刊的文章中，直截了当地写道："倘有同一营垒中人，化了装从背后给我一刀，则我的对于他的憎恶和鄙视，是在明显的敌人之上的。"[3]

鲁迅是个记仇的人。1912 年在南京，他和朋友寻访旗营旧址，只见一片烧黑了的断壁残垣，几个满族老妇人如小鼠般蛰居其内，情景非常悲惨，可他谈起当年骑马过旗营时遭受的辱骂，语气间仍有余恨。对时隔多年的往事，尚且如此，现在和"左联"中那批共产党人的矛盾，可谓旧隙添新怨，他的怒气就更难以抑制了。偏偏周扬那些年轻人，血气方刚，对鲁迅的不满还有增无减。1936 年春天，他们按照来自"共产国际"内的中共代表的指示，突然将"左

〈1〉 鲁迅：《序言》，《花边文学》，人民文学出版社 1958 年版，第 1 页。

〈2〉 鲁迅：1925 年 6 月 13 日致许广平信，《两地书》，人民文学出版社 1959 年版，第 71 页；并王得后：《〈两地书〉研究》，天津人民出版社 1982 年版，第 35 页。

〈3〉 鲁迅：《答〈戏〉周刊编者信》，《且介亭杂文》，人民文学出版社 1958 年版，第 112 页。

联"解散，另外建立一个几乎将上海文学界的各种头面人物都包括在内的"文艺家协会"，又提出"国防文学"的口号，取代原先的"无产阶级文学"——几乎是一个急转弯。在这整个急转弯的决策过程中，鲁迅身为"左联"盟主，明确表示反对，却毫无作用，周扬们只是派人将自己的决定通知他，并不管他是否赞同。这无疑是火上浇油，惹得鲁迅大怒了。

他向来就讨厌别人利用他，虽然一次次压下火气，重新与人合作，这火气却不会消散，反而因为在内心重叠积压而酿成更大的爆破性。周扬们这一次解散"左联"，恰恰在这一点上激怒了鲁迅：当初你们三番五次来找我，一定要按我坐在"左联"的第一把椅子上，现在却说解散就解散，完全无视我的意见，这太过分了吧？你们这样对待我，我又何必再和你们搅在一起呢？于是，他先对替周扬传话的茅盾说："对他们这班人，我早已不信任了！"[1] 又写信通知他和周扬之间的另一名传话人徐懋庸："我希望这已是我最后的一封信，旧公事全都从此结束了。"[2] 他坚决不参加那个"文艺家协会"，还公开提出"民族革命战争的大众文学"作为旗帜，竖在周扬们的"国防文学"的对面。当收到徐懋庸因此写来的批评的信，责备他"助长着恶劣的倾向"时，他更怒不可遏，对朋友说："写这信的虽是他一个，却代表着某一群。"[3] 他针锋相对，写了一封措辞严厉的回信，还送出去公开发表。在这封信中，他斥责周扬们"大半不是正路人"，是"借革命以营私"，甚至说，他"怀疑过

---

〔1〕 茅盾：《我和鲁迅的接触》，周建人等：《我心中的鲁迅》，湖南人民出版社1979年版，第129页。

〔2〕 鲁迅：1936年5月2日致徐懋庸信，《鲁迅书信集》（下卷），人民文学出版社1976年版，第989页。

〔3〕 鲁迅：1936年8月28日致杨霁云信，同上书，第1029页。

他们是否系敌人所派遣"！⁽¹⁾直到逝世前一个月，病在床上，他还写信向朋友表示："这里的有一种文学家，……他们自有一伙，狼狈为奸，把持着文学界，弄得乌烟瘴气。我病倘稍愈，还要给以暴露的，那么，中国文艺的前途庶几有救。"⁽²⁾简直是将斗争的主要矛头，指向这群年轻的共产党人了。

可这样一来，他的处境就非常尴尬。他已经和国民党政府为敌，现在又和身边的盟友决裂，他该怎么办？是干脆采取绥惠略夫式的"独战"的立场，对社会上的所有黑暗——不管它在朝还是在野——宣战，还是努力缩小这个决裂的影响，依旧坚守原来的战位？看起来，他是采取了后一方法。他依旧将官方视为主要的敌人，在公开的场合，只要有可能，就尽力隐瞒自己和那些共产党人的矛盾。这样做当然很苦，他在私人通信中忍不住要抱怨："我不敢对别人说关于我们的话，对于外国人，我避而不谈，不得已时，就撒谎。……此所谓'哑子吃黄连'——有苦说不出也。"⁽³⁾不过，抱怨归抱怨，那"我们"和"别人"的内外界限，还是分得相当清楚。

当然，矛盾越演越烈，最后总是掩不住；即使能够掩饰住，也只是瞒过别人的眼睛，并不能消除鲁迅自己的疑惑，因此，他一面对别人"撒谎"，一面又暗暗地向自己解释。他会说，共产党内并不是只有成仿吾和周扬这样的人，也还有瞿秋白和冯雪峰这样的人；他也会说，周扬们都只是青年知识分子，并非真正的无产阶

〈1〉 鲁迅：《答徐懋庸并关于抗日统一战线问题》，《且介亭杂文末编》，人民文学出版社1958年版，第56页。

〈2〉 鲁迅：1936年9月15日致王冶秋信，《鲁迅书信集》下卷，人民文学出版社1976年版，第1038页。

〈3〉 鲁迅：1935年9月12日致胡风信，同上书，第878页。

级，他们虽然不成器，却并不证明他对"无产者"的"将来"的信仰也不能成立；他更会说，这些人其实和他以前领教过的那种激进青年——如高长虹之类——是差不多的人，甚至和他深恶的那批绅士学者也有许多相通的地方……我相信，多半正是类似这样的自我辩解，使他在给徐懋庸的公开信中，能那样明确地将周扬们和"革命"区分开来，说他们是在"借"革命以营"私"；我甚至猜想，他之所以要添上"怀疑过他们是否系敌人所派遣"这样的重话，除了发泄怒气，也是为了再次强调这个区分吧。为了稳住自己的战斗立场，他真是煞费苦心。

但是，他再怎么说，也不能否认这样一个事实：成仿吾和钱杏邨也好，周扬和徐懋庸也好，他们都是向国民党官方做坚决斗争的共产党人，在基本的政治态度上，正和自己大致相同。因此，即便"左联"被他们解散了，他依然得承认他们是"革命者"，就在给徐懋庸的那封信中，他那样痛斥周扬，最后也还是要补充一句：这个人"也许别有他的优点。也许后来不复如此，仍将成为一个真的革命者"。有位青年人向他询问是否该加入那个代替"左联"的"文艺家协会"，他回信说："我看他们［指周扬等人］倒并不见得有很大的私人的企图，不过或则想由此出点名，……"[1]语气就颇为谨慎。他其实心里明白，他对周扬们的最大的恶感，是因为他们明明不尊重他，却又要借重他，利用他，可恰恰在这一点上，他们的做法有相当的代表性，李立三找他提要求，不就是如此吗？话再说回来，倘是一个满身绿林气的造反者，他对鲁迅这样的知识分子，又怎么会有真正的尊重呢？

所以，他和周扬们的矛盾，其实是体现了一个试图坚持精神独

---

〔1〕　鲁迅：1936 年 5 月 25 日致时玳信，《鲁迅书信集》下卷，第 1003 页。

立、自尊自重的知识分子，和一个讲究实际利害、在手段上非常灵活的政治集团的矛盾。因为面临共向的敌人，他们似乎是联合了，但在骨子里，他们其实是两路人。1934年年底，他对朋友说："最可怕的确是口是心非的所谓'战友'，……为了防后方，我就得横站，不能正对敌人，而且瞻前顾后，格外费力。"[1]明知道那些人口是心非，并非真正的战友，却依旧视他们为自己的后队，依旧想"正对"前面的敌人：他确实是不愿意放弃原先的立场。可是，你仔细体味一下那"横站"的含义，想象一下他"瞻前顾后"的身姿，这和绥惠略夫式的绝望的独战，又相差多少呢？一旦意识到，这样的社会战场上的尴尬境遇，已经很难化解，他就是再不情愿，大概也不能不怀疑，自己是又一次陷入穷途了吧。

　　自去日本留学开始，鲁迅一次又一次地压制住失望和沮丧的情绪，重新上路去开辟通途。可是，三十年跋涉下来，竟还是落入此路不通的困境，他的奋斗意志再坚韧，恐怕也难以为继吧。他内心的创伤已经那样深刻，种种颓唐、猜疑的病态情绪，一直在心头翻腾不已，再添上"左联"内讧这么个大刺激，他几年来苦苦营造的奋斗者的心态，自然就会开始崩塌。越是看清楚自己的真实处境，他就越不自觉地会往魏连殳式的思路上退缩。不但看清楚民众的"虚伪"，重新用大力鞭挞他们，也不但厌恶成仿吾和周扬那一类共产党人，公开和他们拉开距离，他这厌恶的范围还日益扩大，有时候简直是要网住他见到的多数文人和青年了。

　　他加入"左联"的最初两年，常常指摘北京的文人。他多次批评未名社的几位年轻成员；也用了刻毒的语气，在私人通信中贬斥当年办《语丝》的一批老朋友。他对胡适的不满，也在这个时候公开爆发，不但在北京对大学生演讲时，直截了当地指斥胡适，还在上海的报刊上发表文章，接二连三地攻击他。倘借用当时流行的"京派""海派"的名称，你可以说他正是背靠"海派"，一径向着"京派"开火的。可是，他这个姿态很快就变了。1932年冬天，他从北京写信给许广平，对京沪两地文人的评价就几乎翻了一个个儿："此地人士，似尚存友情，故颇欢畅，殊不似上海文人之反脸不相识也。"[1]半年以后更愤愤地说："我与中国新文人相周旋者十余年，颇觉得以古怪者为多，而漂聚于上海者，实尤为古怪，造谣生事，害人卖友，几乎视若当然，而最可怕的是动辄要你生命。"[2]掷向"海派"文人的愤怒，是明显超过了对"京派"的。

也就从这个时候起，他不但和周扬那些人越闹越僵，与别的人也屡起冲突。譬如为了办《译文》，就和生活书店的邹韬奋、胡愈之等人大吵一架，不欢而散。到1936年，"左联"解散以后，他又对傅东华、王统照这样的态度相当温和的作家，甚至对茅盾，也渐生不满，在给朋友的私人通信中，就屡次用严厉的口气，将他们和周扬排在一起，依次批评过来。说起来，邹韬奋们也好，王统照们也好，可以说是文学和文化界中，除共产党人之外，在社会政治立场上与他最接近的人，他对他们都心存不满，也就很难再找到别的同道了。

不但常常怒视周围的文人，他对一般青年的态度，也和几年前明显不同。先前对廖立峨那样的人，他是那样宽容，可现在呢，遇

〈1〉 鲁迅：1932年11月23日致许广平信，见王得后：《〈两地书〉研究》，天津人民出版社1982年版，第238页。

〈2〉 鲁迅：1933年7月8日致黎烈文信，《鲁迅书信集》上卷，人民文学出版社1976年版，第386页。

见向他求助的青年，倘若口气过分一些，他就会直言拒绝，措辞还很不客气。连对关系相当密切的青年朋友，只要有了不满，也会给他看严厉的面色。譬如叶紫，就因为问鲁迅为什么不给他回信，而得到这样的回答："我现在特地声明：我的病确不是装出来的，所以不但叫我出外，令我算账，不能照办，就是无关紧要的回信，也不写了。"[1] 他甚至断言：

> 今之青年，似乎比我们青年时代的青年精明，而有些也更重目前之益，为了一点小利，而反噬构陷，真有大出于意料之外者，历来所身受之事，真是一言难尽，但我是总如野兽一样，受了伤，就回头钻入草莽，舐掉血迹，至多也不过呻吟几声的。只是现在却因为年纪渐大，精力就衰，世故也愈深，所以渐在回避了。[2]

他这是说得非常坦率了，文人也好，青年也好，他已经没有足够的心力，继续像先前那样与他们交往，维持那一直靠他的热忱和牺牲的自豪感支撑着的积极的关系了。

自从 1930 年 5 月迁出景云里，鲁迅一直过着一种半禁闭的生活。他没有离开过上海一步。有一次，朋友劝他换个地方疗养身体，他竟声调激越地反问："什么地方好去疗养？！"[3] 活现出一股困兽般的烦躁。就是在上海，他的活动范围也很狭窄。除了去居处

---

[1] 鲁迅：1936 年 9 月 8 日致叶紫信，《鲁迅书信集》下卷，人民文学出版社 1976 年版，第 1035 页。

[2] 鲁迅：1933 年 6 月 18 日致曹聚仁信，《鲁迅书信集》上卷，人民文学出版社 1976 年版，第 380 页。

[3] 郑伯奇：《最后的会面》，薛绥之主编：《鲁迅生平史料汇编（第五辑）》，天津人民出版社 1986 年版，第 1099 页。

附近的内山书店，他平常很少出门，也极少去公园或别的什么地方游玩，他家附近就是虹口公园，却一次也没有去过。有时候在夜间出门去看一场电影，便是重大的消遣了。每天的大部分时间，不是坐在写字台边写，就是躺在藤靠椅上看，文字几乎成了他朝夕相对的唯一伴侣。请想一想，像他那样从小就性情活泼的人，就是再喜欢笔墨生涯，要他老是过这样一种生活，也势必觉得憋气吧。

他当然可以自我辟解，说这是为了社会和文学的进步，必然要付的一种代价。但是，唯其如此，来自同一营垒的关怀，文学界的朋友的情谊，青年一代的热烈的关注，就显得特别重要，因为这是对他的精神的补偿，是对他的牺牲价值的证明。可是，在这些方面，他实际收获的，偏偏多是孤独和寂寞。他同辈的老朋友，除了极个别的，大都不同程度地与他疏远了；年轻的朋友中，也少有真让他放心的人。虽然不断地总还有人去找他，他却看得很清楚，他们多半是有求于他。那种与知心友朋品茗饮酒、率性而谈的热烈气氛，他是难得再亲身浸润了。

他忍不住向人叹息："向来索居，近则朋友愈少了，真觉得寂寞。"[1]偶尔有他在东京时期的老朋友来访，他更是免不了抓住他诉苦，详细叙说独战的悲哀，"一切人的靠不住"[2]。1936年秋天，两位年轻的日本姑娘慕名去拜访他，他更不由自主地显出特别热烈的愉快和欢迎，直到许广平递给他体温表，他拿着往嘴里送的时候，还在不停地说话；她们起身告辞了，他却一再挽留，还说要送杂志给她们——我简直能够想象出他当时的殷切的神情，在那背后，正

---

〔1〕 鲁迅：1934 年 4 月 12 日致姚克信，《鲁迅书信集》上卷，人民文学出版社 1976 年版，第 524 页。

〔2〕 许寿裳：《亡友鲁迅印象记》，人民文学出版社 1953 年版，第 88 页。

隐藏着对于孤独寂寞的深深的恐惧。

　　付出了蛰居囚笼式的生活代价，却换来比当年在绍兴会馆更加难挨的孤独和寂寞，当夜深人静，独坐桌前的时候，他会怎样想呢？ 1935年，他吟出了这样一首诗："曾惊秋肃临天下，敢遣春温上笔端。尘海苍茫沉百感，金风萧瑟走千官，老归大泽菰蒲尽，梦坠空云齿发寒。竦听荒鸡偏阒寂，起看星斗正阑干。"[1]身外是肃杀和萧瑟，心中是无可归依的惶惑，星斗已经西斜了，却还听不到报晓的鸡啼：他是深深陷在一种前途渺茫、身心疲惫的情绪里了。也就在写这首诗的同时，他对一位日本朋友说："近来不知是由于压迫加剧，生活困难，还是年岁增长，体力衰退之故，总觉得比过去烦忙而无趣。四五年前的悠闲生活，回忆起来，有如梦境。"[2]

　　他所说的"四五年前"，就是指1930年代初，他当时正经历严重的精神危机，也已经遭遇了一连串不愉快的刺激，心里其实是惶惑不安的。但是，他毕竟还没有过深地卷入政治斗争的旋涡，无论外出还是居家，心境都要比现在从容得多；客厅里又经常是高朋满座，儿子则刚刚出生，正以无保留的天真使他初尝为父的欢愉，生活确实称得上悠闲。因此，当他现在被各种紧张、"横站"、寂寞和索居的痛苦团团围住的时候，会情不自禁地将那时的生活称为"梦境"，也就十分自然。晚年竟会陷入这样的困境，他当初是没有想到的；唯其没有想到，一旦看清楚自己的现状是如此尴尬而无趣，他就本能地会起后悔之念，会觉得没意思，太不值得。他毕竟已入老年，即便同是那些事，他年轻时能够承受和背负，现在却似乎超

〈1〉　鲁迅：《亥年残秋偶作》，周振甫编注：《鲁迅诗全编》，浙江文艺出版社1991年版，第221页。

〈2〉　鲁迅：1935年6月10日致增田涉信，《鲁迅书信集》下卷，人民文学出版社1976年版，第1225页。

过他的承受的界限，令他禁不住要怀疑，自己是不是又一次选错了路？一个人起了这样的疑心，就会不自觉地往回望，像鲁迅这样屡陷歧路的人，他对此刻的"是不是走错了"的怀疑，更难免唤起昔日的那些同类的怀疑，互相激励，汇成一团更大的阴郁的心境。在我看来，鲁迅那"有如梦境"的叹息，是将他对自己这些年处世选择的隐约的后悔之情，相当触目地表现出来了。

不能再维持先前那样的奋斗者的心态，鲁迅的处世方式自然会有所改变。从1933年开始，他似乎越来越不愿意再像1930年代初那样卖力地冲锋呐喊了。他自己解释说：

> 我的文章，也许是《二心集》中比较锋利，因为后来又有了新经验，不高兴做了。……最令人寒心而且灰心的，是友军中的从背后来的暗箭；受伤之后，同一营垒中的快意的笑脸。……我倒没有什么灰心，……然而好像终竟也有影响，不但显于文章上，连自己也觉得近来还是"冷"的时候多了。[1]

非但不愿意再傻乎乎地一个人打头阵，而且也不愿意再像先前那样认真，一意要与对手决出胜负："若与此辈理论，可以被牵连到白费唇舌，一事无成，也就是白活一世，于己于人，都无益处。"[2]似乎是明确要改变老脾气，洒脱一下了。

不再一味呐喊，那做什么呢？他能做的，无非还是那两样：或者

---

[1]　鲁迅：1935年4月23日致萧军、萧红信，《鲁迅书信集》下卷，人民文学出版社1976年版，第802页。

[2]　鲁迅：1934年6月21日致郑振铎信，《鲁迅书信集》上卷，人民文学出版社1976年版，第585页。

写小说，或者做研究。其实，自到上海以后，他一直都想再捡起这两件事。就在最热烈地鼓吹"无产阶级文学"的时候，他对自己那并非无产阶级的创作，也始终抱有信心。1931年他说："在现在中国这样的社会中，最容易希望出现的，是反叛的小资产阶级的反抗的，或暴露的作品。"[1]两年以后，他又借恩格斯的话，强调非无产阶级的暴露文学对于"现在的中国"的意义。[2]所以，他一面换着笔名写杂文，一面却暗自盘算着写小说，不但写短篇，还要写中篇，他更两次向别人谈及自己的创作计划，似乎连大致的提纲都已经拟就。

越是看清楚自己在社会斗争中的境遇的尴尬，在杂文和小说之间，他内心的砝码还越会向后者倾斜。你看1934年秋天，他替自己的写杂文辩护，说了一大通理由，最后却长叹一声："呜呼，'世无英雄，遂使竖子成名'，这是为我自己和中国的文坛，都应该悲愤的。"[3]一种极为复杂的内心隐痛，几乎要溢出纸面，你当可想象，他这样叹息的时候，一定是记起了那些已经在腹中成就雏形，却又先后流产的短篇和中篇小说吧。

至于学术研究，他的态度也一样，心境越"冷"，就越想专心去做。1932年他就向许广平提议，是不是找个安静的地方专心著书。一年以后，又力劝一位感慨社会堕落的朋友："大可以趁此时候，深研一种学问，古学可，新学亦可，既足自慰，将来亦仍有用也"[4]，将他自己想做研究的用心，和盘托出。也就从这个时候起，他屡次计划要排除"琐事"，"专事创作或研究文学史"。他还明确

〈1〉　鲁迅：《上海文艺之一瞥》，《二心集》，人民文学出版社1958年版，第90页。

〈2〉　鲁迅：《关于翻译》，《南腔北调集》，人民文学出版社1958年版，第113页。

〈3〉　鲁迅：《后记》，《准风月谈》，人民文学出版社1958年版，第183页。

〈4〉　鲁迅：1933年12月27日致台静农信，《鲁迅书信集》上卷，人民文学出版社1976年版，第470页。

地说，这是一种对进取之人生放弃希望之后的自保："往往自视亦如轻尘，然亦偶自摄卫，以免为亲者所叹而仇者所快。"[1] 将写小说和做研究都归之为这样的一种"自摄卫"，他七八年前的那个"顾自己苦苦过活"的老念头，显然又浮上了他的脑际。

不仅如此。到了 1935 年，他甚至产生一种冲动，要从那政治斗争的战场上整个撤下来。在一封给朋友的通信中，他举出几个"战友"从背后打冷枪的例子，愤愤地说：

> 从今年起，我决计避开一点，我实在忍耐不住了。……短评，恐怕不见得能做了，虽然我明知道这是要紧的，我如不写，也未必另有人写。但怕不能了。一者，检查严，不容易登出；二则我实在憎恶那暗地里中伤我的人，我不如休息休息，看看他们的非买办的战斗。[2]

1936 年春末，他又写出同样意思的信，先是介绍周扬等人如何围攻他，然后感慨道："近来时常想歇歇"。[3]

进入 1930 年代以后，他一直把与官方的对抗，看成自己最重要的生存奋斗，可现在，他竟愤激得连这个奋斗也要丢开，他对这些年整个人生选择的自我怀疑，那觉得一切都无谓无趣的消沉情绪，明显在内心占了上风。当然，他并没有将这些冲动全部付诸实践，也没有真从政治斗争的战场上完全退出，有时候，他甚至还像

---

〔1〕 鲁迅：1933 年 12 月 27 日致台静农信，《鲁迅书信集》上卷，人民文学出版社 1976 年版，第 470 页。

〔2〕 鲁迅：1935 年 2 月 7 日致曹靖华信，《鲁迅书信集》下卷，人民文学出版社 1976 年版，第 749 页。

〔3〕 鲁迅：1936 年 5 月 14 日致曹靖华信，同上书，第 999 页。

从前那样冲锋陷阵，一点都不退缩。他已经那样深地陷入与官方的政治对抗，事实上也很难轻易地退出。但是，就在这样的情况下，他内心仍然一阵阵涌上这么些撤退的冲动，他仍然那么认真地一次次下决心，要排除身外的干扰，返回小说家和学者的书房，我实在忍不住要说，那个在1930年代初似乎被他赶开了的虚无主义的"鬼气"，又卷土重来，堂而皇之地坐进了他的心中。"唯无产者才有将来"的信仰也好，和共产党人的结盟也好，最后都不能帮助他走出自己的精神危机，反而推他在这危机中陷得更深了。

第十九章　《死》

鲁迅老得很快。

他的身体越来越差。自从 1928 年 5 月那场大病以后，肺结核与肋膜炎一直纠缠着他。他经常发烧，咳嗽，开始还能靠服药抑制，后来是服药也不行了，1934 年秋末，他的低烧竟持续了一个月。人日渐消瘦，颧骨凸起，甚至牙龈都变了形，和原先装就的假牙配不拢，不得不请医生再做矫正。到 1936 年春天，他的体重降到 38 公斤，穿着棉袍子在街上走，仿佛一阵风就能将他吹倒。有一次朋友聚会，与他交往并不多的美国记者史沫特莱，凭直觉就发现他的健康状况非常糟糕。她请来当时上海最好的一位肺病专家作诊断，那美国医生仔细地检查之后，神色严峻地说，鲁迅的肺病非常严重，倘是欧洲人，五年前就会死掉了。说得史沫特莱当场流下了眼泪。

到这一年夏天，他甚至连陪客人吃完一顿饭的力气都没有了。日本朋友增田涉专程从日本赶来探望他的病情，他便请增田涉吃午饭，可是，他勉强吃了一点点，就站起来说："我累了，上楼去休息，你慢慢吃罢"，即由许广平扶着，慢慢地走上楼去。留下增田涉一个人，陷入不可抑制的忧虑和悲伤。[1]

〈1〉　增田涉：《鲁迅的印象》，薛绥之主编：《鲁迅生平史料汇编（五）》，天津人民出版社 1986 年版，第 1042 页。

衰老不只是关乎生理，它更影响心理。随着健康状况的恶化，鲁迅心理上的衰弱也日渐明显。他对物质生活条件的依赖越来越大了。中国人向来就有一种将舒适与自强对立起来的观念，孟子那一段"天将降大任于斯人也……"的名言，就是这种观念的经典表述。直到鲁迅的老师章太炎写《救学弊论》，还这样断言："凡学者贵其攻苦食淡，然后能任艰难之事，而德操亦固。"[1] 这一套观念对鲁迅影响颇大，他在北京时就常说，独身者生活不能太安逸，生活太舒服了，工作就会为生活所累。所以，一直到与许广平同居，他都有意保持一种清教徒式的生活，冬天床上只垫一层薄薄的棉褥，也从不购置沙发之类松软的坐具。他日常的不修边幅，冬天的不穿棉裤，虽都有具体原因，但这种自奉俭朴以固德操的观念，显然是更为深层的依据。

可是，自到上海以后，身边有了许广平那一双手的细心照料，他这种其实是偏颇的观念，便难免发生动摇。随着年龄渐大，身体日衰，青年人的逞性之情逐渐减弱，他对物质享受的排斥态度，更是趋于软化。每当在家中请客，桌子上排开五六个菜，热气腾腾，香味四溢，再斟上一杯浓醇的黄酒，他的神情立刻就会变得欢快起来。虽然在举筷的同时，他偶尔也会说："过着这样的生活，是会软弱的"，但他说话时的愉快的神态，早已经戳穿了这话的字面的伪装：他其实是一直都喜爱这样的享受，也甘愿"软弱"一下子的。[2]

再往后，他在观念上也开始变了。有一次与朋友闲谈，他就批

〈1〉 章太炎：《救学弊论》，《章太炎全集（五）》，上海人民出版社1985年版，第100页。

〈2〉 增田涉：《鲁迅印象记》，山东师范学院聊城分院编印：《鲁迅在上海（三）》，1979年版，第93页。

评章太炎《救学弊论》中的那段话："这话诚然不错，然其欲使学子勿慕远西物用之美，而安守其固有之野与拙，则是做不到的，因为穷不是好事。"[1] 以他那样聪颖的头脑，谁能想到，他在这方面竟曾是如此偏执，一直要到健康很差了，肉体对意志的牵坠日益沉重，才放弃那种清教徒式的生活态度！

当然，唯其是相当被动地放弃，他对自己目前的物质生活，就有一种相当大的依赖。一旦发现这生活有可能改变，内心就会觉得不安。你一定记得，他与许广平相爱的时候，是怎样为了她的牺牲而感到内疚，可到这时候，他却顾不上这些了。有一次，几个朋友鼓动许广平参加社会活动，许广平也怦然心动，似乎是想答应，他竟当着那鼓动者的面，沉下脸来说："广平你不要出去！"[2] 他何尝不知道男女平等的道理，也何尝不了解许广平那热心社会活动的性格，要她整日在家里相夫教子，安排起居，她会觉得多么憋气。可是，他已经离不开女人对他的照料，已经无力独自填补放许广平跨出家庭之后的生活空白了。我觉得，他这一次拦阻许广平的粗暴态度，是将他心理上的不自觉的软弱，表现得再明白也没有了。

从青年时代起，鲁迅一直扮演一个被别人依赖的角色。可是，他现在自己成了一个依赖者，再要维持原先的角色，就自然非常吃力。在 1930 年代初，他还没有明显感觉到这一点，与人谈论自己揽妻携子的新生活，口气相当自信："我本来想过独身生活，因为如果有了孩子，就会对人生有所牵挂。可是现在我的思想成熟了，

<hr />

〈1〉 许寿裳：《亡友鲁迅印象记》，人民文学出版社 1953 年版，第 88 页。
〈2〉 吴似鸿：《关于鲁迅先生的片断回忆》，绍兴鲁迅纪念馆编印：《乡友忆鲁迅》，1986 年版，第 164 页。

觉得应该像这样生活。"[1] 但很快，他就感觉力不从心了。譬如在经济上，他肩上的担子就太重，以致他屡次叹气，说以前没有积下足够的钱。他更痛感到，要继续像这样扶老携幼，四面招呼，在心理上也开始难以承受。他当初指斥国人，说他们只会生，不会养，现在他自己有了儿子海婴，在教养上自然就格外用心。为了助长孩子的天性，他甚至到了只要有可能，便不拂逆海婴的心意的地步。可他一共才那么一点生活空间，过去不拂逆母亲，现在又要不拂逆儿子，那能够拂逆的，便只有自己的意愿了。这自然令他苦恼，于是他一面行着孝子慈父的劳役，一面又忍不住发牢骚："负担亲族生活，实为大苦，我一生亦大半困于此事，以至头白，前年又生一孩子，责任更无了期矣。"[2]

由新担子的不堪承当，他甚至对老担子也发生怨气，有一次母亲为家用向他抱怨，他竟用相当激烈的口气回信："其实以现在生活之艰难，家中历来之生活法，也还要算是中上，倘还不能相谅，大惊小怪，那真是使人为难了。"[3] 他还把这怨气发散进了公开的文章。在《伪自由书》的前记里，他叙述自己为什么向申报的"自由谈"专栏投稿，笔锋一转，就扯出了那失母并非坏事的老话："我向来的意见，是以为倘有慈母，或是幸福，然若生而失母，却也并非完全的不幸，他也许倒成为更加勇猛，更无挂碍的男儿的。"[4] 到1935年春天，他甚至连母亲想到上海来住一段时间，也感觉麻烦，对朋友抱怨说："不久，我的母亲大约要来了，会令我连静静的写

〈1〉 长尾景和：《在上海"花园庄"我认识了鲁迅》，沈尹默等：《回忆伟大的鲁迅》，新文艺出版社1958年版，第212页。

〈2〉 鲁迅：1932年6月5日致台静农信，《鲁迅书信集》上卷，人民文学出版社1976年版，第309页。

〈3〉 鲁迅：1933年7月11日致鲁瑞信，同上书，第388页。

〈4〉 鲁迅：《前记》，《伪自由书》，人民文学出版社1958年版，第2页。

字的地方也没有。中国的家族制度，真是麻烦，就是一个人关系太多，许多时间都不是自己的。"[1]

当然，就像他一面宣告要撤下战场，一面却依然继续呐喊一样，他现在也是一面抱怨，一面却继续硬撑着负担亲族之累。他这许多牢骚和不满，大都只在嘴上说说，心里想想，并没有真将这些担子都从肩上除下。但是，他已经无力在内心将这不堪重负的怨苦自己化解，他常常要靠发泄它们来维持心理的平衡，你从这一面，不正可以看出他的承受力的减弱，他的精神弹性的日渐消失吗？

精神失了弹性，脾气就越来越坏。他从来就不是平和的人，现在是更容易动怒了。在1935年和1936年，无论是斥责"左联"内的那批共产党人，还是批评他看不惯的其他文人和青年，他用词常常那样极端，神色那样决绝，就说明他的自我控制能力，是消退得相当厉害。尤其在家里，他更容易失去控制。他忍不住要对许广平发火，而更多的时候，是独自一人沉着脸生闷气，甚至躺到阳台的水门汀地面上，长时间地不理睬人。有一次与朋友通信，他就毫不掩饰地发泄对许广平的不满："连孩子来捣乱，也很少有人来领去……"[2] 我想，倘若能克制住心中的怒气，他一定不会愿意露出这种老太爷式的嘴脸吧。

越到晚年，他和许广平的精神沟通似乎越是减弱，彼此的不满也逐渐发展，这除了两人在年龄、智力和性情上本来就有差异，他在晚年的精神失去弹性，性格中的一些病态倾向日益显露，也是一个重要的原因。社会上一片黑暗，家中又如此情景，他的心绪，是

〈1〉 鲁迅：1935年3月19日致萧军信，《鲁迅书信集》下卷，人民文学出版社1976年版，第778页。

〈2〉 鲁迅：1935年7月29日致萧军信，同上书，第853页。

一天比一天坏了。请看他 1935 年给一位日本朋友的信：

> 上海已进入梅雨期，天气恶劣不堪。我们仍健康，只是我
> 年年瘦下去。年纪大了，生活越来越紧张，没有法子想。朋友
> 中有许多人也劝我休息一二年，疗养一下，但也做不到。……
> 前次惠函中曾提及天国一事，其实我是讨厌天国的。中国的善
> 人们我大抵都厌恶，倘将来朝夕都同这样的人相处，真是不堪
> 设想。[1]

这段语的几乎每一个字，都发散出怨怒之气，即便开点玩笑，也是
沉重不堪，似乎凡是他思绪所及之处，都那样无趣和可厌，满世界
就没有一件事情，能让他觉得宽怀。一个月以后，他更公开说：
"在这样的时候，心绪不能不坏。"[2] 连自己都觉得理当如此了。

心中满装着这样恶劣的心绪，他对人世的态度自然更趋激
烈。也就从 1935 年开始，他笔下传出了越来越响亮的憎的鼓吹。
从"文人不应该随和；……他得像热烈地主张着所是一样，热烈
地攻击着所非"[3]，到"能杀才能生，能憎才能爱，能生与爱，才
能文"[4]，语气是越来越激烈，直到说出这样的话："假使我的血肉
该喂动物，我情愿喂狮虎鹰隼，却一点也不给癞皮狗们吃"[5]！仿
佛是发誓要憎恨到底。就连品评古今人事，他也常会特别推崇那
"憎"的一面。他分辩说，陶渊明哪里只是一个"采菊东篱下，悠

〈1〉 鲁迅：1935 年 6 月 27 日致山本初枝信，《鲁迅书信集》下卷，第 1229 页。
〈2〉 鲁迅：1935 年 7 月 29 日致曹聚仁信，同上书，第 853 页。
〈3〉 鲁迅：《再论"文人相轻"》，《且介亭杂文二集》，人民文学出版社 1958 年版，第 94 页。
〈4〉 鲁迅：《七论"文人相轻"——两伤》，同上书，第 151 页。
〈5〉 鲁迅：《半夏小集·七》，《且介亭杂文末编》，人民文学出版社 1958 年版，第 106 页。

然见南山"的闲士，他分明还有"刑天舞干戚，猛志固常在"那样怒目金刚式的表情。他又断言，章太炎留给后世的精神遗产，主要不在小学上的成就，而是那以大勋章作扇坠、面诟袁世凯的威风。他甚至强烈地鼓吹报复："被压迫者即使没有报复的毒心，也决无被报复的恐惧，只有明明暗暗，吸血吃肉的凶手或其帮闲们，这才赠人以'犯而勿校'或'勿念旧恶'的格言，——我到今年，也愈加看透了这些人面东西的秘密。"[1] 简直是咬牙切齿了。

他这一生，经历了无数欺凌迫害，对社会和人世的厌憎之心，当然是逐渐加重的。但是，只要有可能，他就总要压制自己的厌憎之心，努力去相信和拥抱人生，你甚至不妨说，他的几乎大部分的精力，都耗费在这自我说明和劝慰之中。然而，他现在老了，再难有那样的心力来压制厌憎之心了，他的精神天平就势必发生倾斜，厌恶的情绪急剧地膨胀起来。1936 年 9 月他写道："欧洲人临死时，往往有一种仪式，是请别人宽恕，自己也宽恕了别人。我的怨敌可谓多矣，倘有新式的人问起我来，怎么回答呢？我想了一想，决定的是：让他们怨恨去，我也一个都不宽恕。"[2] 宁愿背负大堆的"怨恨"离开人世，也不肯稍作宽让之态：他以如此极端的自描来抒发对其"怨敌"的厌恶，显然是一点也不想掩饰对卑劣人世的决绝之情了。

对自己的衰老，鲁迅是非常敏感的，在与许广平同居的最初几年，这几乎成为他一个忌讳的话题。1928 年，冯乃超写文章批评他，他对这批评本身并不重视，但看见冯乃超的文章中有"鲁迅老

〈1〉 鲁迅：《女吊》，《且介亭杂文末编》，第 127 页。
〈2〉 鲁迅：《死》，同上书，第 120 页。

生"的话，这其实是手民的误植，他却非常恼怒，以为是故意讽刺他，以后很长时间，一直耿耿于怀。周扬这一批年轻人背地里称他"老头子"，传到他耳朵里，也引起他强烈的反应。他甚至不愿意多听别人谈论他的病，他觉得这种谈论是对他的衰老的一种提示，"多提示，总不免有些影响"[1]。但是，忌讳也好，不愿听也好，衰老本身却不会停止，它一天一天发展着，在他生活的各个方面显示出来，逼得他又不能不承认它。所以，他尽管强自振作，不肯对人承认自己的病的严重，心里却很清楚，自己的生命之路，是快要走到尽头了。1936年春末，他拿着在东京新印成的瞿秋白的遗著《海上述林》，对许广平宽怀地说："这一本书，中国没有这样讲究地出过，虽则是纪念'何苦'[瞿秋白的别名]，其实也是纪念我"[2]，就在有意无意之间，露出了心底的不祥的预感。

一个人自觉临近了人生之路的尽头，就不免要时时回首，反观已经走过的路。鲁迅又向来有一种习性，一旦对将来失去确信，对现实发生困惑，呐喊的热情消退下来，怀旧的情绪就一定会涌上心头。1920年代中期，他内心的"鬼气"大发作，就有了总名《朝花夕拾》的那一组回忆散文；现在十年过去了，他却又一次坠入虚无感的怀抱，往事的诱惑自然更为强烈。当然，他现在回顾往事的动机，已不像十年前那样单一，不但有填补失去确信之后的空虚的渴望，更有痛感自己来日无多的结账的心愿。1933年盛夏，他由自己成年后再吃到儿时喜爱的食物，却觉得味道大不如前，感慨道："东西的味道是未必退步的，可是我老了，组织无不衰退，味蕾当

〈1〉 冯雪峰：《回忆鲁迅》，人民文学出版社1957年版，第76页。

〈2〉 许广平：《关于鲁迅先生的病中日记》，薛绥之主编：《鲁迅生平史料汇编（五）》，天津人民出版社1986年版，第1073页。

然也不能例外", 这几乎是重复《朝花夕拾》的"小引", 情绪却低沉压抑得多; 他接着更举出"万花筒"为例, 说和五十年前相比, "万花筒的做法, 却分明的大大的退步了"[1], 仿佛要以此推翻前面的慨叹, 那一种不但自己衰老了, 世事也同样是越来越糟的深沉的悲哀, 更显出了衰老对他的怀旧情绪的独特的刺激。大概也就在这个时候, 他决意要再写一组类似《朝花夕拾》那样的回忆散文了。

　　但是, 正因为这一组散文的写作计划, 是来自他对自己衰老的体认, 他就直到1936年, 生命之路的尽头已经向他呈现得非常清晰了, 才真正动笔来写。从这一年的4月到9月, 只要能从病床上爬起来, 他就努力地写,《我的第一个师父》,《"这也是生活"……》,《死》, 还有《女吊》, 一气写了四篇。另有两篇已经打好腹稿, 一篇讲"母爱", 记述他一生承受的伟大而盲目的母爱; 另一篇讲"穷", 表现他怎样从先前的"以穷为好"的观念, 转变到后来的"穷不是好事"的确信。我想, 单从这已经写成和拟就腹稿的篇章, 你也可以看出来, 这一组散文和《朝花夕拾》有多大的不同。《朝花夕拾》里的文章, 大都是单纯的怀旧, 虽然也时时掺杂对现实的感应, 有的地方还散发出强烈的杂文气息, 但那总的意味, 却可以归入"小引"中所谓"思乡的蛊惑"和"旧来的意味"这两句话的。他现在的这组回忆, 自然也有这样的意思, 像《我的第一个师父》和《女吊》, 还有写"母爱"的篇章中的许多描述, 都可以看成是在咀嚼"旧来的意味"。但是,《"这也是生活"……》和《死》, 以及那预备讨论"穷"的篇章, 却恐怕是写《朝花夕拾》时的鲁迅写不出来的, 这是他对自己一生的总结, 是他行将走到终点时的感悟, 是他借着"死"的盾牌, 对这个世界发出的无顾忌的评判, 倘没有走到这一

---

〔1〕　鲁迅:《我的种痘》,《集外集拾遗》, 人民文学出版社1959年版, 第436—438页。

步，他是不会有这样的体会，也写不出这样的回忆的。

《"这也是生活"……》，题目就耐人寻味。这生活是什么呢？他写道：

> 有了转机之后四五天的夜里，我醒来了，喊醒了广平。
>
> "给我喝一点水。并且去开开电灯，给我看来看去的看一下。"
>
> "为什么？……"她的声音有些惊慌，大约是以为我在讲昏话。
>
> "因为我要过活。你懂得么？这也是生活呀。我要看来看去的看一下。"
>
> "哦……"她走起来，给我喝了几口茶，徘徊了一下，又轻轻的躺下了，不去开电灯。
>
> 我知道她没有懂得我的话。
>
> 街灯的光穿窗而入，屋子里显出微明，我大略一看，熟识的墙壁，壁端的棱线，熟识的书堆，堆边的未订的画集，外面的进行着的夜，无穷的远方，无数的人们，都和我有关。我存在着，我在生活，我将生活下去，我开始觉得自己更切实了，我有动作的欲望——但不久我又坠入了睡眠。[1]

他终于悟透了人生，或者说，他终于相信了自己对人生的这一种领悟。从到日本留学的时候起，他在理智上就一直轻视"这样的生活"，国家，社会，启蒙，战斗，反抗专制，歌唱未来，就连绝望

〈1〉　鲁迅：《"这也是生活"……》，《且介亭杂文末编》，人民文学出版社 1958 年版，第 109—110 页。

和颓唐，沉默和虚无，也都是指向个人以外的目标，是对于"它们"的绝望，是被"它们"逼出来的沉默，是看穿了"它们"的虚无，一切全都为着"它们"，几乎所有在语词上是指向"自己"的剖析，其实也是因"它们"而起。鲁迅已经年过半百，却似乎还没有从"自己"的角度认真地打量过生活。"熟识的墙壁……熟识的书堆……这些，在平时，我也时常看它们的，其实是算作一种休息。但我们一向轻视这等事，纵使也是生活中的一片，却排在喝茶搔痒之下，或者简直不算一回事。"[1]

他有这样的轻重取舍，是不奇怪的，几乎从成年开始，他的心胸，就很快被种种来自"它们"的刺激，种种对于"轩辕"的关怀，塞得满满的了，他一辈子自荐于社会和天下，就在自以为退居于个人天地的时候，他其实还是被身外的意义之网笼罩住，不自觉地视这个退居为"不得已"。从这个角度看，他向社会奉献的哪里只是那些文章和思想，他分明是将几乎全部的个人生活，将那些从个人角度展开的对于人生的领略和品尝，统统交了出去！

因此，读到他此刻的这种感悟，我真不知道说什么好。他以这感悟照亮的生活并不狭隘，它一直扩展到"无穷的远方"和"无数的人们"，但和先前的自荐于"轩辕"不同，这生活的起点是在他的"屋子里"，是从"熟识的墙壁"一步一步延伸到"外面的进行着的夜"的，而不是像他以前常常理解的那样相反，以"轩辕"为自己寻获人生意义的起点，因此，他这感悟其实是重排了"生活"的内部结构，是要按一种新的先后顺序，重新体会人生，或者也可以说，是要给自己与"远方"的"有关"，垫进一块真正坚稳的"我"的基石。

---

[1] 鲁迅：《"这也是生活"……》，《且介亭杂文末编》，第109—110页。

就此而言，他终于领悟到了，自然令人庆幸，因为这意味着他终于可能由此体会他此前意识到确实存在的人世的大悲欢，开辟出一片新的生活天地，在他同时和以后，有太多的人活了一辈子，却压根儿就没有看到人生的这一层可能。但是，他直到现在才领悟到，是不是也太迟了？他是被虚无主义引入这样的领悟的，这引路者本身，就不会允许他从这个领悟中汲取生命的大欢乐。更何况现在还来了一个"衰老"，它以人心难以抗拒的力量，从另一面劫持鲁迅的领悟，要将它导入对以往自己的人生选择的深刻的怀疑，和精神上的不自觉的收缩。周作人说他晚年"又有点转到虚无主义上去了"[1]，对这一点正看得相当明白。比起十年前那口口声声谈论"虚妄"和"鬼气"的情形，鲁迅现在对"这样的生活"的感悟，才真正是显示了他的虚无主义的深度吧。他现在不是否定一切，而是努力以新的方式肯定一切，在某种意义上，这样的肯定一切的里面，正埋着通向不可挽回的虚无主义的地道。

人生之路的尽头，自然是死了，鲁迅干脆就用它做了题目。《死》的最令人不安的地方，就是它通篇表现出一种对于死亡的无所谓。他用那样一种调侃的笔调，谈论穷人、有一点钱的人和富人对死亡的种种打算，时或仍有一点愤激，但嘲讽的意味更浓得多。他说自己就是"随便党"里的一个，对死亡向来就想得很少；他又以那样轻松的语气，描述医生如何确诊了他的"就要灭亡"；他还开出那样一张遗嘱，几乎每一条都显出看破人生的意味；既然看破了人生，连带着也就能看破死亡，于是到最后，他又那样坦然地对自己"死下去"时的感觉，做种种设想和估计，仿佛他毫不顾忌读者的感受，只管自己对自己说话了。

---

〔1〕 含沙：《鲁迅印象记》，上海：金汤书屋1936年版，第7页。

一般来说，无论对谁，死亡总是一件容易引起恐怖的事，因此，人们总是回避它，或者想办法去改造它，穷人之想投胎，富人之预修坟墓，就都是这改造的一法。但是，鲁迅却以这篇《死》显示出一种非常特别的态度：既不回避，也不设法改造，就站在那里谈论自己的死，仿佛对它很感兴趣。他似乎确实很感兴趣，这篇《死》刚发表，他去拜访一位叫鹿地亘的日本朋友，进门第一句话就是："你看了我写的《死》吗？"整整一上午，他和鹿地亘一直在谈论死，从中国的鬼讲到日本的鬼，从自杀讲到幽灵，兴致勃勃，讲个不停。[1]他曾经在一篇散文中说："想到生的乐趣，生固然可以留恋；但想到生的苦趣，无常也不一定是恶客。"[2]看到他这样兴致勃勃地谈论死，我实在免不了要产生一种感觉，似乎他也并非将"死"看成一位恶客。他这一生，走得那样艰难踉跄，越到晚年，越是紧张无趣，不但望不见将来的希望，眼前更尽是可厌的人事，甚至连自己历来的奋斗，也似乎并没有很大的价值：置身这种心境，再想到不远就要到来的"死"，他是不是会产生某种"终于可以解脱了"的念头呢？有年轻的朋友读了这篇《死》，对他说："你也写得太悲哀了"，他却回答："没有法子想的，我就只能这样写。"[3]当预感到生命的终结即将来临的时候，他竟没有多大的恐惧，甚至连不安的情绪也不强烈，他的心境就是这样，也便只能这样写了。不知道许广平读了这篇《死》，心中是怎样一种感受，恐怕是没有什么东西，能比这种面对死亡的"随随便便"的态度，这

〈1〉　鹿地亘：《鲁迅和我》，薛绥之主编：《鲁迅生平史料汇编（五）》，天津人民出版社1986年版，第994页。
〈2〉　鲁迅：《无常》，《朝花夕拾》，人民文学出版社1957年版，第33页。
〈3〉　曹白：《写在永恒的纪念中》，山东师范学院聊城分院编印：《鲁迅在上海（二）》，1979年版，第146页。

种简直可以说是对死亡的颇有兴致的谈论，更能够表现一个人的生存欲望的薄弱了。鲁迅会写出这样的回忆散文，所有真心爱他的人，理解他的人，都不能不落泪了。

还有更确实的迹象在。鲁迅一生以写作为基本的生存方式，每当夜深人静、临桌而坐的时候，他就会像一架高速运转的机器，全身的每一个细胞都活跃起来。在这时候，文思就成了他的生命活力的最重要的表现，他的文字风格，也就成为他生理和心理状态的最准确的注解。

在我看来，鲁迅的文思和文风当中，最能够显示他的生命活力的，自然是那种非常生动的幽默意味了。无论读他公开的文章，还是看他的私人通信，只要遇上那些幽默调侃的文字，我总忍不住要发笑，仿佛亲眼看见了他写这些文字时的狡黠的神情，甚至会一直联想到他在三味书屋里捉弄那取巧的同学时的调皮的样子。因此，他就是陷于再严重的困境，只要笔下还能流出幽默的文字，就说明他的心境大体还是从容的，社会的黑暗还不能挤扁他的灵魂，至少在文字的世界里，他还能保持对卑琐和黑暗的居高临下的姿态。

可是，从1930年代初开始，先是在他的私人通信中，幽默的情致日益稀薄，尤其是1934年以后，你简直难得再读到一封像他1929年3月15日致章廷谦那样的生动有趣的信了。似乎通信这一件事，在他已是一种负担，他只顾匆匆地将要说的话写完、封掉、寄走，而无意继续从容地品尝与友朋笔谈的乐趣了。接着是他的杂文，大约也从这时候起，逐渐失去了从前那样的调侃和幽默的意味，虽然笔锋依旧锐利、抨击依旧有力，但失了幽默的底衬，气势也就弱了许多。在他的三本"且介亭"杂文集中，像《"题未定"草·六》和《〈出关〉的"关"》那样仍能迸射出一线幽默闪光的篇章，是越来越少了。

特别是《且介亭杂文末编》中的文字，会使当时的每一个用心的读者都感到不安。无论是描述往事，还是针砭现实，也无论是稍长的散文，还是短小的杂文，作者的文气似乎都衰竭了，文字常常显得有一点干巴，段落之间的起承转合，时时会显出生硬，甚至上一句和下一句之间，有时候也会像缺乏润滑油似的，给人一种涩的感觉。他的杂感越作越短，抄一段报刊上的文字，再发几句感慨，几句评论，就完了，原先那种纵笔挥洒的气势和笔力，都难得再见到，好像鲁迅只有那么一口气，不够支撑他写长文章了。倘遇上较大的题目，像《"这也是生活"……》、《死》和《关于太炎先生二三事》，必得要写得长一点，就每每会显出文气接不上的模样，缺乏有力的控制和提勒。至于《因太炎先生而想起的二三事》，更是散漫杂乱，近乎一路随想，想到什么便写什么，而且确实是因为生病，无力将它写完。《且介亭杂文末编》中的文笔是泼辣的，也是老到的，但在这泼辣和老到旁边，分明还站着文思的枯涩和文气的衰竭。

一个作家，在文章上显出了老相，是真的老了。

1936 年 10 月 18 日凌晨，鲁迅的气喘病突然发作。挨到天明，仍撑持着写下一封短信，由许广平带去内山书店，并在那里打电话，请来了医生。他靠坐在椅子上，整整喘了一天，话也不能说，流汗。医生和看护的人们用了各种办法，都不能缓解病情。这天晚上，许广平每次给他揩手汗，他都紧握她的手，仿佛要握住自己的生命。可是，到第二天凌晨 6 时，他还是未能挺过去，与世长辞了。

在苦苦地跋涉了五十六年之后，他终于走到了生命的尽头，那尽头是一个他先已布告过的字：死。

第二十章 "绝望的抗战"

鲁迅没有留下正式的遗嘱，只在写于去世前一个多月的散文《死》中，写了这么几条：

一、不得因为丧事，收受任何人的一文钱。——但老朋友的，不在此例。

二、赶快收敛，埋掉，拉倒。

三、不要做任何关于纪念的事情。

四、忘记我，管自己生活。——倘不，那就真是糊涂虫。

五、孩子长大，倘无才能，可寻点小事情过活。万不可去做空头文学家或美术家。

六、别人应许给你的事物，不可当真。

七、损着别人的牙眼，却反对报复，主张宽容的人，万勿和他接近。[1]

我想，整篇《死》当中，最让那些仰望他的青年人受不了、觉得他"太悲哀"的，就是这七条"遗嘱"吧。其中的几乎每一条，都散发出一种尖锐的冷意，一种对社会和团体的不信任，一种忍不住要将

---

[1] 鲁迅：《死》，《且介亭杂文末编》，人民文学出版社 1958 年版，第 120 页。

所有亲切的言辞都看成虚情的执拗，一种唯恐自己死后再被人利用的警觉，自然，也还有一种强烈的憎恨和决绝：所有这一切，涉世未深的青年人怎么可能理解呢？倘若他们知道，这七条"遗嘱"的原稿上，本没有"但老朋友的，不在此例"和"空头"这些字，是鲁迅听了别人的建议，添补上去的，他们更要惊怪了吧。

当然，这七条并不能代表鲁迅对亲人的全部嘱托，他自己就紧接着写道："此外自然还有，现在忘记了。"就是这写下来的嘱咐中，也有不止一处，尤其"倘不，那就真是糊涂虫"这一句，是含蓄——却也不避亲昵——地表达了对亲人的深情。但是，总体来看，这七条"遗嘱"能够代表他此时对自己的人生总结，至少是这总结的一个非常重要的方面。我甚至觉得，它们清楚地表现了他对自己的命运的一种透彻的承认，他一直不愿意做这样的承认，但当大病缠身、来日似乎无多的时候，在一种激愤情绪的引导下，他终于承认了，尽管在理智上，他可能依然并不愿意这么做。

他这一生，从稍懂人事的时候起，就不断陷在处处碰壁的困窘当中。无论是十八岁从绍兴去南京，还是二十二岁从南京去日本，也无论是二十九岁从日本回老家，还是三十二岁再次离开绍兴去北京，更无论四十六岁从北京去厦门，去广州，还是四十七岁从广州去上海，哪一次不是在原来的地方碰了壁，可到新的地方之后，又继续碰壁呢？他不断地夺路而走，却又总是踏入新的穷途，说得严重一点，他的一生，就是在各式的走投无路中苦苦展开的。

因此，人生的种种滋味当中，他体味得最深的，正是那种从仿佛的生路上面，又看见熟识的穷途时的失望，那种在重新找来的光明的背后，又发现旧有的黑暗时的悲哀。他当然有过指点江山的慷慨和激昂，有过初尝爱情的兴奋和欢愉；他也常能够收获读者对他的著作的热爱，领略被大群年轻的崇拜者簇拥着跨上讲台的宽慰。

但是，在他全部的人生体验当中，特别是与他那些持续发酵的阴郁的思绪相比，这些感受多半不够深厚，其中还有不少，更是过于短暂：常常是慷慨激昂还没有完，失望和幻灭已经挤上前来；在爱情的欢乐的前后左右，更遍布旧式婚姻的暗影，庸俗社会的流言。著作的成功，很容易被官方的压制破坏，甚至被"落伍"的自疑抵消；从崇拜者的欢呼声边，更屡屡传来刻薄的指责和恶意的冷笑。他确实常能开怀大笑，但更多的时候，他却是独自在心里咀嚼人生的悲哀，陷入无法排遣的阴郁之中。

以鲁迅那样的品格和才华，却只获得这样一份命运，造物主对他的态度，实在不能算是宽厚。也许孟子说得真有道理，天将降大任给一个人，总要先劳其筋骨，苦其心志，狠狠地折磨他一番？也许命运之神已经看中了他，要选他充任宣告民族和文化危难的先知，要请他著作现代中国人历史困境的伟大的启示录，才特别给他品尝这许多严酷的遭遇，推他入深广的悲观和绝望之中？说不定，那一股他屡想驱赶，却终于不能赶远的"鬼气"，正是造物主派来提醒他谛听命运启示的"提词者"？

当然，上述的"也许……"和"说不定……"，都只是我这样的后代人的修辞，是用来排遣对历史无情的感叹，也是用来表达对鲁迅的一种期望。孟子大概真相信天穹之中有主宰，鲁迅看多了过去和现在的黑暗的交织，治人者和治于人者的同样的不成器，却不大可能继续这样的信仰，也就无须向"造物主"之类讨取自己人生选择的理由。他曾用"听将令"的说法描述自己，但这发令者的权威，却是他自己赋予，而非真来自上天或其他类似的方面。所以，我可以用"命运之神"这样的比喻，强调某一种我以为更值得期待的可能，但我更应该明白，当深陷阴郁的思绪难以自拔的时候，鲁迅如何处置这些思绪，能不能转化他的悲苦和绝望，从中提炼出洞察人世的大悲悯和大见识，却是只有靠他自己，没有什么外力可以凭靠的。

从前面的各章可以看出，鲁迅对于其人生历程的寓意——我称之为"命运的启示"——的理解，是多有变化，更绝不单面的。在他一生的许多时刻，尤其是那些他完全看不到出路的时刻，他曾经凝神谛听他那些阴暗思绪的启示，在静夜中，依照它们所展示的思路，深入地体悟他的命运，以及缩影在这个人命运之中的社会、文化和民族的命运。当这样的体悟压得他"艰于呼吸"的时候，他更写下了其中的一部分。他的《孤独者》一类的小说，散文诗集《野草》，那些"鬼气"弥漫的杂感、随笔和通信，还有像《亥年残秋偶作》那样的诗，都是这体悟的文字的结晶。

在他个人，也许只是想以这多半还是隐约其词的吐露和宣泄，来减轻那体悟的重压。但对其后的一代一代的读者，这些作品却构成了对现代中国的一种极为特别的刻画，其生动，其透彻，其阴郁，都是无人可以出其右的。它们对读者的眼力和心胸的启发，它们那因此久存于人心之中，帮助人们洞察其自身所在的社会和时代的力量，更是这一百多年的中国作家中，无人可匹的。我之所以对他生出上述那样的期望，一个直接的原因，就在于我亲身感受到了他这刻画的逼人的力量。

但是，这样的写作都是被迫的，是鲁迅在阴郁心绪中没顶时候的不自觉的挣扎，一旦他能够浮出水面，他就要奋力推开那些体悟，另外去寻找别样的意义和价值，紧紧地抓住它、用它来将自己拽出绝望的深坑。只要还有一点力气，他就不会愿意沉静下来，而总要上下求索，哪怕只是找到一条不成形的土路，他都会急切地跨进去，尽可能迅速地逃离那些对人世的阴郁的体悟。

因此，事后来看，你可以说鲁迅一生都落在命运之神的牢牢的掌握之中，接连碰壁，走投无路，可在他自己，这一生却正是不断地拒绝命运的摆布，不断从悲观和绝望中逃离的一生。1918 年，他从绍兴会馆的"待死堂"逃向启蒙主义的呐喊队；1926 年，他又从风沙蔽日的北京逃向温暖明亮的南方；1930 年，他更从深感悲哀的自由知识分子的立场，逃向与共产党结盟的激进反抗者的营垒。倘说逼他从日本回国，又推他陷入绍兴会馆那样的孤寂生活，是命运第一次清楚地向他显示其不容分说的摆布之力，鲁迅接着的三次逃离，就同样清楚地显示了他此后二十年的不肯屈服的人生和思想历程的主要方向。

当然，这些逃离都不成功，它们给他的打击，也一次比一次更大。以致到生命的最后时刻，他又陷入了"鬼气"的包围，不得不再次面对那些他曾竭力推开的思绪。他之所以会写下那样七条"遗嘱"，就说明从那些思绪中涌现的人生寓意和启示，又一次攫住了他。

但是，倘若疾病不是那样快地夺走了他的生命，倘若他不是衰老到无力编织新的理想，他会不会再做第四次逃离呢？无论怎样睿智的人，恐怕都难以否定自己大半生的努力，而一旦习惯了特定的社会角色所规定的人生轨道，再要脱离出来，也绝非容易的事。看到鲁迅那样发着烧，躺在病床上，还愿意公开表明与共产党人的联盟态度，我就不禁要推断，倘若他能再活几年，大概多半会重聚精力，再做一次艰苦的逃离吧。他并不可能真正摆脱"鬼气"，但他不会愿意就做它的俘虏，终其一生，他都是这样一个矛盾的人：日益深刻地承认他的阴郁心绪的正当，却同时竭力地怀疑和拒绝这些心绪。

如何看待鲁迅的这种根本的矛盾？二十多年前，我断定就是它绊住了鲁迅，他本可以成为一个真正伟大的作家，却因为它而没能做到。在这本鲁迅传的初版的结尾，我甚至勾画出了一个精神的方向，一个我以为他本来可以由此走出这个矛盾的方向：

> 他如果深深地沉浸入自己的怀疑和悲观，沉浸入他对个人、民族、社会和文化悲剧的独特的体悟，不是急于推开命运的启示，而是认真地谛视它，倾听它，在心里反复地咀嚼它，将全身心都投入对它的领会之中，他是不是就能向世人提供一种对现代中国历史命运的既非乐观主义、也非虚无主义的透彻的启示，使我们后人在精神上少走许多弯路呢？ [1]

我将这个方向概括为"将悲观主义信仰到底，并且有勇气将它发扬到底"，并为鲁迅最终在这个方向上止步不前而深感遗憾。我还努力解释为什么他没能在这个方向上坚持到底，说这是因为他在骨子里还是一个传统的文人，一个"孔墨和老庄的血缘后代"：

> 到鲁迅出生的时候，历史已经将一个差不多延续了三千年的文人传统摆在他身边，他一出生，这个传统就紧紧地拥抱他，亲热地向他低语，摩挲着他的肩膀，陪伴他一步步跨进人生，你想想，单靠他后来学习的那些零零落落从西方传来的思想观念，怎么可能抵消这个精神传统的熏陶和浸润呢？不单是他，从"五四"那一代知识分子，到今天的数量更多得多的知识分子，又有谁真能够摆脱这个传统呢？因此，鲁迅虽然摆出了激烈反传统的姿态，甚至劝告青年人不要读中国书，他自己

〈1〉 王晓明：《无法直面的人生——鲁迅传》，台北：业强出版社1992年版，273页。

的头脑，却依旧浸在中国文人的传统之中。即便他靠着和许广平的爱情，终于挣脱出旧式伦理的束缚，一旦他们同居了，建立起新的家庭，他在日常的家庭生活中，就还是不知不觉显出了传统文人的习惯。如果拿他当年鼓吹妇女解放的言论，来对照他和许广平的同居生活，他自己大概也要承认有许多不符吧。看到他那样固执地拒绝品尝悲观主义的苦酒，不是用理想主义来代替它，就是用虚无主义来冲淡它；看到他那样依赖身外的精神价值，总是不断去寻找集体性的社会和政治理想，来充作自己的生存依据；看到他那样注重现实功利，几乎凡事都以它为重，很少有超越现实的兴趣和愿望；看到他那样害怕做社会的旁观者和边缘人，一旦发现自己被挤到了旁观席上，就不自觉地想要重返中心——我才真正明白了，他身上的文人性有多么深刻……他在 1925 年说："其实中国并没有俄国之所谓智识阶级"（《通讯》，《华盖集》），他自己也看得很清楚。[1]

我今天的理解却不同了。一个人最终走什么路，是由多种因素合力决定的，在很多时候，与人的肉身和天赋相比，其精神和修养更为重要：从这个角度看，说鲁迅受文人传统的影响很大，是并不错的。不过，如果仔细辨析他所承受的来自前人的精神影响，你就会发现，其中并不仅有上述那可以一直溯源到"孔墨和老庄"的"传统"的部分，而也有另外一个同样来自本土、时间上却与他近很多、可以称之为"现代"的部分，它主要由从龚自珍、魏源到严复、章太炎这三代文化人／革命家为代表，不仅通过文字和风潮，还以人身交往直接影响他。因此，他固然可以被看作"孔墨和老

〈1〉 王晓明：《无法直面的人生——鲁迅传》，第 271—271 页。

庄"的后代，但在更大的意义上，他还应该被视为"龚魏和严章"的弟子。

从消极的一面看，你的确可以说，是中国文人传统的影响，令鲁迅很难将悲观主义信仰到底；但我今天更愿意强调，事情还有积极的一面：那个由谭嗣同、梁启超、严复、章太炎……等人开创的中国现代文化人的革命的传统，同样陪伴他跨入青年时代，不但在他二十岁的时候，引导他慷慨激昂，自荐于"轩辕"，而且在他此后的岁月，激励他一次一次地逃离绝望。正如他的洞察"希望"之"虚妄"性质的眼力，并非只是来自中国的文人传统，也同样来自现代西方的悲观主义思想一样，他的不肯相信世界上只有黑暗与虚无才是真实，因此总要逃离绝望的心志，也并非只是出于文人式的对于承受悲观之重负的不耐和畏惧，而也来自"偏要在他们的好世界"上戳一个大洞的革命者的不甘和执拗。越是难以从"俄国式的智识阶级"的角度去把握他的这份不甘和执拗，那在清末民初蔚成风气的"死士"（章太炎语）式的情怀，可能就更该被置于理解他的"绝望的抗战"精神的优先的位置。

是的，"绝望的抗战"[1]，我要特别强调鲁迅的这句话。中国人是聪明的，也是敏感的，我们对自己置身的世道，从来都不是懵然无感的，但是，我们又有一个顽固的弱点，就是不愿意长久地正视现实——如果这现实过于令人不安。一旦置身于如此现实，我们就本能地运用各种办法，来消解自己对人世的真实感受，来减轻这感受对自己的精神重压。从很早的时候起，轻信——准确地说，是常常故作轻信——盛世的美梦，避入苟活的欢欣，就是其中较有效用

〈1〉　鲁迅：1925 年 3 月 18 日致许广平信，《两地书》，人民文学出版社 1959 年版，第 16 页。

的两个办法。数千年来，中国人常常就是靠着这些被鲁迅称为"瞒与骗"的思想方法，度过连绵不断的苦难。进入 20 世纪以后，状况基本也还是这样。一方面是战乱、灾荒、专制、腐败……的层出不穷，另一方面是各种乐观主义的前赴后继的泛滥，虽然也有很多人，看出了这些乐观主义的肤浅和虚伪，却因为无力承受悲观意识的重压，就还是通过各种路径，避入虚无苟活的状态，从另一个方向，中止了对于中国人真实境遇的紧张的探究。

如果上面这样的概述大致不错，那我就要说，"将悲观主义信仰到底"和以"绝望"为基础的"抗战"，都是今天的中国人特别缺乏，也就格外值得珍重的精神品质。没有直面现实的勇气，不能承受这直面必然要造成的悲观的重压，我们就很难看清楚世界和中国的状况，而如果连基本的状况都不能看清楚，那还有什么未来可言呢？当然，"悲观"只是看待世界的一个角度，再坏的现实，也可以从"乐观"的角度去理解，但是，如果缺乏悲观主义的挑战和滋养，乐观主义势必流于浅薄，甚至一触就破。一百多年来，因为怀抱的希望和乐观过于轻便，一遇打击就崩溃，于是消极放弃的事例，我们见得还少吗？而如果这样来看，像我这样的后代人，置身如此时代，精神上日渐孱弱，会不自觉地对鲁迅生出一种期待，盼望他能将悲观主义坚持到底，给我们留下更多的透彻之作，滋养我们的直面人生的心力，就是十分自然的吧？不过，这样的期待也是自私的，因为我其实无从体验，一个"将悲观主义信仰到底"的人，要承受怎样的身心的煎熬。

当然，之所以要坚持直面人生，不惜为此将悲观主义信仰到底，目的还是在改变现实，要创造一个真正令人安心的世界。借用鲁迅的话来说，"绝望"只是第一步，后面还该有第二步："抗战"。倘不是通向"抗战"，"绝望"虽不一定流于浅薄，却多半会引人陷入颓唐，那千千万万深信"我不能改变现实，只能适应现实"，于是避入虚无和苟活之途的人，就是明例。只有从"绝望"走向"抗战"，或者说，由"抗战"赋予"绝望"新的意义，将它改造为自己的基础和动力，由此展开的"抗战"，就可能是真正强韧和耐久的了。鲁迅不止一次说，在社会斗争的战场上，他并不期望"速胜"，甚至不期望"必胜"，对一个真是这么想的战士来说，几场败仗又算得了什么！

这就是为什么我今天特别看重鲁迅的"绝望的抗战"这句话了。我也因此更愿意从积极的一面去理解他的不断的逃离绝望。这当中自然是有不堪重负的挣扎的一面，但也有不甘心"就这样了"、偏要再斗一回的顽强的一面。当如此逃离的时候，他确实尝试重建"希望"、强自"乐观"，有时候不免表现出片面之态，但更多的时候，他是借助于"绝望"，通过将"悲观"改造为奋斗的出发点，来修补和加固抗战的意志。而一旦如此理解鲁迅在"彻底悲观"这个方向上的止步不前，我的感受就和二十多年前明显不同，不再只是深深的遗憾，也有同样强烈的感激，尽管依然有"假如他能写出更大容量的小说……"的慨叹，我却同时明白了，他那些与现实短兵相接的杂文，为今天的中国人做了怎样的示范。

1992 年夏天，我是这么结束这本鲁迅的思想传记的：

> 二十世纪的中国人仍然不能正视自己的命运，仍然只能用形形色色的乐观主义——没有对立物的挑战，这些乐观主义都不免沦为肤浅——来鼓舞和麻痹自己，以致到了这个世纪快要结束的时候，我们仍然不清楚自己是处在怎样的境遇中，仍然在精神的旷野上茫然无措：我想，这大约也正是我们自己的"命"，是你我首先应该正视的吧。至少鲁迅是以他一生的精神

历程，向我清楚地显示了这一点。

这段文字中的幼稚和偏颇，自然是十分触目的，但现在，也还没有到可以准确和从容订正的时候。因此，我就只添一句话：鲁迅到底还是堪称伟大的，在现代中国的历史上，他从"绝望"和"抗战"这两个方面，都刻下了极为特别的深沉的印迹，它们能令任何一个认真看过、记住了它们的人，都不容易为时俗所惑，甚至因此更稳固地保持对广阔和高远的向往。

2019 年 8 月修订，上海

附录一

鲁迅生平提要

鲁迅生平提要

1881 年

9 月 25 日　诞生于浙江绍兴城内东昌坊口周家，取名樟寿，字豫山。祖父周福清（1837-1904），翰林院庶吉士，曾任江西金溪县知事，此时正在北京任内阁中书。父亲周伯宜（1861-1896），秀才，闲居在家，思想颇为开通。母亲鲁瑞（1858-1943），出身于绍兴近郊安桥头一户官宦人家，没念过书，但以自修得到能够看书的学力。

1886 年

本年，由叔祖周玉田开蒙，进周家自设的私塾读书。按照祖父的意见，除习字和对课之外，主要是读《鉴略》。

因原名豫山与"雨伞"谐音，改为豫亭，后又改为豫才。

1890 年

本年，继续在本宅私塾读书。因课余在周玉田家中看到许多杂书，引起了欣赏和搜集图画书的兴趣。

1892 年

2 月，被送进据说是绍兴城内最严格的私塾"三味书屋"，从寿镜吾读书。除在课堂上读经史之外，还读小说，看画谱，并逐渐养成了影描小说书上的插图，直至整段整本地抄杂书的爱好。

1893 年

秋天，祖父因科场舞弊案被捕入狱，押在杭州府狱内。为免受牵连，与二弟周作人一起，被送往亲戚家避难。

1894 年

4 月，由避难地返回家中，仍进"三味书屋"读书。

冬天，父亲吐血病倒。既身为长子，便挑起了生活的重担，除读书外，还要出入当铺和药房，领略冷眼和侮蔑。

1896 年

10 月 12 日，父亲病逝。家境急剧衰落，甚至招致亲戚本家的欺侮。

1898 年

春天，在家练习八股诗文，送去"三味书屋"，由寿镜吾的儿子寿洙邻批改。

5 月，离开绍兴到南京，考入江南水师学堂念书。改本名樟寿为"树人"。

11 月，因不满江南水师学堂的乌烟瘴气，退学回家。

12 月 18 日，参加会稽县的县考，在五百多人中考得第 137 名。

1899 年

1 月，再去南京，改入矿路学堂念书。课余则常习骑马。

1901 年

本年，仍在矿路学堂念书。开始到学堂内的阅报处翻阅《时务报》

等宣扬新思想的报刊，并买来严复翻译的《天演论》，以及林纾翻译的外国小说，读得入迷。

1902 年

1 月，以一等第三名的成绩从矿路学堂毕业。

3 月，离开绍兴去日本留学。入东京的弘文学院学习日语。

10 月，经常与弘文学院的同学许寿裳讨论中国国民性的病因及其解救办法。并常去东京中国留学生会馆参加反清的革命者的演讲会。

1903 年

3 月，作《自题小像》诗。

6 月，在留日浙江籍学生主办的《浙江潮》上发表编译的历史小说《斯巴达之魂》。

10 月，与陶成章等人一起加入反清团体"浙学会"，此会即为后来成立的著名的反清组织"光复会"的前身之一。

1904 年

4 月，在弘文学院卒业。

9 月，入设在日本本州岛东北部的仙台医学专科学校学习医学。

1906 年

3 月，从仙台医学专科学校退学，返回东京，一面学习德语，一面阅读各种类型的文学作品。

6 月，回绍兴，奉母亲之命，与朱安成婚。婚后不几日，便与周作人一起再赴东京。

秋天，与许寿裳、苏曼殊等人筹划办《新生》杂志，但因经费无着，稿件匮缺而作罢。

1908 年

夏天，继续在东京读书和学德语。

从夏天开始，每星期日往章太炎在东京的寓所，听他讲学，历时大约半年。

1909 年

3 月 2 日，与周作人合译的《域外小说集》第一册出版。

7 月 26 日，《域外小说集》第二册出版。

8 月，为了在绍兴的母亲等家人的生计，离开日本回国，结束了七年的留学生活。

回国后，就任杭州的浙江两级师范学堂的生理学和化学教员，兼任日籍教师的翻译。

1910 年

5 月，祖母病逝，回家主持葬礼，诸事都依照旧习办理。

7 月，辞去杭州两级师范学堂的教席，回到绍兴。

9 月，担任绍兴府中学堂的监学，兼教生物课。

1911 年

7 月，辞去绍兴府中学堂职务，失业在家。

10 月，武昌起义爆发，革命席卷全国，绍兴城内一片混乱，遂应府中学堂学生的请求，回校暂管校务。

11 月，带领由府中学堂的学生组成的演说队，上街宣传革命，安定民心。

不久，受新任绍兴军政府都督王金发委任，担任山会初级师范学堂监督。

冬天，作短篇文言小说《怀旧》。

1912 年

2 月，辞去山会初级师范学堂监督职。

应教育总长蔡元培邀请，去南京中华民国临时政府的教育部任职。

5 月，因教育部北迁，单身前往北京，住进宣武门外的绍兴会馆。

8 月，任北洋政府教育部佥事，兼第一科科长。

1913 年

本年，为应付袁世凯政府的恐怖统治，开始抄书、辑书，其后又开始抄碑，读佛经，除去教育部上班和逛书店，基本上不出会馆，每日夜间孤灯独坐，这样的生活持续了好几年。

1918 年

4 月 2 日，作白话短篇小说《狂人日记》，交《新青年》发表。

5 月 15 日，在《新青年》上发表白话诗《梦》。

7 月 20 日，作长论《我之节烈观》。

8 月 29 日，开始陆续向《新青年》的"随感录"栏投稿。

冬，作短篇小说《孔乙己》。

1919 年

4 月 2 日，作短篇小说《药》。

8 月 19 日，购买西直门内八道湾 11 号的房产。

11 月 21 日，与周作人全家一起迁入八道湾 11 号新居。

12 月 1 日，离京赴绍兴，于 12 月 29 日携母亲、朱安及周建人全家返抵北京，住进八道湾 11 号，开始了大家庭聚居的生活。

1920 年

8 月 5 日，作短篇小说《风波》。

8 月 6 日，应聘为北京大学国文系的兼任讲师，直至 1926 年。主要讲授中国小说史，并以厨川白村所著的《苦闷的象征》为教材，讲授文艺理论。与此同时，还应聘为北京高等师范专科学校的兼任讲师，讲授中国小说史。

10 月 22 日，译毕俄国作家阿尔志跋绥夫的小说《工人绥惠略夫》。

1921 年

1 月，作短篇小说《故乡》。

12 月 4 日，开始在《晨报副刊》上连载中篇小说《阿 Q 正传》。

1922 年

1 月，应聘为北京大学研究所国学门委员会委员。

6 月，作短篇小说《端午节》和《白光》。

10 月，作短篇小说《社戏》。

11 月，作短篇历史小说《不周天》。

12 月 3 日，作《〈呐喊〉自序》。

1923 年

4 月，接连出席董秋芳、许钦文等组织的文学团体"春光社"的聚会，给文学青年以直接的指导。

6月14日，与周作人妻羽太信子发生严重冲突，当晚即改在自己房内用餐，不再与周作人等一起吃饭。

7月19日，接到周作人亲自送来的绝交信，兄弟二人，就此绝交。

8月2日，搬出八道湾11号的寓所，与朱安一起，迁至西城的砖塔胡同61号居住。

10月1日，开始连日高烧，咳嗽，实际是肺病复发，持续一个多月，才逐渐恢复。

12月11日，所著《中国小说史略》（上册）出版，由新潮社发行。

12月26日，往北京女子师范学校演讲，题目是《娜拉走后怎样》。

1924 年

2月7日，作短篇小说《祝福》。

2月16日，作短篇小说《在酒楼上》。

3月1日，往日本人开设的山本医院就诊。此后一个月内，接连往该医院就诊13次，都是治疗发烧、咳嗽及吐血之类的肺病症状。

3月22日，作短篇小说《肥皂》。

5月25日，迁居阜成门内西三条胡同21号。

6月11日，往八道湾11号旧宅取书及什器，又与周作人夫妇发生冲突。

7月8日，应邀往西安，参加西北大学举办的暑期演讲活动。至8月12日返回北京。

9月15日，作散文诗《秋夜》，此为《野草》的第一篇。

9月22日，开始翻译厨川白村的《苦闷的象征》，至10月10日结束。

9月24日，作散文诗《影的告别》。

11 月 13 日，作《记"杨树达"君的袭来》。

11 月 16 日，参与组织的《语丝》周刊创刊。

12 月 20 日，作散文诗《复仇》和《复仇（其二）》。

1925 年

1 月 1 日，作散文诗《希望》。

1 月 28 日，作散文诗《好的故事》。

2 月 10 日，作《青年必读书》，回答《京报副刊》的征答。

2 月 28 日，作短篇小说《长明灯》。

3 月 2 日，作散文诗《过客》。

3 月 11 日，开始与女子师范大学国文系的学生许广平通信。

4 月 24 日，发起成立文学团体"莽原社"，创办《莽原》周刊，自任编辑。

5 月 26 日，邀集女子师范大学的六位教员，联名在《京报》上发表《关于北京女子师范大学风潮的宣言》，公开支持女师大学生反对校长杨荫榆。

6 月 16 日，作散文诗《失掉的好地狱》。

6 月 25 日，请许广平等人在家中吃饭，因酒醉而开怀大乐，甚至以手按许广平的头。自此以后，与许广平通信的口气明显变化，毫不掩饰地流露出亲昵之情。

6 月 29 日，作散文诗《颓败线的颤动》。

7 月 12 日，作散文诗《死后》。

大约同时，与韦素园、李霁野等六人组成文学团体"未名社"，出版《未名》半月刊和《未名丛书》。

8 月 14 日，因支持女师大学生，被教育总长章士钊免去教育部佥事一职。

8月22日，向北洋政府平政院递交诉状，控告章士钊违法免他职务。

9月1日，肺病复发，连绵数月才愈。

9月16日，作短篇小说《孤独者》。

9月21日，作短篇小说《伤逝》。

11月6日，作短篇小说《离婚》。此后即停止创作小说。

1926年

1月16日，在平政院控告章士钊胜诉，恢复教育部佥事职。

3月10日，作回忆散文《阿长与山海经》。

3月25日，去女师大参加"3·18"惨案死难者刘和珍、杨德群的追悼会，并于五天后写出《记念刘和珍君》。

3月26日，因《京报》披露段祺瑞政府在学界通缉鲁迅等50人的密令，离家往设在西城的莽原社躲避。

3月29日，由莽原社转移至山本医院，继续避难。

4月15日，因直、奉联军进入北京，政治气氛进一步恶化，由山本医院转移至一家德国医院避难；十天后又移至一家法国医院，至5月2日才返回家中，恢复正常生活。

7月28日，应厦门大学聘，任该校国文系教授兼国学院研究教授，决意离京南下。

与此同时，与许广平约定，离京南下后，先分开两年，各自做些准备，再决定将来的生活。

8月26日，与许广平同车离开北京，经上海转水路往厦门（许广平则从上海去广州工作）。

9月4日，抵达厦门大学，在国文系讲授中国文学史和小说史。

9月18日，作回忆散文《从百草园到三味书屋》。在本月及下月，接连作了好几篇类似题材的散文。

9 月 26 日，为授课，开始编写中国文学史讲义，名为《中国文学史略》。此项工作一直持续到年底。

10 月，作历史小说《铸剑》。

11 月 11 日，作《写在〈坟〉后面》。

11 月 15 日，致信许广平，郑重地列出今后的三种打算，请她帮助选择。这实际上是试探和求援，得到许广平的热烈回应。

11 月 19 日，决定于学期末离开厦门大学，去广州中山大学国文系任教。

12 月，作历史小说《奔月》。

1927 年

1 月 11 日，致信许广平，明确表示了与她结合的决心。

1 月 15 日，乘船离开厦门，于 18 日抵达广州，任中山大学文学系主任，兼教务长。

2 月 20 日，与许广平一起宴请也到中山大学任教的老友许寿裳。此后一起游玩，或远足，或看电影，请吃饭，持续十余日。

3 月 1 日，中山大学开学，忙于教务。

3 月 29 日，因不满中山大学文学院长傅斯年聘顾颉刚来校任教，与许寿裳一起迁居校外，住白云路白云楼 26 号 2 楼。并请许广平也同居一处。

4 月 15 日，以教务长身份召集中山大学各系主任会议，力主营救当日事变中被捕的学生，但无人附和。

4 月 21 日，辞去中山大学一切职务。在白云楼闭门不出。

4 月 26 日，作《〈野草〉题辞》。

5 月 1 日，作《〈朝花夕拾〉小引》。

5 月 6 日，接受日本记者山上正义的采访，发表他对 "4·15" 事变的看法。

7月23日，在广州市教育局主办的夏期学术演讲会作演讲，题目是《魏晋风度及文章与药及酒之关系》。

9月4日，作《答有恒先生》。

9月27日，与许广平同船离开广州去上海。

9月28日，途经香港，遭受香港海关人员的野蛮检查。

10月3日，抵达上海。五日后迁入虹口景云里23号，与许广平正式同居。

10月25日，至江湾劳动大学演讲，题为《关于知识阶级》。

12月18日，受蔡元培推荐，任南京政府大学院特约著作员，开始领取为数300元的月薪。

12月21日，至暨南大学演讲，题目是《文艺与政治的歧途》。

1928 年

1月8日，原厦门大学的学生廖立峨，携爱人及其哥哥来访，声称要做鲁迅的"义子"，住在鲁迅家，长达七个月。

2月5日，往内山书店购买日译恩格斯的《社会主义从空想到科学的发展》。此后又陆续购读此类书籍十多种。

2月23日，作杂文《"醉眼"中的朦胧》。

2月24日，致信台静农，提议将《莽原》半月刊迁往上海，并表示愿当编辑。

6月20日，与郁达夫合编的《奔流》月刊创刊。

7月22日，致信韦素园，称"以史底唯物论批评文艺的书"是"极直捷爽快的，有许多昧暧难解的问题，都可说明"。

8月12日，与许广平一起去杭州游玩，至17日返回上海。

9月9日，因邻居嘈杂搅扰，迁至景云里18号。

12 月 6 日，与柔石等人合编的《朝花》月刊创刊。

1929 年

4 月 22 日，开始翻译卢那察尔斯基的《艺术论》，至 10 月 12 日译完。

5 月 13 日，赴北京探母。至 6 月 3 日返回上海。

5 月 22 日，往燕京大学演讲，题目是《现今的新文学的概观》。

8 月 13 日，请律师向北新书局提出诉讼，追索拖欠的稿费。后书局分四次，将所欠八千多元稿费，全数付清，历时四个半月。

9 月 27 日，儿子海婴出世。

12 月 22 日，作散文《我和〈语丝〉的始终》。

1930 年

2 月 16 日，由柔石、冯雪峰陪同参加"中国左翼作家联盟"的筹备会。

与此同时，参加共产党组织的"中国自由运动大同盟"成立大会，被人推举为发起人。

3 月 2 日，出席"中国左翼作家联盟"成立大会，并做演讲。

3 月 19 日，因国民党浙江省党部向国民党中央呈请通缉"堕落文人"鲁迅，往日本朋友内山完造家中避难。

3 月 27 日，致信章廷谦，说在"左联"成立会上"一览了荟萃于上海的革命作家，然而以我看来，皆茄花色"。

4 月 11 日，主编的"左联"机关刊物《巴尔底山》旬刊出刊。

5 月 7 日，由冯雪峰陪同，往爵禄饭店会见共产党领导人李立三，拒绝其要他以本名写文章斥骂蒋介石的要求。

5 月 12 日，迁往北四川路上的"北川公寓"。

6 月 7 日，向共产党"第三国际"组织的"中国革命互济会"捐款一百元。

9 月 16 日，出席"左联"等组织为其举办的五十寿辰纪念会，并做讲话。

12 月 26 日，译完法捷耶夫的长篇小说《毁灭》。

1931 年

1 月 20 日，因柔石等五人被捕，携全家至一日本人开设的花园庄旅店避难。至 2 月 28 日返家。

4 月 25 日，所作短论《中国无产阶级革命文学和前驱的血》在左联机关刊物《前哨》的创刊号上发表。

7 月 20 日，在社会科学研究会举办的暑期学校做演讲，题目是《上海文艺之一瞥》。

10 月 23 日，所作长论《"民族主义文学"的任务和命运》在《文学导报》发表。

11 月 5 日，作《〈野草〉英译本序》。

12 月 11 日，主编的《十字街头》双周刊创刊。

12 月 25 日，作《关于小说题材的通信》，回答两位青年作家的询问。

1932 年

2 月 30 日，因避"一·二八"事变的战火，携全家及周建人一家去内山书店，在其楼上暂居。

4 月 20 日，作《林克多〈苏联见闻录〉序》。

5 月 9 日，致信日本朋友增田涉，说"今后拟写小说或中国文学史"。

10 月 10 日，作杂文《论"第三种人"》。

10 月 12 日，作七律《自嘲》。

11 月 11 日，赴北京探母病。至 30 日返回上海。

11 月 22 日，接连往北京大学和辅仁大学演讲，其中在辅仁大学演讲的题目是《今春的两种感想》。

12 月 10 日，作杂文《辱骂和恐吓决不是战斗》。

12 月 16 日，作《〈两地书〉序言》。

1933 年

1 月 17 日，参加"中国民权保障同盟"成立大会，并被推举为执行委员。

2 月 7 日，作散文《为了忘却的记念》。

3 月 5 日，作散文《我怎么做起小说来》。

4 月 1 日，作杂文《现代史》。

4 月 11 日，迁居至大陆新村 9 号。

5 月 29 日，作《〈守常全集〉题记》。

6 月 18 日，致信曹聚仁，认为"今之青年，似乎比我们青年时代的青年精明，而有些也更重目前之益，为了一点小利，而反噬构陷，……历来所身受之事，真是一言难尽"。

7 月 3 日，作杂文《我谈"堕民"》。

7 月 8 日，致信黎烈文，说："我与中国新文人相周旋者十余年，颇觉得以古怪者为多，而漂聚于上海者，实尤为古怪……"

7 月 12 日，作杂文《沙》。

8 月 3 日，致信黎烈文，说："小说我也还想写，但目下恐怕不行。"

8 月 12 日，作杂文《上海的儿童》。

9 月 20 日，作杂文《偶成》。

10 月 1 日，作杂文《看变戏法》。

10 月 28 日，作《〈解放了的堂·吉诃德〉后记》。

12 月 30 日，作五言四句诗《无题》。

1934 年

1 月 31 日，作散文《关于中国的两三件事》。

3 月 23 日，作《答国际文学社问》。

4 月 26 日，作《小品文的生机》。

4 月 30 日，致信曹聚仁，谈及周作人五十自寿诗引致的攻击，认为"此亦'古已有之'，文人美女，必负亡国之责……"

5 月 26 日，作杂文《儒术》。

6 月 10 日，作杂文《隔膜》。

7 月 10 日，作散文《买〈小学大全〉记》。

7 月 16 日，作散文《忆韦素园君》。

7 月 30 日，致信日本朋友山本初枝，说："我有生以来，从未见过近来这样的黑暗…… 非反抗不可。"

8 月 2 日，作《答曹聚仁先生信》，断言"汉字和大众，是势不两立的"。

8 月 9 日，发烧，自觉"胁痛颇烈"，肺病相当严重了。

8 月 20 日，写完长论《门外文谈》。

8 月，作历史小说《非攻》。

9 月 25 日，作杂文《中国人失掉自信力了吗》。

10 月 1 日，作杂文《又是"莎士比亚"》。

11 月 15 日，作《答〈戏〉周刊编者信》。

11 月 21 日，作杂文《中国文坛上的鬼魅》。

12 月 9 日，题《芥子园画谱》赠许广平诗。

12 月 11 日，作杂文《病后杂谈》。

12 月 16 日，作杂文《病后杂谈之余》。

12 月 18 日，致信杨霁云，自称是在敌人和"战友"的夹攻下"横站"。

1935 年

1 月 24 日，开始为《中国新文学大系·小说二集》选稿。

2 月 15 日，开始翻译果戈理的长篇小说《死魂灵》。

3 月 2 日，作《〈中国新文学大系·小说二集〉序》。

4 月 23 日，致信萧军和萧红，说："最令人寒心而且灰心的，是友军中的从背后来的暗箭，受伤之后，同一营垒中的快意的笑脸。"

4 月 29 日，作长篇杂文《在现代中国的孔夫子》。

9 月 12 日，致信胡风，将"左联"中的某些领导人比喻成"在背后用鞭子打我"的"工头"。

11 月 6 日，去苏联驻上海领事馆观看电影。美国记者史沫特莱等劝他出国休养，但他考虑到政治和经济上的诸多困难，没有采纳她的意见。

11 月 20 日，作介绍文《陀思妥夫斯基的事》。

11 月 29 日，作历史小说《理水》。

12 月 5 日，作七律《亥年残秋偶作》。

12 月，作历史小说《采薇》、《非攻》和《起死》。

1936 年

1 月 3 日，肺病复发，引起肋膜发炎，肩胁部均大痛。

1 月 28 日，编定《凯绥·珂勒惠支版画选集》，并作序。

2 月 29 日，致信曹靖华，明确表示了对于"左联"解散的不满，并表示不愿加入新成立的"文艺家协会"："似有人说我破坏统一，亦随其便。"

3 月 2 日，受寒而气喘病发，延续一个多月。

4 月 1 日，作回忆散文《我的第一个师父》。

4 月 7 日，作杂文《写于深夜里》。

5 月 2 日，致信徐懋庸，说："我希望这已是我最后的一封信，旧公事全都从此结束了。"

5 月 3 日，致信曹靖华，对傅东华、郑振铎和茅盾等人，均提出批评。

5 月 14 日，致信曹靖华，说："近来时常想歇歇。"

5 月 18 日，发烧，持续不退。

5 月 31 日，史沫特莱请当时上海最好的一位美籍肺病专家来鲁迅家，诊断结果是认为鲁迅的病症非常严重，"倘是欧洲人，则在五年前已经死掉"。

6 月 9 日，病中口授《答托洛斯基派的信》，冯雪峰执笔。

6 月 10 日，口授《论现在我们的文学运动》，冯雪峰执笔。

6 月 15 日，与茅盾、曹靖华等 63 人联名发表《中国文艺工作者宣言》。

8 月 1 日，去医院诊病，体重仅为 38.7 公斤。

8 月 5 日，写完《答徐懋庸并关于抗日民族统一战线问题》。因病中体弱，此文先口授，由冯雪峰执笔，鲁迅再用三天时间，修改完毕。

8 月 23 日，作散文《"这也是生活"……》。

9 月 5 日，作散文《死》。

9 月 19 日，作回忆散文《女吊》。

10 月 9 日，作回忆散文《关于太炎先生二二事》。

10 月 18 日，气喘发作。终日呼吸困难。

10 月 19 日，晨 5 时 25 分逝世。

附录二

鲁迅：现代中国最痛苦的灵魂

在 20 世纪的中国小说家当中，鲁迅自然是最卓越的一位。七十年来，读者始终把他那为数并不多的小说作品，看成是中国现代小说的典范，几乎所有的中国现代文学史著作，包括一些在美国和台湾出版的、激烈否定鲁迅的政治信仰的小说史著作[1]，都把鲁迅的小说创作，断定为中国现代小说之河的主要源头。我们不是常说，谁懂得了鲁迅，也就懂得了现代中国吗？这"现代中国"四个字，显然是包括了现代中国的文学的。也许以后的情况会有变化，至少在目前，谁要说鲁迅是中国现代小说的最重要的代表作家，大概每个严肃的现代文学研究者，都会郑重地举手赞同的。

世界上任何事情都有两面，我们现在更已经看清了，20 世纪的中国文学不但有很大的成功，也有很大的失败。既然鲁迅是中国现代小说的最重要的代表作家，他就不可能仅仅代表了成功的一面，而应该也同样代表那相反的另一面吧？再说了，一样东西的长处和短处，常常是互相联系的，尤其像艺术创造这样精微的精神活动，你就更难把它的成功和失败截然分开了，即便你有意只分析其中的某一面，实际上也还是难免会牵涉相反的另一面。因此，当我执意

─────────────

[1] 例如美国的夏志清的《中国现代小说史》和台湾成文出版社有限公司出版的《中国现代文学研究丛刊》中的有关著作。

从 20 世纪中国小说家心理局限的角度展开分析的时候，我头一个遇上的，必然还是鲁迅；因为是侧重作家的心理活动，我这分析也就自然要从他的精神特点开始。

这是一个内心充满矛盾的人。对他来说，看清楚什么是决定社会变革的最基本的因素，大概是最重要的问题了，可恰恰在这一点上，他的认识明显不协调。一方面，他显然把精神的作用看得很重，在相当长一段时间，都经常是用人的精神状态来解释社会的变动[1]，还一再强调说，中国最重要的是改造国民性。可另一方面，他又不是那种传统意义上的精神决定论者，一旦涉及具体的社会问题，他倒每每从物质的角度去衡量得失，并且告诫别人也这样做。他希望妇女能以天津"青皮"的韧性来争取经济权，在小说《伤逝》里更直截了当地宣告："生存，爱才有所附丽。"孔夫子把"礼"说得比什么都重要，他的呆学生子路因此丧命，鲁迅却嘲笑说，倘若他披头散发地站起来，也许不至于被砍成肉泥吧？

对于鲁迅这后一种认识，我觉得并不难理解，尽管中国向来就有注重"教化"的精神传统，鲁迅毕竟主要生活在 20 世纪，作为一个深受科学思想熏陶、津津有味地捧读过《天演论》的人，他不可能不知道物质环境对一个民族生存状态的决定性影响，不会真以为靠几篇文章就能够启民众于蒙昧。他不是屡次说过，现在的民众还不识字，还无从读他的文章吗？现代中国的启蒙者中间不会再有过去的那种迂夫子了，至少鲁迅不是这样的迂夫子。但是他为什么

〈1〉 他写于 1907 年的《文化偏至论》和十多年后的《随感录·五十九》，便是明显的例子。关于这一点对他小说的影响，可参见王富仁：《中国反封建思想革命的镜子——论〈呐喊〉〈彷徨〉的思想意义》，刊于《中国现代文学研究丛刊》1983 年 1 期。

又把"国民性"之类的东西看得那样重要呢?

人类世界似乎有这么一条法则,每一种活动虽然都有自己的原始动因,可一旦发展到高级的阶段,它自己的历史就会对它将来的趋向产生越来越大的制约作用。小至一场战争的胜败,大到一个民族的兴衰,都常常能够证明这一点。这条法则尤其适用于人的精神活动,我们对一种新的刺激做出怎样的反应,正是取决于它和我们现有的全部认识形成怎样的关系。我们常常谈论人的主观能动性,可从另一个角度看,它分明又是一种被动性,一种对过去思维经验的身不由己的依赖性。一个人越是成熟,就越不愿听凭外部条件去左右他的认识方向,他总要执拗地按照自己最习惯,往往也是最擅长的方式去理解世界。这当然是表现了主观对于客观的独立性,可就主观本身而言,却又同时暴露了现在对于过去的依赖性。从鲁迅对精神现象的重视背后,我正看到了这种依赖性。

还在十二三岁的时候,鲁迅就陷进了家道陡落的窘境,祖父入狱,父亲早逝,在这一连串尚可估量的损失之外,他更遇上了人类交往中最模糊也最令人寒心的苛待:不是对你怒目圆睁,而是收起原先那见惯的笑容,另换一副冷酷的嘴脸,使你禁不住要对一切面孔都发生怀疑;不是由于你本人的情况,而是因为你身外某样东西的变化而改换对你的态度:使你发觉自己原来是一样附属品,禁不住感到惶惑和屈辱:鲁迅还是一个少年,就不得不独自咀嚼这些怀疑和屈辱[1],这是怎样深刻的不幸?

我不太相信中国古人对于苦难的种种辟解,事实上,鲁迅终身

---

[1] 鲁迅的母亲回忆说:"在那艰难的岁月,他最能体谅我的难处,特别是进当铺典当东西,要遭到多少人的歧视,甚至奚落。可他……从来不在我面前吐露他的苦恼遭遇。"见俞芳:《鲁迅先生的母亲谈鲁迅先生》,薛绥之主编:《鲁迅生平史料汇编(一)》,天津人民出版社 1981 年版。

都没有摆脱这份不幸的影响。倘说每个人都是自己凿开一扇窗户去观察世界，童年时代的不幸就像是构成了鲁迅这扇窗户的窗框。正因为深恶 S 城人的势利和冷酷，刺心于本家叔祖们的欺凌孤寡，尤其是五十那一类亲戚的卑劣虚伪⁽¹⁾，他对百草园的热爱，就没有能扩展成对大自然的敬慕，他与水乡风景的亲近，也没有培养出对田园意境的偏嗜，甚至他在南京和日本学到的科学知识，亦未能牢固地吸引住他的注意力⁽²⁾——对病态人心的敏感挤开了这一切。

请看他 1924 年冬天的回忆："我幼小时候……是在 S 城，常常旁听大大小小男男女女谈论洋鬼子挖眼睛。曾有一个女人……据说她……亲见一坛盐渍的眼睛，小鲫鱼似的一层一层积叠着，快要和坛沿齐平了。"⁽³⁾我不知道别人怎样，在我看来，这是鲁迅描画得最逼人的意象之一，那个腌臜的渍缸里，其实是装着多么可怕的愚昧！在鲁迅笔下，类似这样的回忆还有许多，譬如对无常和女吊这样特别的鬼的描绘，更不要说对衍太太那一类卑劣的人的记叙了，它们都从各个方面让你感觉到鲁迅内心深处的悲愤。

人的头脑中固然拥挤着形形色色的感觉和观念，但真正能扎下深根的，却是那些潜踞记忆深处的片断的意象。感觉本来就漂流不定，观念也常常会改换更新，唯有这种片断的意象始终如沉江的巨石，执拗地限定人的精神底蕴。鲁迅的心灵是那样敏感而丰富，可至少在三十几年间，他萦怀于心的竟多半是"小鲫鱼"一类的阴暗记忆，看看他的回忆散文《朝花夕拾》吧，有心到童年去淘取愉悦

₍₁₎ 这方面的详情，见周遐寿：《鲁迅的故家》，上海出版公司 1953 年版。

₍₂₎ 他在 1907 年写《科学史教篇》，结尾却说："盖使举世惟知识之崇，人生必大归于枯寂……故人群所当希冀要求者，不惟奈端（牛顿）已也，亦希诗人如狭斯丕尔（莎士比亚）……"见《坟》，人民文学出版社 1956 年版。

₍₃₎ 鲁迅：《论照相之类》，《坟》，人民文学出版社 1956 年版，第 135 页。

的净水，却还是忍不住拽出了往日的余愤。请想一想，从这样的精神底蕴上，他会形成怎样的认识倾向？

当然，仅仅用鲁迅少年时代的经验是不足以解释他整个的认识倾向的，一个成年人对世界的感受远比他儿时的记忆丰富得多，他势必要根据新的经验不断调整自己的认识角度。如果鲁迅日后遭遇到一个令人振奋的时代，他甚至有可能逐渐淡忘那往日的阴暗记忆。不幸的是，情况恰恰相反，他成年之后的经历几乎时时都在印证他少年时代的心理感受，从在日本看的那场屠杀中国俘虏的电影，到1928年长沙市民踊跃挤看"共匪"女尸的盛况，这些现实的见闻不断充实那些"小鲫鱼"式的意象的深刻含义，以至当鲁迅把它们描绘出来的时候，它们早已不仅是往日的印象，而更凝聚着他的现实的真切感受了。

这就形成了一种心理循环，黑暗的现实不断强化鲁迅过去的阴郁印象，这种印象又使他对黑暗现实的感受特别深切，随着他那种洞察心灵病症的眼光日益发展，他甚至逐渐养成了一种从阴暗面去掌握世事的特殊习惯。他越是目睹历史的停滞和倒退，越是失望于那些政治或暴力的革命形式，就越不由自主地会把注意力集中于民族的各种精神缺陷，甚至到它们当中去寻找黑暗的根源。有位历史学家说，我们将带着旧神迁往每一处新居。就鲁迅的精神发展来讲，这旧神就是他童年时代的阴暗记忆，而黑暗的社会又在所有新居都为这旧神安放了合适的神龛，越到后来，新居的气氛还越合乎旧神的谕示，以致当鲁迅成年以后，对病态人心的注重几乎成为一种最基本的认识习惯了。

他当然不会被动地依从这种习惯。他有自己尊奉的哲学观念可以依赖，更有近在眼前的切身利害必须考虑，凭借这两者的帮助，他完全能够超越自己的认识习惯。但是，他仅仅是能够超越而已，在他那些深层的心理活动中，在他对世态人情的具体感受中，在他观察社会的个人视角中——至少在这些方面，他仍然不能摆脱那种习惯。就在唯物主义观念逐渐支配他逻辑思路的同时，那尊旧神依然稳稳地坐在他心理感受的区域中心。这就是为什么他明明知道物质环境的决定性作用，却还会习惯性地把"国民性"看得很重。

我们从理性知识当中抽绎出一套对现实世界的完整理解，却又分明体味到另一些截然相反的生动印象；在许多时候，这种矛盾往往成为创造者的努力的出发点；可如果遇到分崩离析的黑暗时代，当历史发展的可能性表现得异常复杂的时候，它却每每会成为先觉者的痛苦的总根源。人毕竟不能长期忍受认识上的分裂，他总要尽力把那些出乎意料的感受都解释清楚，这虽然不可能完全做到，但在一般情况下，他是能够把大部分感受至少在表面上协调起来的。可是，置身社会崩溃时期的知识分子却往往做不到这一点，他越是预感到山洪正在远处的群峰间迅速聚集，就越会对眼前这泥沼般的沉闷困惑不解。对现实的亲身体验非但不服从他对人生的理性展望，反而常常使他对这展望本身都发生了怀疑。古往今来，有多少有志之士就是陷入了这种矛盾的深谷，左冲右突，精疲力竭。我甚至觉得，黑暗社会对先觉者的最大的折磨，就是诱发和强化他内心的这种矛盾。不幸的是，鲁迅正遇上了这种折磨，那个时代以他童年的不幸为向导，以他成年后境遇对这份不幸的强化为推力，一步步也把他拖进了这样的一条深谷。

最明显的例证，就是他对于民众的看法。当谈到大众的时候，似乎有两个鲁迅。一个是不无骄傲，认为"我们生于大陆…… 历史上满是血痕，却竟支撑以至今日，其实是伟大的"[1]。并且引用报

〈1〉　鲁迅：1936 年 8 月 27 日致尤炳圻信，《鲁迅书信集》（下卷），人民文学出版社 1976 年版，第 1064 页。

载北平居民支援游行学生的消息，有力地反问道："谁说中国的老百姓是庸愚的呢，被愚弄诓骗压迫到现在，还明白如此。"[1] 这不奇怪。至少从"五四"开始，鲁迅就和同时代的许多知识分子一样，自觉地承担起了思想启蒙的责任。可是，这个责任太沉重了，它简直超出了许多启蒙者的承受能力。当他们的呐喊如石沉大海，几乎激不起民众的任何反响，在沙漠般的空旷和寂静中，他们的声音显得那样孤单，甚至那样滑稽；当战争和动乱把整个社会都推入最原始的匮乏状态，民族和个人的基本生存都变得岌岌可危，就像是置身于地震后的废墟之上，连最自信的牧师也禁不住要怀疑自己是否多余——在这样的时候，这些知识分子还能坚守住启蒙的立场吗？

单靠从西方搬来的那些抽象的理论，显然是不够了，他们势必要寻找别样的精神支柱。可这样的支柱又在哪里呢？既不能像牧师那样倚赖身后的上帝，又缺乏尼采那份傲视众生的勇气；现代中国的启蒙者似乎就只能转向自己的启蒙对象，到他们当中去寻找自己的生存依据。这就导致了人民这个概念的产生，或者说导致了对这个概念的重新解释。随着战乱的日益加剧，这个概念的神圣光圈还逐渐扩大，正是通过用这个非常空洞的名词来取代诸如"百姓""民众"一类实有所指的字眼的方法，通过把那原先是自己的拯救对象的民众，不知不觉就改看成能够拯救自己的新神明的方法，许多知识分子似乎找到了自己的生存依据，正如不知所措的早期人类创造出上帝的概念，为自己寻找到寄托一样。

鲁迅当然不会盲目地接受"人民"这个新的神圣概念，但也不可能完全不受它的影响。因此，在如何评价民众的问题上，他势必非常谨慎，要反复审视，要考虑许多直接印象以外的因素。在很大

---

[1] 鲁迅：《"题未定"草·九》，《且介亭杂文二集》，人民文学出版社1958年版，第178页。

程度上，他毕竟还是一个传统的人道主义者和启蒙主义者，他不会愿意贬低大多数人的历史价值，他奋斗的目标正是为了唤醒大众，以他们的力量来掀翻黑暗的专制，倘若贬低他们，不也就否定了自己吗？所以，只要能够抑制住悲愤的情绪，他就会以各种方式从整体上去肯定民众：那些为之辩护的话，正是他必然要说的。

但还有另一个鲁迅，他满面怒容，竟认为"大约国民如此，是决不会有好的政府的"[1]。即使到了晚年，无论是挖苦中国人"每看见不常见的事件或华丽的女人……下巴总要慢慢挂下，将嘴张了开来"[2]，还是拿街头玩把戏的情形来比喻民众的甘当看客[3]；也无论回忆绍兴"堕民"的"出钱去买做奴才的权利"[4]，还是由浙江农民的迎神惨剧而感慨他们"依然是旧日的迷信，旧日的讹传，在拼命的救死和逃死中自速其死"[5]，都使人明显感觉到，那种对病态人心的心理直感仍然强烈震撼着他的灵魂，他好像仍然从"愚民的专制"的角度去理解世事，仍然把病态的精神现象看得很重。

就人的认识动机而言，他对一样事物的理解最终应该趋向统一，可鲁迅对民众的认识却似乎相反，他越是仔细考虑，分歧反而越大。随着对自己历史使命的自觉日益明确，他那种从整体上肯定人民的愿望自然会日益强烈。但是，他又无法摆脱种种关于"愚民的专制"的阴暗思路，这个令人战栗的提法并不是一种高度概括的逻辑结论，而是一种心理感受的牢固的凝聚，它的根基主要并不在鲁迅对感觉材料的逻辑整理，而在于社会很早就强加给他、以后

〈1〉　鲁迅：《通讯》，《华盖集》，人民文学出版社 1958 年版，第 15 页。
〈2〉　鲁迅：《略论中国人的脸》，《而已集》，人民文学出版社 1958 年版，第 7 页。
〈3〉　鲁迅：《观斗》，《伪自由书》，人民文学出版社 1958 年版，第 4—5 页。
〈4〉　鲁迅：《我谈"堕民"》，《准风月谈》，人民文学出版社 1958 年版，第 23 页。
〈5〉　鲁迅：《迎神和咬人》，《花边文学》，人民文学出版社 1958 年版，第 102 页。

又不断强化的那种独特的感受习惯。所以，它完全能够抵抗住理性愿望对它的压制力量，支撑那压力的仅仅是个人求取精神平衡的理智，而在它背后，却站着全部黑暗的社会的现象，以及它们过去和现在对于鲁迅心理的全部影响。

正是这种心理感受和逻辑判断之间力量上的不平衡，决定了鲁迅晚年在理解"国民性"问题上的复杂变化。他早年似乎是把民众的不觉悟主要理解为一种精神上的麻木，还到历史中去寻找原因，用长期为奴造成的奴隶意识，用老百姓对于一等奴隶地位的羡慕来解释这种麻木。他那"做稳了奴隶"和"想做奴隶而不得"、王道和霸道相交替的历史观，更在他头脑中保持了相当长的时间。[1] 但是到 1934 年，他的说法完全不同了："在中国，其实是彻底的未曾有过王道"，"人民之所讴歌，就为了希望霸道的减轻，或者不更加重的缘故"。[2] 所谓霸道，就是用暴力强迫人民当奴隶，鲁迅把中国的漫长历史全部归结为霸道，说明他不再相信精神奴役的成功，不再仅仅用麻木之类的奴隶意识去解释民族的命运；他似乎已经意识到，把"国民性"扭曲成现在这样的根本原因并不是精神性的，而是物质性的，是历代统治者的暴力高压。

每个时代都对人们的认识倾向形成一种特殊的制约作用，鲁迅的时代也不例外。从 1920 年代起，他经历了多次血腥的惨案；到上海以后，又时时闻知国民党特务绑架暗杀的凶讯，他不可能不意识到暴力在黑暗专制中的巨大作用。他爱读各种"野史"，其中对

〈1〉 在写于 1932 年 5 月的《谈金圣叹》里，他就写道："中国百姓一向自称'蚁民'，……但如果肯放任他们自啮野草，苟延残喘，挤出乳来将这些'坐寇'喂得饱饱的，后来能够比较的不复狼吞虎咽，则他们就以为如天之福。"见《南腔北调集》，人民文学出版社 1958 年版。

〈2〉 鲁迅：《关于中国的两三件事》，《且介亭杂文》，人民文学出版社 1958 年版，第 5—6 页。

历史上那些屠戮和酷刑的详细记载，又反过来印证了现实对他的刺激。那正是一个迫使人把注意力转向物质状况的时代，鲁迅对于王道的否定，就正是顺应了时代的这种制约，他在这一方面，并没有走在许多同时代人的前头。

我要说的倒是另一面，那就是尽管对物质因素的重视日益渗进了鲁迅对国民性的认识，这却并没有把他引离开对精神病态的关注，甚至反而强化了这种关注。1934 年 4 月，他尖锐地指出："暴露幽暗不但为欺人者所深恶，亦且为被欺者所深恶。"[1] 1935 年 10 月，他在谈到忍受的时候又说，"如果陀思妥夫斯基式的掘下去，我以为恐怕也还是虚伪"[2]。不是麻木到不知道自己在受苦，而是明明知道，却不愿反抗；不但自甘于当奴隶，还憎恶提醒他的人：鲁迅这时候还用这样的眼光去打量群众，谁能说他改变了观察"国民性"的基本角度？恰恰相反，越到晚年，越意识到统治者的暴力压迫，他对奴隶意识的探究越加发展到令人战栗的深度。感受习惯的旧神对他影响太大了，他似乎是把对物质作用的重新认识都当作了校秤的砝码，他郑重地列出它们，不过是为了更准确地判明民族的精神畸形。终其一生，他都是一个把精神作用看得很重的人。

这就是说，鲁迅始终没能突出那条矛盾的深谷，有时候还仿佛愈陷愈深。感受习惯和逻辑判断的分歧，对精神力量和物质力量谁轻谁重的矛盾认识，最终都造成了他整个理性意识的分裂。因为理性本身的复杂性质，一个心灵丰富的艺术家产生理性的分歧，本来并不奇怪。但是鲁迅理性意识的分裂竟如此尖锐，却实在令人忧

---

[1]　鲁迅：《朋友》，《花边文学》，人民文学出版社 1958 年版，第 32 页。
[2]　鲁迅：《陀思妥夫斯基的事》，《且介亭杂文二集》，人民文学出版社 1958 年版，第 156 页。

虑。那"愚民的专制"的论断固然还只是刚刚沾上点逻辑推理的边，那从社会信仰和功利意识出发的对人民的抽象背定，却也远远不能消除他对精神病态的过分敏感。他极力说服自己去依靠大众，却偏偏多看见他们张着嘴的麻木相。他想用文章去唤醒他们，却越来越怀疑他们并非真的昏睡：这就好比已经上了路，却发现很可能方向不对头，到不了目的地，他怎么办？

一个办法就是停下脚步，修订计划，甚至改换别样的道路：在一般情况下，恐怕大多数人都会这么做。可鲁迅却做不到这点，那种与黑暗誓不两立的憎恨情绪，早已使他无法退出社会启蒙的战场，即便看清楚那"唤醒大众"的理智的向导并不可靠，他也仍然要照着既定的方向走下去，《野草》中那个跟跟跄跄直往前赶的过客，正是他此时的自画像。因此，他势必采取另一个方法，不是跟随老向导退出旧路，而是另找一位新向导继续向前。在启蒙时代的欧洲，先驱们是把人道主义思想当作精神向导的，他们的引路旗上写着"人"。这以后，启蒙者的身份逐渐由贵族变成平民，"人"也就逐渐演变为"人民"，由抽象发展成了复数。但鲁迅却没有先驱们的这份信心。他的感受习惯使他经常不相信复数的人。因为从阿Q们身上看到的往往不是理性，而是奴性，他本能地就要从相反的方面去寻找支持，不是复数，而是单数，不是人，而是魔。

他18岁的时候就是怀着这样的心情离开家乡的："总得寻别一类人们去，去寻为S城人所诟病的人们，无论其为畜生或魔鬼。"[1]他还以离群索居的意思，取了一个"索士"的别号。在《摩罗诗力说》里，他更写过这样的话："亚当之居伊甸，盖不殊于笼禽，不

---

[1] 鲁迅：《朝花夕拾·琐记》，人民文学出版社1956年版，第51页。

识不知，惟帝是悦，使无天魔之诱，人类将无由生。故世间人，当
蔑弗秉有魔血，惠之及人世者，撒但其首矣。然为基督宗徒，则身
被此名，正如中国所谓叛道，人群共弃，艰于置身，非强怒善战豁
达能思之士，不任受也。"[1] 既然亚当们不一定会如梦初醒地随他而
起，他就得准备独自一人奋斗下去。如果他们甘愿被圈在伊甸园里
当愚民，那他就只有背负撒但的恶名了。他在这时候把个人和撒但
等同起来，说明他已经敏感到自己不但必然是先驱，而且多半也是
牺牲。那"任个人"的不惮于独战的思想，正是鲁迅为自己找到的
新向导。

　　这自然会极大地影响他的处世之道。既然只能独战，他势必要
把个人的独立性奉为根本。首先是看世的焦点。无论是叹息"中国
一向就少有失败的英雄"，还是疾呼"我们从古以来，就有埋头苦
干的人"，他注意的似乎都是顽强奋战的个人，而且是身处逆境的
个人。这正符合他对历史的看法，历代统治者一直都在源源不断地
制造愚民，那相反的力量当然只能存在于清醒的个人。其次是衡世
的尺度。他无论判断什么事，都坚持以亲见的事实为准，他曾引用
萧伯纳的话，说最好是用自己的眼睛去读世间这一部活书。倘碰上
自己不甚了解的事情，他就采用一种以眼见的事实从正反两方面进
行推论的独特方法，他1930年代初的赞扬苏联，就是这样来的。[2]
最后，也最重要的，是处世的态度。因为极端珍惜个人的独立性，
他对参加团体活动似乎抱着相当谨慎的态度。1925年春末，在回答

〈1〉　见鲁迅：《坟》，人民文学出版社1956年版，第53页。
〈2〉　在谈到对苏联、马克思主义和无产阶级革命运动的认识时，鲁迅几乎从不隐瞒，他经
　　　常是用这种推论来决定自己的态度的，可参看他1931年至1933年的许多文章，如
　　　《黑暗中国的文艺界的现状》、《林克多〈苏联见闻录〉序》、《我们不再受骗了》以及
　　　他1933年11月15日致姚克的信等。

许广平关于参加国民党的询问时，他这样说："如要思想自由，特立独行，便不相宜。如能牺牲若干自己的意见，就可以。"[1] 从一贯对别人借重和利用自己的异常敏感，到晚年的坚决不参加"文艺家协会"，都可以看出他给自己划定了一条基本界线，那就是为了维护独立地位和思想自由，他宁愿脱离任何团体。他甚至怕当名人："一变'名人'，'自己'就没有了。"[2] 我能够理解鲁迅这种捍卫独立性的决绝态度，在一个常常并不信赖多数的人眼中，集团活动不可能占有太重的位置。在中国这样长期遭受专制统治的国度，唯有大勇者才能不惧独战；而鲁迅所以每每比别人看得深，一个主要原因，不正在他始终坚持独立思考吗？

但是，鲁迅思量再三，竟只能找到这种散发着撒旦气味的"任个人"思想来充当向导，却未免让人感到悲哀。社会是由复数组成的，也只有靠多数人的力量才能改变，一个有心献身启蒙事业的知识分子，其实是不能对多数失去信心的。何况他自奉是战士，诗人可以特立独行，战士却必须和左右保持一线，越是严酷的时代，社会战场上就越少有独战者自由驰骋的余地。鲁迅肯定没有想到，当他用"任个人"的思想来协调自己逻辑判断和心理感受的矛盾时，这思想却会把他引入另一种客观身份和主观心境的矛盾。他的启蒙战士的客观身份要求他努力去说服自己，不但在整体上遵人民的命，还要在具体的斗争中听团体的令。我可以举出很多例子，证明他的确是竭诚尽心，在实际行动中尽量和别人取同一步骤。但这并不等于他内心就没有踌躇。一旦处境趋于恶化，这踌躇还日渐增强

〈1〉 鲁迅：1925 年 5 月 30 日致许广平信，《两地书》，人民文学出版社 1958 年版，亦见王得后：《〈两地书〉研究》(天津人民出版社 1982 年版) 中对此信原文的介绍。

〈2〉 鲁迅：1927 年 2 月 25 日致章廷谦信，《鲁迅书信集》，人民文学出版社 1976 年版，第 130 页。

起来。

　　对北方许多亲身参加过五四运动的青年人来说，1920 年代中后期是一段不堪忍受的岁月，谁能想到，紧接着新文化运动而来的，竟会是那样肆无忌惮的复辟和反动呢？但鲁迅不同，他早已有过类似的经验，从辛亥革命开始，他看够了一幕幕称帝、复辟的丑剧。他必然要把这一次的反动和他过去身经的反动联系起来，甚至和他从古书上读到的那些历史上的反动联系起来，结果，他得到的就不仅是强烈的失望，更有深刻的怀疑。对个人来说，历史太广阔了，每个人都只能从自己站脚的地方去打量它，如果不幸置身于停滞甚至倒退的时期，那就非要超越自己才能保持对于标尺的信赖。社会也太庞杂了，泛泛地相信历史进步论还比较容易，倘要把这种信念贯彻到对许多具体现象的理解中去，却非有通达的气魄和坚强的理性不能做到。可惜的是，鲁迅那把一切惟事实为重的心理标尺牵制了他，他无法用对进化论的抽象肯定去解释现实黑暗的卷土重来。他固然不相信历史会倒退，却禁不住对历史的停滞深感沮丧："试将记五代，南宋，明末的事情的，和现今的状况一比较……仿佛时间的流驶，独与我们中国无关。"[1] 至于"历史如同螺旋"一类的话，更在他笔下多次出现。[2] 当他依着这样的思路去估量民族的精神发展时，那种对于联合作战的深藏的踌躇就剧烈地发展起来了。

　　从 1920 年代中期开始，先是在私人通信里，接着在公开的文章中，鲁迅接连发出了对一些年轻同伴的激烈指责。当去广州时，他甚至疑心一个学生是密探。这和他以前对待青年人的那种隐恶扬善、一味鼓励的态度形成如此触目的对照，似乎他是对年轻一代

---

〔1〕　鲁迅：《忽然想到·四》，《华盖集》，人民文学出版社 1958 年版，第 11—12 页。
〔2〕　见他的《记"发薪"》、《朝花夕拾·小引》和《扣丝杂感》等文。

极度失望了。可实际上，他从来就不是一个进化论的虔诚信徒，就像对民众一样，他对青年也有两种不同的认识。在整体上，他相信青年必胜于老年；但对具体的个人，他并不一概而论。还在五四运动的高潮时期，他就表示过对北京大学青年们的不满："学生二千，大抵暮气甚深，蔡先生（指蔡元培）来，略与改革，似亦无大效。"[1]心中早就有这样清醒的感受，就是再发现几个青年的机巧和狭隘，他也不至于会震惊到失去常态。所以，倘说高长虹们的确使他失望了，这失望却主要不是对别人，而是对自己，不是对身外原就各各不同的青年，而是对自己那以为可以同他们结伴前行的奢望。既然在中国，历史并不随着时间的流逝而自然进步，那精神上的愚昧状态也就不会随着一代愚民的消失而消失；不但在上辈和同辈人中间，自己当然要背负撒旦的恶名，就是和较年轻的人们在一起，恐怕也还是免不了独战的命运——我很怀疑，鲁迅这时期对高长虹们的激烈反应，正是起源于类似这样的阴郁思路。因为，几乎和这些激烈的反应同时，他那撒旦式的情绪也日渐强烈了。

1925 年春天，鲁迅在通信中这样解释自己的思想矛盾："教我自己说，或者是'人道主义'与'个人主义'这两种思想的消长起伏罢。所以我忽而爱人，忽而憎人。"[2]在他，这人道主义几乎就等同于"改革国民性"的思想，他正是因为爱民众，才去揭发他们的愚昧。而那个人主义，照他的说法就是："要救群众，而反被群众所迫害，终至于成了单身"[3]，正像那憎恨整个社会的"工人绥惠略夫"。鲁迅的这番自况是相当坦率的，他原就对群众的不

〈1〉 鲁迅：1919 年 1 月 16 日致许寿裳信，《鲁迅书信集》，人民文学出版社 1976 年版，第 20 页。鲁迅以后还多次说过对青年不能一概而论的话，《野草》中就有。

〈2〉 鲁迅：1925 年 5 月 30 日致许广平信，《两地书》，人民文学出版社 1959 年版，第 63 页。

〈3〉 鲁迅：1925 年 3 月 18 日致许广平，同上书，第 15—16 页。

觉悟抱有矛盾的看法，既痛心于他们的麻木，又怀疑他们是否真的麻木，因此，"人道主义"思想固然贯穿了他的一生，"个人主义"的精灵也很早就跟上了他。他早年的热烈赞扬撒旦，就正是这精灵的第一次作祟。每一次政治文化上的大反动，都像催熟剂一样助长了它的发展，从1922年冬天他提出的"散胙"论里，就分明可以嗅到浓厚的魔鬼气味。[1]《野草》中那令人惊心的在旷野上持刃相对的复仇者，那仰天诅咒的老妇人，不都是这精灵的化身么？

　　鲁迅是个极其深沉的人，思路通常都相当执拗。这有助于他养成慎重的习惯，他在说出许多重要看法之前，都经过反复思考；但也使他不容易达到"顿悟"的境界，不会幡然醒悟，紧急转弯。他摆脱不了过去的思绪，社会一点一点填进他心胸的那些"个人主义"的火药，终究要爆炸开来。而1920年代中期黑暗压迫的加剧，尤其是高长虹们的不成器，正无异于点燃了引线，在1926年12月的一封通信中，鲁迅就直言宣告"我近来的渐渐倾向于个人主义"[2]了！倘说这还是一时的气话，在写于同时期的公开文章里，他更有明确的话在："发表一点，酷爱温暖的人物已经觉得冷酷了，如果全露出我的血肉来，末路正不知要到怎样。我有时也想就此驱除旁人，到那时还不唾弃我的，即使是枭蛇鬼怪，也是我的朋友，这才真是我的朋友。倘使并这个也没有，则就是我一个人也行。"[3]这字里行间对那"酷爱温暖的人物"的轻蔑，难道还不能说明他此

〈1〉　在《即小见大》中，他写道："凡有牺牲在祭坛前沥血之后，所留给大家的，实在只有'散胙'这一件事了。"见《热风》，人民文学出版社1956年版。

〈2〉　鲁迅：1926年12月16日致许广平信，《两地书》，人民文学出版社1959年版，第214页。

〈3〉　鲁迅：《写在〈坟〉后面》，《坟》，人民文学出版社1956年版，第210页。

时的愤世情绪么？不但自己决心充当遭人厌恶的魔鬼，而且唯那同样"冷酷"的枭蛇鬼怪为真朋友：他25岁时对撒旦的推崇，到这里真正发展到了极致，它不再仅仅是隐约的自许，更似乎包含对社会的公开的绝望了。

　　鲁迅是为了继续迈步才找来"任个人"思想的手杖的，可现在，他那客观身份和主观心境的矛盾竟表现为这样一种危险的警告：倘若他一味纵容那些撒旦式的情绪，就势必坠入绥惠略夫式的绝境。[1] 东方的专制国家容不得撒旦，中国的知识分子也无力充当撒旦，鲁迅虽然以"独战"自解，却毕竟生长在崇尚济世精神的土地上，他离不开自己所属的国家和社会，也无力长久地负载轻视群众的思想重压。他更不是那种愿意进行自杀式袭击的人。因此，同样是为了继续迈步，他却又不得不尽力把那根拐杖扔得远远的，免得它绊住自己的腿，用他的话说，就是要除去自身的"鬼气"。[2] 在精神发展的道路上，他似乎徒劳地兜了一个大圈子，这是怎样令人悲哀的徒劳！世上本没有现成的路，每个人都必须自己去找；古往今来，茫茫荒野曾经逼迫人开拓出许多奇险的道路，从通达的一面讲，这逆境亦自有特别的作用。但是，鲁迅那个时代的黑暗却是不可饶恕的，它使鲁迅彷徨得太久：他似乎找到了出路，却发现前面依然是乱木和杂丛；他确是找到了新的向导，它却似乎要将他引入绝路，他不得不再将它逐出自己的身旁：谁能想到，在苦苦战斗了将近三十年以后，鲁迅竟然又要从头开始，重新来培养自己的战斗的热情！

---

〔1〕　在这一时期，鲁迅不但自己翻译《工人绥惠略夫》，而且不断地谈到他，在离京南下前的最后一次讲演中，他甚至说，就是几十年以后，"还要有许多改革者的境遇和他相像的"。见《记谈话》，《华盖集续编》，人民文学出版社1958年版。
〔2〕　早在1924年9月24日致李秉中的信中，他就写过这样的话。

鲁迅要除去自身的"鬼气"就必须先解除这样一些困惑：为什么现实的黑暗持久不散，为什么奴隶意识代代相传；长夜似乎远未到达尽头，也就不会有什么光明的使者，可如果这一切都是真的，那我又算是什么呢？在他对社会进步的怀疑后面，紧跟着对自己历史位置的怀疑。这不奇怪，大概每个启蒙时代的先觉者心中都会有类似的问号。而从历史上看，人们往往是用这样两种方法去对待它：或者以自大的态度无视它，或者修正对历史的认识来解释它。既然鲁迅的怀疑首先是一种历史的怀疑，又是为了摆脱"个人主义"才去找答案的，他就只能用后一种方法。他这时候了解较多的历史学说是进化论，也就只能主要到它那里去求取支援。

　　在生物学的意义上，进化论是一种乐观而空泛的学说，鲁迅很快就看出了它的偏颇。但在哲学的意义上，进化论又是一种通达的学说，它教给人一种思想方法，就是把一切都看作过程，从整体发展的需要来估量个体生存的意义，这似乎正合鲁迅的需要。1925年夏天，他在谈到至少还要奋斗几十年以至好几代人的时候说："这样的数目，从个体看来，仿佛是可怕的……在民族的历史上，这不过是一个极短时期。"[1]一年半以后，他更明白地说："在进化的链子上，一切都是中间物。"[2]单用自己的所见，他无法解除那些困惑，于是把它们放到更大的背景前面去审视；执着于个人的感受，只会助长恨世的情绪，那就反过来试着用造物主的眼光看待自己；就事论事太容易导致狭隘性了，唯有事情的前因后果才能显示它的实际价值；不该把自己当作唯一的出发点，最重要的还是整个世界的发展进程：所有这一切的关键就在于转换着眼点，而这正是进化

〔1〕　鲁迅：《忽然想到·十》，《华盖集》，人民文学出版社 1958 年版，第 68 页。
〔2〕　鲁迅：《写在〈坟〉后面》，《坟》，人民文学出版社 1956 年版，第 212 页。

论教给鲁迅的，他依靠这种通达的思想方法，似乎逐渐找到了解除那些困惑的答案。

首先是对于社会发展的一种特别的估计。在大革命失败以后，他多次认为，"我们现在正在进向一个大时代"[1]。但这"大时代"是指什么呢？借用他1933年夏天的话来说是："也如医学上的所谓'极期'一般，是生死的分歧，能一直得到死亡，也能由此至于恢复。"[2] 原来，这"大时代"几乎就等同于大动荡和大决战。他虽然盼望长夜之后是曙色通明，但以自己和不少改革者的亲身交往，他却实在不能肯定后起者必然能走向光明，而从历史上看，旧物的崩溃又哪里都是引来了新生？几乎从辛亥革命结束的时候起，这种极其矛盾的心境就一直向他要求一种对时代的重新估计，一种既能够缓解激愤情绪、又可以避开空洞许诺的估计。而现在，他把视线从结果转向过程本身，把这些年来黑暗的变本加厉统归纳为一种向转折点发展的趋势，一种介于两个质变的"极期"当中的量变过程。为了迎接转折点，就有必要忍受黑暗的加剧，现在还没有到达"极期"，也就不必妄评将来：正是经过这样曲折的思路，他把自己对那个时代的各种感受，艰难地协调了起来。他是那样急于恢复对历史发展的主动理解，无论怎样悲观的理解都行，只是不能够失去理解。中国知识分子毕竟缺少那种彻底蔑视社会的个人意识，一旦看不清自己遭逢的历史环境，许多人就很容易惶然失措。在这一点上，鲁迅也不例外，他很清楚，如果不能解除自己对这个时代的性质的惶惑，那种绥惠略夫式的绝望就会冒出头来。

恢复了对时代性质的掌握，也就同时恢复了对自己历史位置的

---

[1] 见他的《〈尘影〉题辞》和《"醉眼"中的朦胧》。

[2] 鲁迅：《小品文的危机》，《南腔北调集》，人民文学出版社1958年版，第133页。

掌握。从 1920 年代中期起，鲁迅很少再表现出五四时期的那种启蒙者的自信，那种代表新世界的毫不掩饰的自傲了。就在那段认为"一切都是中间物"的文字里，他把自己说成是一个旧垒中来的反戈者；在另一个场合，又比喻成抽了鸦片而劝人戒除的醒悟者。到了 1934 年 8 月，他更在通信中写道："使我自己说，我大约也还是一个破落户，不过思想较新……"[1] 这是不是自谦之词？我却以为，他这样强调自己原属于那个将要灭亡的阶级，其实是另有不得已的深因。

他从来就有一种牺牲精神，为了换得民众的觉醒，他愿像《死火》中的死火那样，哈哈笑着坠下冰谷。但随着灵魂里"鬼气"的日益弥漫，他这牺牲的热情却大大减弱了，群众自己宁愿忍受严寒，他又何必向冰车做自杀式的突击？他当然不会就此罢战，仍然勉力去背负黑暗的闸门，但同时，他却必须找到一种依据，来强制自己继续去充当牺牲。"一切都是中间物"的观点正向他提供了这种依据。既然整个社会还处在向"极期"的发展当中，奋然而起的就只能是出自这个社会的叛逆；既然自己并非新世界的代表，那和旧世界的一同沉没正是必然的命运，恰如那个向人类告别的影子。这也就像一架梯子，别人踩着它攀上天堂，它自己却永远立脚在地狱当中。在 1930 年给朋友的信中，鲁迅就写道："中国之可作梯子者，其实除我之外，也无几了。"[2] 这哪里是自谦，他分明引申出了一种历史的必然性，甚至因这种必然性而感到新的自傲。无论原始人的崇拜神灵，还是现代人的信仰科学，其实都意味着对必然性的

〈1〉 鲁迅：1935 年 8 月 24 日致萧军，《鲁迅书信集》下卷，人民文学出版社 1976 年版，第 865 页。

〈2〉 鲁迅：1930 年 3 月 27 日致章廷谦，《鲁迅书信集》上卷，人民文学出版社 1976 年版，第 250 页。

服从。人的一切自勉之道的精髓也就在这里，如果他能向自己证明这是一件必然的事情，就是再不愿意，他也会勉力去做。鲁迅对自己社会属性的独特判断，实际上就正是这样的一种自勉。他完全称得上新世界的光明使者，我甚至不相信他没有这样的自觉。他之所以偏要那样自贬，不过是想在自己的牺牲观底下，再垫放一块更加稳重的基石。

随着对历史进程和自己在其间的历史位置的明确认识的重建，鲁迅对"个人主义"精灵的抑制就进入了最关键的阶段。他一生都在呼唤新世界，先是知识分子中间的觉悟者，后来是新兴的无产阶级，都曾被他看作新世界的代表。但他毕竟养成了凡事以亲见为实的习惯，不但从对黑暗的感受出发，肯定一切要认真打破这黑暗的力量，也根据他所接触到的那些革命者，来判断他们所属的整个革命。这使他能保持远非一般人所有的清醒，同时也给他带来了远较一般人为重的痛苦，一旦他看到某些革命者的缺陷，或者遭受他们的攻击，内心的失望就会迅速扩展，每每触发另一些更深刻的怀疑。还在厦门时，他就对身后的队伍产生了戒心："但发见称为'同道'的暗中……背后枪击我，却比被别人所伤更其悲哀的。"[1]到1930年代，更从这种戒心中发展出所谓"横站"的说法。这些议论虽然各有所指，却共同传达出一种深重的痛苦，一种混杂着惶惑的孤立感。我觉得，比起他对历史进步论的怀疑情绪，这种孤立感才是滋生"鬼气"的真正温床。

但现在，从对自己"中间物"身份的理性判断中，鲁迅却似乎获得了一把铲除这温床的铁锹。如果自己原就不属于新世界，对那替新世界开道的革命感到不适应，甚至严重的不满和失望，又有什

〈1〉 鲁迅：1926 年 11 月 9 日致许广平信，《两地书》，人民文学出版社 1959 年版，第 164 页。

么奇怪呢？在这里，鲁迅借助的仍然是必然性。1927年，他在谈到俄国诗人叶赛宁和梭波里对于俄国革命的失望时说："现实的革命倘不粉碎了这类诗人的幻想或理想，则这革命也还是布告上的空谈。但叶遂宁和梭波里是未可厚非的，他们先后给自己唱了挽歌，他们有真实。他们以自己的沉没，证实着革命的前行。"[1]他甚至生发出一种更广泛的结论：真的知识阶级"永远不会满意的，所感受的永远是痛苦……因为这也是旧式社会传下来的遗物"[2]。一直到左联成立大会上，他还用那两位作家的例子来告诫年轻的同行。这些想法当然都包含着偏颇：他未免把暴力和革命的血污看得太神圣了。但我要说的是另一面，那就是鲁迅这种特别的思路正体现了一种罕见的精神品质，一种彻底的自我牺牲精神。为了继续充当梯子，他已经不惜把自己判属给旧世界了；现在，为了继续接受那些将从自己肩上攀向高处的年轻人，他更主动把自己的痛苦理解成路中的野草，它的倒伏正说明了革命之足的前行——在现代中国，还有谁能够这样？

在生命的最后十年，为了避免"人道主义"和"个人主义"矛盾的急剧激化，为了保持继续呐喊所必不可少的精神平衡，鲁迅做出了多大的努力。他无法回避那些导致撒旦式情绪的阴郁印象，就只有极力去调整对这些印象的主观理解，借助于对更大范围的关注来俯视自己的痛苦。他之所以说他更多的是更无情面地解剖他自己，就是指的这一点。当然，他并不可能完全驱除内心的"鬼气"，因为先觉者孤军深入的处境本身便会不断地诱发这种"鬼气"，只要他依然陷身这样的处境，"个人主义"的精灵就总会不断地缠绕

〈1〉　鲁迅：《在钟楼上》，《三闲集》，人民文学出版社1958年版，第29页。

〈2〉　鲁迅：《关于知识阶级》，《集外集拾遗》，人民文学出版社1959年版，第241页。

住他。你看他逝世前夕写下的那些文章，譬如《我要骗人》、《半夏小集》、《死》和《女吊》，就会体味出那种孤独和忧郁的情绪是多么深切。所以，读着鲁迅那些自我剖示的痛苦文字，我常常不只是感到敬佩，而更感到悲哀，因为我分明知道，他已经尽了最大的努力了。

我们看到了鲁迅的一系列非常独特的精神矛盾和思维活动，它们是在那个时代的其他知识分子身上绝少能看到的。它们当然都不同程度地表现某种扭曲和偏颇，但它们却是真正属于鲁迅、也真正能够证明鲁迅的东西。严格说来，他这些思维活动本身是否正确，并不重要，重要的是他为什么会有这些思维活动——正是在这里，我们触到了鲁迅最为杰出的精神特点。他比那个时代的许多知识分子都更多地承受了那种先觉者的苦痛，在某种意义上，他简直是现代中国最苦痛的灵魂。但是他没有因此就停顿不前。当理论信仰不足以支撑自己的时候，他就更多地依靠自己的人格力量，动员起全部的理智来保卫呐喊的激情。这就是"绝望的抗战"的真正含义，它表现的主要不是一种用理论装配起来的勇气，而是一种由对黑暗的憎恨凝聚而成的意志。这就是那些自辟之论的意义所在，它们并非体现了一副睿智的思辨头脑，而是显示了一种与黑暗势不两立，一种知其不可为而为之的战斗的人格。

自近代以来，中华民族一直在寻找复兴的道路，尽管经常都是误入歧途，陷进迷雾，步履踉跄，却总在不停地上下求索，一直到今天也还是如此。令人遗憾的是，一百多年过去了，我们始终都没有见到一种独创的历史哲学，或者一部伟大的艺术作品，能够深刻地概括我们民族的这种悲壮的历史命运。但是从鲁迅的人格当中，从他那些理智的自辟和自励当中，我们却似乎看到了这种命运的投影，一个虽然缩小，却极其真实的投影。正是它赋予了鲁迅不朽的光荣。那些被乐观估计鼓舞着蜂拥上阵的信徒并不能特别赢得今天的敬意，但一个凭人格力量向黑暗突击的战士却真正令人起敬。在前一种情况下，大多数人都能够气昂昂奋然前行，但遇到后一种情况，就有不少人会退缩不前，"绝望的抗战"——我们中间有多少人能够长期承受这样的苦斗？一想到这些，我总忍不住要对自己说，仔细看看吧，这才是伟大的鲁迅！

双驾马车的倾覆

论鲁迅的小说创作

　　说到鲁迅的小说创作[1]，我很自然会想起两个积存已久的疑问，一是他最初为什么要写小说，二是后来为什么又不写了。对于第一个问题，鲁迅自己做过明确的解释，说是为了用小说来改良人生[2]，揭露上流社会的堕落和下层社会的不幸，"提出一些问题而已"，他还紧接着补充说，"并不是为了当时的文学家之所谓艺术"。[3] 鲁迅是那样一个执拗的启蒙主义者，他这样解释自己的创作动机，应该说也很自然。可是，他分明又懂得文学的审美特性，早在 1907 年，就说过文学与"个人暨邦国之存"，其实是"无所系属"的话。[4] 后来他更一再强调，"好的艺术作品"，多是"不顾利害，自然而然地从心中流露的东西"[5]，艺术家"只要表现他所经验的就好"，不必"以意为之"。[6] 这就奇怪了，既然他知道文学创作不能太功利，为什么又要那样解释自己的创作动机呢？

〈1〉　这里是指《呐喊》和《彷徨》，不包括《故事新编》，因为在我看来，那不是严格意义上的小说作品，而更像是寓言和杂文的混合物。

〈2〉　鲁迅：《我怎么做起小说来》，《南腔北调集》，人民文学出版社 1958 年版，第 83 页。

〈3〉　鲁迅：《英译本〈短篇小说选集〉自序》，《集外集拾遗》，人民文学出版社 1959 年版，第 418 页。

〈4〉　见鲁迅《摩罗诗力说》的第三节，《坟》，人民文学出版社 1956 年版，第 51 页。

〈5〉　鲁迅：《革命时代的文学》，《而已集》，人民文学出版社 1958 年版，第 11 页。

〈6〉　鲁迅：1935 年 2 月 4 日致李桦信，《鲁迅书信集》下卷，人民文学出版社 1976 年版，第 746 页。

至于第二个问题，他也有过多次说明，先是认为现实过于黑暗，自己有些"疲倦"和"颓唐"，提不起精神来[1]；后来又说是行动受到限制，不能"各处走动"以获取灵感和素材[2]；在一封给报馆编辑的回信中，他更干脆归因于琐事太多，匀不出"整段的余暇"来从容构思[3]，等等。这些回答各不相同，反而使人增添疑惑，究竟哪一个才是主要的原因？或者这些都不重要，真正的原因他根本就不愿意说？

　　要想看清楚鲁迅的小说创作，看清楚他这创作的成败得失，看清楚他究竟是不是一位伟大的小说家，我恐怕都得先来解答这两个疑问。

　　在对世界的基本认识上，我们每个人大概都是矛盾的，即便你已经形成了某种明确的理智认识，也还会获得许多模糊的情感体验。你可以用理智解释其中的某些情感，却一定还有更多的部分，远远超出你理智解释的范围。它们迟早会在你心底暗暗地发酵，使你禁不住要对自己的理智发生怀疑。倘若你是一个富于诗人气质的人，这种认识上的矛盾就会更其尖锐。因为天性热烈，你那些得到了解释的情感就不会逐渐淡漠，它们反而会愈益强烈，明显地加固你理智认识的壁垒；可同时，你那敏感的气质又会大大增强那些你无法解释的情感的刺激力量，使它们最终汇聚成对理智的更猛烈的冲击。我觉得，辛亥革命以后的鲁迅，就正是这样一个非常矛盾的人。

　　与同时代许多天真的知识分子不同，他对辛亥革命的失望一开始就很强烈，他发现革命不过就是革掉了一根辫子，"中国人尚是

〈1〉　鲁迅：1927 年 9 月 25 日致台静农信，《鲁迅书信集》上卷，人民文学出版社 1976 年版，第 162 页。

〈2〉　鲁迅：1933 年 8 月 1 日致胡今虚信，同上书，第 395 页。

〈3〉　鲁迅：1933 年 8 月 3 日致黎烈文信，同上书，第 396 页。

食人民族"[1]。他当然能依靠向来就有的启蒙主义信念，解释清自己的一部分失望：政治革命之所以夭折，正说明思想启蒙还太不够，"此后最要紧的是改革国民性"[2]，这才能彻底铲除封建黑暗的老根——从强烈的失败感当中，他的确是成功地激发了新的呐喊冲动，还在"五四"新文化运动诞生之前，他就已经暗自酝酿要刻画"我们沉默的国人的魂灵"了。[3]但是，这仅仅是鲁迅内心活动的一个方面，他的思绪远比这复杂得多。对一个陷入失败情绪的战士来说，敌垒的坚固往往也就意味着自己的无能，他对敌手那骄横气焰的痛切感受，是几乎必然要发展成对自己的深切反省的。而以鲁迅此时的眼光来看，他自己也的确有值得反省的地方。比方说吧，他一直倡导要做"勇猛无畏""排舆言而弗沦于俗圄"[4]的斗士，可他心里很明白，自己并不能真正做到勇猛无畏，单是为了尽孝道，他就已经牺牲了婚姻；出于现实的生计考虑，他更不得不放弃绍兴的教职，到北洋政府的教育部去谋取一个官职。[5]鲁迅当然不是书呆子，他知道在险恶的环境，任何斗士都不可能完全避免妥协。但是，这些并非不重大的妥协本身，还是会使他对自己产生某种失望，从他对《二十四孝图》的切齿诅咒，到他在北京时的屡屡以"官"自称，你都能感觉出这些妥协对他的强烈刺激；他甚至会由此产生某种自我轻视的情绪，那种不眠不食、故意拼命做的生活

〈1〉 鲁迅：1918年8月24日致许寿裳信，《鲁迅书信集》上卷，人民文学出版社1976年版，第18页。

〈2〉 鲁迅：1925年3月31日致许广平信，《两地书》，人民文学出版社1959年版，第24页。

〈3〉 鲁迅在《〈阿Q正传〉的成因》中说，在他写出这篇小说之前，阿Q的影子就已经在他心中有好几年了。见《华盖集续编》，人民文学出版社1958版，第147页。

〈4〉 鲁迅：《文化偏至论》，《坟》，人民文学出版社1956年版，第36页。

〈5〉 可参看鲁迅1910年和1911年与许寿裳的多封通信。尽管事出有因，鲁迅对自己在教育部任职这件事，始终感到某种模糊的不安，"五四"以后他屡次说自己"是一个官"，语气间便流露出明显的自嘲意味。

方式，那毫不顾惜自己身体的长时期的纵酒与吸烟，就都是明显的例子。[1] 我甚至觉得，他那肩住黑暗的闸门，与黑暗一同沉没的牺牲精神，也与对自己的这种失望有关。

　　一个知识分子的启蒙信念，总是以他对自己作为启蒙者的信心为基础的，一旦这种信心发生动摇，他就会对整个启蒙的理想发生怀疑。因此，鲁迅对自己的失望，必然反过来加剧他对整个社会前途的悲观，连自己这样与黑暗誓不两立的人，灵魂里都还布着黑暗的影子，那彻底扫除国民劣根性的日子，真不知哪天才能到来。你看他那"其实中国并没有俄国之所谓智识阶级"[2] 的论断，不就体现出一种隐约的沉痛的自责，一种对在中国进行启蒙的不自觉的怀疑吗？这种怀疑当然是模糊的，鲁迅的理智并不愿意接受它。可是，也唯其模糊，它对鲁迅情感的刺激就格外强烈。看看他这时候的日记吧，1913 年 10 月 1 日他写道："无日不处忧患中，可哀也。"1916 年 7 月 18 日又记道："作札半夜，可闷！"到了 1917 年的除夕之夜，他更写下了这样的字句："夜独坐录碑，殊无换岁之感。"[3] 鲁迅是个深沉内向的人，越是那种模糊和软弱的情感，他越不愿意宣示于人；即便记日记，也总是简洁地实录杂事，绝少有抒情性的表白。可是，就在这备忘录式的日记当中，接连出现了上述那样凄苦悲愤的文字，我可以想象得到，在北京宣武门外那座植有老槐树的院落里孤灯独坐的鲁迅，心头是积盈了多少复杂而又深沉的悲哀！

〈1〉　关于这方面的情况，可参见钱理群：《心灵的探寻》的第五章，上海文艺出版社 1988
　　　年版。
〈2〉　鲁迅：《通讯》，《华盖集》，人民文学出版社 1956 年版，第 18 页。
〈3〉　以上所引三则鲁迅日记，均出自《鲁迅日记（上卷）》，人民文学出版社 1976 年版，
　　　第 64、196、231 页。

在某种意义上，诗人都是被逼出来的。即便你本来并不想献身艺术，一旦陷入了某种不能自拔的情感旋涡，用别的方式又无法排遣，你恐怕都会情不自禁地投入艺术创作，借抒情来缓解激情的重压。对鲁迅这样艺术禀赋相当优异、天生就具有审美悟性的知识分子来说，艺术创作的自我平衡作用就尤其明显，它不但能缓解他的痛苦，更能帮助他在纾遣痛苦的过程当中，逐步获得对这痛苦的理解。因此，无论鲁迅是否自觉，他心头积盈的那份悲哀，迟早会将他送上文学创作的道路，那在静夜里孤独苦思的心境，正是孕育一个抒情诗人的适宜的温床。

当然，这抒情的方式有多种多样，可以是直接宣泄现实的苦闷，也可以转向记忆和幻想，用另一个充满诗意的境界，把自己从这苦闷中转移出来。从鲁迅后来的情况看，他似乎常常采用后一个方法，每当现实的苦闷压得他艰于呼吸的时候，他都会不自觉地转向过去，以对往昔印象的重新描绘，来缓解阴郁情绪的沉重压力。因此，鲁迅在 1911 年冬天会写出《怀旧》，就绝不是一件偶然的事情。这篇小说中有不少漫画式的讽刺描写，但其选材和基本的叙述语气，却使人很容易联想到后来的《朝花夕拾》。它的文言句式也很说明问题，就像这题目所暗示的，唯其是到记忆深处去淘取慰藉，并无其他的功利意图，以鲁迅从小接受的文化修养，他才会那样自然地使用习惯的文言句法。鲁迅自己似乎并不怎样看重《怀旧》，甚至不把它收入自己的《集外集》。可是，我从今天的读者的眼光来看，却觉得它是一个非常重要的证明，它证明了鲁迅最初为什么要写小说，他实在是不堪忍受那一份悲哀和苦闷的重压。

但是，鲁迅又没有顺着《怀旧》的思路继续往下写，他搁笔了，一搁就是 7 年。到 1918 年写出《狂人日记》，那白话文的句式，那贯穿全篇的启蒙主题，都明显是另开一路，与《怀旧》大不一样了。为什么已经走上抒情的创作道路，他却要停下来？除了变换职业和迁居北京，使他难免要分心之外，他对这单纯抒情的小说创作本身，是不是也有什么不满呢？

这就要说到鲁迅置身的精神环境了。一方面，中国知识分子从来就以为自己对社会负有重要的责任；另一方面，社会动乱又是有增无减，黑暗直逼到你的眼前。在这传统和现实的双重作用下，知识分子很自然就会形成一种普遍的功利主义倾向，无论从事什么活动，头一件事就是掂量它对社会的意义，一谈到文学，也总是首先去考虑它的读者效应。并不是不懂得文学的审美价值，但既然认定了那是一个非审美的时代，也就自然要把这种价值搁在一边，先来讲究它的功利意义——鲁迅就是在这样一种精神气氛里成长起来的。因此，无论他内心深处有着怎样深刻的怀疑，那种启蒙的意识总是非常强烈，他不自觉地就要用启蒙的标准来衡量自己的言行，对《怀旧》的创作也不例外。

诗意是黑暗的死敌，一个人能够领悟生活的诗意，也就必然能看清黑暗的狰狞，如果不从过于狭隘的角度来理解"启蒙"，那文学的审美效应也正是一种启蒙，而且是一种根本性的启蒙。鲁迅自然是懂得这一点的，《摩罗诗力说》便是证明。

但是，当时正蓬勃展开的白话文运动，又使他很难始终保持住这份清醒。白话文运动并不是"五四"时期才开始的，从裘廷梁提倡"崇白话废文言"起，到"五四"的时候，它已经有了二十年的历史。因此，白话取代文言，绝不只是一个文学语言的变革，它更是几代知识分子为了传播新思想而发动的整个书面语言的变革，本身就带有强烈的社会启蒙的意义。许多旧学根底相当扎实、写白话文却并不怎样顺手的知识分子，之所以也热烈地投身白话文运动，就是因为看到了白话文本身的这种启蒙意味。但也唯其如此，鲁迅这一代的许多人，又很容易产生另一种偏向，就是不分青红皂白，凡是白话文的写作，都一律纳入社会启蒙的轨道。由于当时文学的几种主要体裁中间，小说是白话程度最高的一种，这些人在评价小说的时候，偏向就尤其严重，只看见它是用白话写的，忘记了它首先是小说，一味用狭隘的功利标准去要求它，很少想到应该从审美的角度去评判它。鲁迅说，传统的文学见解是不把小说算作文学[1]，其实，许多站在这传统对面的激进的知识分子，当时也不把小说看作文学，至少是不把它看作审美抒情的正宗。要抒发个人情怀的时候，往往去写散文和诗歌，甚至旧体诗词；一到要进行社会启蒙了，则立刻会想起白话小说。直到1920年代，这种不把小说当成审美抒情的体裁的做法，在作家当中依然相当普遍，像文学研究会的不少成员，对诗歌和小说就都是明显地区别对待，冰心就是一个突出的例子，她的清丽隽永的抒情小诗和极其概念化的"问题小说"，构成了那样触目的对比，真是把那种轻视小说审美价值的流行见解，表达得再清楚也不过了。

我懂得鲁迅为什么要搁笔了。处在那样的时代，又置身那样的文化和文学氛围，那种不把白话小说看作文学正宗的流行见解，他多少总会沾染一些。从在日本时的"弃医从文"的决断，到"五四"以后对自己小说创作的多次解释，他那注重小说的思想启蒙效用的想法，显然是由来已久、相当执拗的。因此，他对《怀旧》这样的作品，就势必觉得不满，并不仅是为了它那单薄的内容[2]，而更是为了它那单纯的抒情方式。尽管在谈论抽象道理的时

〈1〉 鲁迅：《我怎么做起小说来》，《南腔北调集》，人民文学出版社1958年版，第82页。

〈2〉 在《呐喊》中，有好几篇作品，如《一件小事》和《头发的故事》，他是当作小说写的，内容却并不比《怀旧》更丰厚。

候，他可以强调文学的抒情特点，一到审视具体的小说创作，他却不满足于仅仅有这种特点了。按照那"小说不算文学"的判断，在他这抽象的强调和具体的不满之间，也的确不能说有什么矛盾之处：他自然不会愿意再沿着《怀旧》的方向继续往前走。但是，他在这个方向上停下脚步，却又无力转入另一个方向，以他当时那悲哀苦闷的心理状态，实在也鼓不起创作启蒙小说的足够的精神。除非有一种强大的外力，能够帮助他摆脱——哪怕是暂时地——苦闷的重压，他是必然要在小说创作的交叉路口长时间驻足不前的。

懂得他为什么搁笔七年，也就能明白他为什么会在七年之后又提起笔来。人们常说"五四"新文化运动的大潮，使鲁迅结束了长达十年的精神危机，可我现在看起来，事情却怕没有这么简单。看看他1918年给朋友信中的愤激之辞[1]，想想他署在那些"随感录"后面的笔名"唐俟"的阴郁含义[2]，更不要说那对于唤醒"铁屋子"中的昏睡者的犹豫和权衡了[3]，我实在怀疑，如此深刻的思想，怎么可能一下子都摆脱干净？但是，那席卷知识界的新文化运动，毕竟是一股强大的外力，虽然不可能一下子就把鲁迅救出苦闷，却总是向他伸出了一块踏板，放下了一架绳梯。在现代社会，谁都不会愿意失去对情绪的控制，尤其像鲁迅这样献身于社会变革的知识分子，就更是不会愿意坠入绝望。那在绍兴会馆里独坐抄碑的整整六年，实在是太痛苦，也太难挨了，一旦新文化运动蓬勃兴起，他当然就要借这个风势，勉力奋起，来改变这痛苦的生活状态。即便并

---

〔1〕 见鲁迅1918年8月24日和1919年1月16日致许寿裳信，《鲁迅书信集》上卷，人民文学出版社1976年版。

〔2〕 鲁迅在抄碑的那段日子，自号"俟堂"，取古人所说的"待死堂"的意思，"唐俟"即是此名的反用，依然是表示"空等"的意思。参见周作人在《鲁迅的故家》中的有关介绍。

〔3〕 见鲁迅《自序》，《呐喊》，人民文学出版社1958年版。

不相信自己就一定能够突出苦闷的重围，他也总要尽力来试一试。从这个意义上说，五四运动的声浪一起，沉默的鲁迅必然要发声呐喊，类似《狂人日记》这样的启蒙小说，迟早会从他的笔下出现，陈独秀和钱玄同的执意相邀，不过是提供了一个适时的契机罢了。鲁迅并没有真正摆脱那个深刻的精神危机，但在这生意盎然的1918年的春天，他却似乎觉得自己有可能摆脱它了。

鲁迅的小说创作并不是起自《狂人日记》，《怀旧》才是这创作的最初的起点，只是因为那种狭隘的启蒙意识过于强烈，他不满意这个起点，又将它放弃了而已。正是从他这选择起点的踌躇和反复，我似乎找到了我那第一个疑问的答案，看清他走上这条道路的复杂缘由了。他的小说创作就像一辆双驾马车，先是那排遣苦闷的朦胧的冲动，随后又挤过来一种相对狭隘的社会启蒙的意识，这两个动机合在一起，才使其轮子转了起来。不用说，借着"五四"新文化运动的浩大声势，那启蒙意识是压制住了纾遣苦闷的冲动，占据了头马的位置。我不禁为这辆马车的前途感到担心，那可不是一对能够和睦相随的辕马。那后来居上的启蒙意识，会不会自恃力大，肆意地冲撞抒情动机，挤得它踩不稳步子呢？后者虽然被挤到了边上，却毕竟来自鲁迅的情感深处，它恐怕不会始终甘居于副驾的位置吧？一旦条件发生变化，它会不会再次腾跃，反过来挤撞启蒙意识？倘若它们的冲突愈演愈烈，这辆马车还能够顺利行驶吗？说不定，我对鲁迅小说创作的第二个疑问，也正可以从这个冲突中找到答案？

果然，它们的互相羁绊一开始就相当明显。就拿《狂人日记》来说吧，作者为什么要采用这样奇特的叙事形式？是受了果戈理同名小说的启发？我却觉得，更主要的恐怕还是出于他自己情绪记忆的需要。因为家道陡落，鲁迅很小就成为势利者轻蔑的对象，饱尝了邻人的冷眼和欺侮。待到他接受新式教育，又去东洋留学，就更是被家乡的遗老遗少视为异端，即便是走在街上，也时时能感到背后那指指点点的议论。他当然极力振作自己，甚至逐渐培养起一种对于庸众的居高临下的精神优越感，可在意识深处，那种陷入重围而不得脱身的紧张情绪，依然会相当强烈。打个不恰当的比方，他感受到的常常不是那种置身畜群的牧人的孤独，而是一种被逐出农庄的桀骜不驯的野兽的孤独。这可以说是鲁迅早年记忆中最执拗的一种情绪，它自然就要向他索取一种从受虐者的角度来表达自己的方式，正因为心中原就有这样一种执拗的要求，他才会对果戈理《狂人日记》的叙事角度发生兴趣。如果这样来看，鲁迅《狂人日记》的独特的叙事形式，就正是体现了他那种排遣积郁的抒情冲动，借着狂人的疯言呓语，他分明是在倾吐自己内心的隐情。几乎从小说的第一句开始，你就能强烈地感觉到主人公那种被虐狂式的疑惧心理，我很难想象，作者是单靠在日本学到的那点医学知识，就能把这种复杂的变态心理刻画得如此逼真的。

但是，到了小说的后半部分，情形却大变了。先前那样胆怯的被虐狂，一下子变成了竭力"劝转"大哥们的启蒙者，不但宣讲出那样一长篇宏论，而且表现得非常英勇，已经被关起来了，还要一迭声地说下去。他的思路也与前面明显不同，混乱的印象逐渐减少，明晰的推理越来越多，尤其是小说的最后两节，那逻辑是多么严密，哪里还有先前的那种疯气！倘说《狂人日记》的前半部分是抒情小说，作者是在那里吐露积郁，这后半部分却出现了"随感录"式的政论杂文，分明是在向公众推行思想启蒙了。

也许我的观念过于古板，我总觉得小说和杂文是两种完全不同的表达方式，并不能够互相掺杂。小说的世界是虚构的，尽管作家进行这种虚构的动机，也是来自现实生活的刺激，可一旦跨进了虚构的境界，他就只听从自己想象力的调遣，除了尽情抒发自己的情感，他别的什么都顾不上，也就是说，一旦写起了小说，他就不再直接面对现实了。杂文却不同，它是直接针砭现实的，杂文家在写下每一段话之前，都要考虑这段话将对读者产生什么影响，这种直接的功利思考，可以说支配了他写作杂文的整个过程。因此，你在小说中掺入杂文笔法，或许能增强小说的现实针对性，却必然会破坏它的艺术和谐性，利弊大小，应该是很清楚的。

可是，在《呐喊》集里的大部分小说中，我却都能看到这种直指现实的杂文笔法。其中的一类，就是鲁迅自己所说的"曲笔"，因为怕小说的基调过于阴暗，便有意制造一个光亮的象征，如《药》里的花环；或者不说破那残酷的人生真相，如《明天》的结尾。从表面看，这些"曲笔"并不像"救救孩子"的呼吁那样显出赤裸裸的杂文模样，你甚至会觉得它们正是小说叙事的一个部分。可实际上，它们却是鲁迅直接的功利思考的产物，是他抱着杂文家的心情来给小说煞尾的结果，正应该归入杂文的范围。另一类则是明显的杂文笔法了，譬如《阿Q正传》的第一章，突然扯出"胡适之先生"，顺手讥讽他一句；到了第四章的开头，又是一大段"随感录"式的议论，借题发挥，完全是纾遣对于现实处境的感慨。至于《风波》中那几句对"文豪"的调侃，就更是来得突然，与上下文颇不协调。类似这样的文字还有许多，它们与各自所属的小说的基本叙述语调，都明显地不大和谐，作者却坦然地将它们写了出来，似乎并不觉得其中有什么不妥。

这就是鲁迅那启蒙意识肆意冲撞抒情动机的结果了。如果作家全身心都沉浸在艺术的想象当中，一心只想把自己的感觉尽可能准确充分地表达出来，他就会变得非常敏感和挑剔，任何一个与他的艺术感觉不相符合的文句，都会引起他的警觉，倘若不把它除去，他就会睡不安稳。可是，鲁迅那强烈的启蒙动机，使他不可能完全沉醉在抒情的想象当中，就是在全神贯注于描绘未庄的时候，他也总是睁大一只眼睛望着现实，稍有余暇，便要对它说上两句。一心不能二用，鲁迅如此关切小说以外的现实，对他小说内的那些非审美的"异质"文句的敏感，就自然会减弱许多，他会常常忽视小说叙述语气的不和谐，恐怕也是难免的吧。小说家的想象的激情，和杂文家的冷静的权衡，本来就是不相容的两个东西，你把它们掺在一起，那就只能是互相妨碍，遍布于《呐喊》的这些杂文笔法，就是证明。

在我看来，鲁迅这种经常伸半个身子在想象世界之外的创作心态，是非常值得注意的，他小说中许多独特的现象，都可以由此得到解释。譬如说，他常常表现出一种戏谑式的幽默感，《阿Q正传》的第一章便是例子；读到《肥皂》中四铭先生"狠命掏着布马褂底下的袍子的大襟后面的口袋"的时候，恐怕谁都会忍俊不禁地笑出声来吧。照我的理解，人的戏谑冲动主要来自两个条件，一是智慧，二是从容的心境。如果作家沉湎于其中的想象世界，正能够唤起他一种居高临下的精神优越感，或者使他体味到人生的某种深广的悲剧意义，不自觉地淡薄了狂躁亢奋的激情，他都会生出一种戏谑式的幽默感来。前者如《高老夫子》和《幸福的家庭》中的讽刺描写，后者如孔乙己那个伸手罩住碟子，摇头说"多乎哉？不多也"的细节。唯其是描绘这样的想象世界，他这戏谑就是再直露，我们读起来也会觉得自然。可是，当在他那些分明是悲愤沉郁的作品中，竟也看见了这种戏谑文字的时候，我的感觉就不一样了。譬如《风波》，作者径直以斤两来命名人物，我就总觉得有点滑稽，这多少冲淡了小说的沉重感。《阿Q正传》前几章中的有些玩笑式的文句，也让人觉得过于"幽默"，与小说的基本意蕴不协调。在这些地方，戏谑笔法常常与作品的抒情基调不相合，似乎是另外一种独立的叙述成分。倘说那"多乎哉？不多也"的细节，正表明了鲁迅在想象世界中的深入，这九斤老太的命名却相反，说明他经常能够从这个世界暂时地退出身来。

鲁迅的这种戏谑冲动，自然不只是天赋，在某种意义上，甚至可以说它就是由环境逐渐刺激出来的。越是意识到黑暗的浓厚，敌垒的坚强，鲁迅就越不愿意仅仅当一名愤怒的呐喊者，而常常要扮出一副嘲弄和捣乱的姿态来。这既是对黑暗的轻蔑，也是对自己的保护，在如此险恶的环境，倘若一味地悲愤，那就不但是过于迂执，事实上也难以承当。鲁迅那一番著名的感慨："我也确有这种的毛病，什么事都不能正正经经……"[1]就是指这种戏谑的冲动，它简直成了他据以自守的一面心理盾牌了。

不用说，这面盾牌只是属于他的现实生活，一旦他沉浸入艺术创作的想象世界，淡忘了自己的世俗存在，他就会身不由己地推开这面盾牌，吐露心底的真情，像《阿Q正传》的最后两章，就绝少再有开头那样的戏谑笔法。从现实功利的角度看，你可以说这是一种软弱，但对作家来讲，这却是没有办法的事情，既然写起了小说，他就顾不了那么多。可是，鲁迅不又说过，对黑暗的最有力的态度，是干脆别过脸去，连眼珠子都不转一下吗？我很怀疑，类似"九斤老太"那样的戏谑笔法，可能正是出于这一种根深蒂固的功利意识。它使鲁迅在无论什么时候，都能够保持几分清醒的理智，而只要有这理智在，他就难免要从那艺术想象的世界，时时退出身来。从根本上讲，鲁迅小说中的这些戏谑笔法，是和那些杂文笔法

〈1〉 鲁迅：《略谈香港》，《而已集》，人民文学出版社1958年版，第25—26页。

同出一源的，甚至不妨说，它们就是那些杂文笔法的一部分。

鲁迅小说中的杂文笔法，的确是触目地证实了他的启蒙意识对于抒情动机的有力冲撞。可从另一个意义上讲，这又只是一种表面的证实。在鲁迅身上，启蒙意识早已经凝固成为明确的理智信念，它不单会在纾遣积郁的间隙，以赤裸裸的杂文笔法来显现自己，在许多时候，它更能直接地改变那积郁本身的模样。作家艺术构思的过程，正是他的情感体验逐步明晰的过程；既然这情感体验是和理智思维一样，都以语言作为载体，一旦他展开艺术构思，他的理智就必然会渗入其中，有力地牵制那情感体验的明晰化的方向。鲁迅的内心积郁又是那样复杂，既有对知识分子和启蒙者的种种失望，更有对病态人心的深切感受，对愚民专制的切齿愤恨，它们和那理智的启蒙意识，原就有着内在的呼应：倘若鲁迅酝酿的情感中间，正包含它们在内，那他理智的这种牵制作用，就尤其会非常有力。它能够将那原是独立的审美情感，不知不觉就改造成自己的一名证人，从而使作家不再重视那情感本身的抒情价值，而愈益关注它与启蒙意识的呼应关系；它甚至能诱使他逐渐形成一种狭隘的构思方式，就是以抒情为理念开道，以具体的形象描写来暗示对人生的抽象判断。我觉得，随着《呐喊》集中的小说的接连出现，鲁迅启蒙意识对他小说创作的这种深层的影响，是越来越明显了。

首先是情节的突出。[1]一般说来，现代小说和戏剧不同，它的情节本身并不重要，它常常就像是后台的布景，为具体的描写提供一个场地。可在鲁迅的有些小说里，情节却扮演了非常重要的角色，《药》里的华老栓以夏瑜的鲜血为儿子治病，《明天》中的单

〈1〉 在文本中，"情节"即指故事梗概。

四嫂子埋葬了宝儿，孤独地希望能梦见明天，《长明灯》里的疯子一心要吹灭那盏"神灯"，《示众》里的路人水泄不通地围观犯人：你读完这几篇作品，印象最深的，不就是这些一句话便能概括的基本情节吗？似乎作者的全部努力都是为了突出这些情节，其他的一切，人物刻画也好，环境描写也好，都还在其次了。

在构思一部小说的各个环节当中，编织情节大概是最富于理智的，无论你是纯粹虚构，还是选定一个真实的意象，以它为故事的雏形，这都是有意的设计，都要仰仗理智的指导。因此，如果在一部小说当中，竟是由情节占据了最突出的位置，其他的描写都只是衬底，那几乎就可以肯定，作者的构思和写作过程，是完全为他的理智控制住了。我简直想象得出鲁迅是怎样酝酿这几篇小说的。也许他本来只是想抒发对于国民精神病态的形象感受，可既然早就形成了对这种精神病态的抽象判断，他的思路就很自然会趋向于构造类似人血馒头和吹灯这样具有概括力的核心情节；一旦获得了这样的情节，它们那种体现抽象观念的巨大潜力，就更会强烈地吸引住他，以致他情不自禁地就要去发展和凸显它们，反而忽略了抒情的初衷。

这就必然导致对象征手法的偏爱。在《呐喊》集中，几乎到处都可以看到象征符号。情节过分突出以后，它本身就成了象征物，我刚才举出的四个短篇，就都是例子。至于作品中的许多具体事物，大至未庄和吉光屯，小到七斤们的辫子、尼姑庵里的宣德炉、吉光屯的神灯，以及闰土拣走的香炉和烛台，等等，都无一不是象征符号。从最根本的意义上讲，我们使用的文字本身就是一套象征符号，具有象形成分的方块字就更是非常明显，因此，象征是和"抽象""概括"的方法一样，同属于人类最基本的认识手段。可能正是因为这一点，人们很自然就会形成一个看法，以为象征就是用一个清晰可辨的符号，来代表另一个或者规模太大，或者过于朦胧，很难做抽象概括的事物，也就是说，象征的意义不在于象征符号本身，而在它和背后那个事物的指代关系。

从认识论的角度讲，这个看法并不错；可是，它却不适用于人类的审美活动，至少文学的象征就不是如此。就拿小说来讲吧，它那一行行文句的主要意义，就并不在以自己本身的字面含义，帮助你弄清这是个什么故事，而在以它们和上下文的复杂联系[1]，构成各种远远超出故事范围的情感暗示，来刺激你的情感体验和想象力。因此，倘说每部小说事实上都会形成某些象征效果，它却并不是观念性的，不是以一个明确的符号帮助你迅速把握它身后的那个事物，而是情绪性的，是以生动的形象触发你的情绪感应，使你在不知不觉中领悟某种深邃的人生意义。在这里，重要的并不是象征符号与它背后的那个事物的指代关系，文学的象征根本就没有这种明确的指代关系；重要的是象征符号本身的形象意义，这种意义越是丰富，就越能够刺激读者的想象和联想能力，最后产生的象征效果也就越强。真正的艺术象征符号是无法预先设计的，它的情绪性和模糊性，证明它其实并不属于哪一类作家有意制造的道具。

可是，我刚才列举的那些象征符号却不同，它们分明是出于鲁迅的有意设计，一个个都那样清楚明确，一看就知道是在暗示什么东西。有时候，作者还唯恐别人看不明白，有意点明它们的象征意义。如《长明灯》的开头，他用那样夸张的笔法介绍形形色色的蛰居人物，就明显是在向你指明，这是在概括各种病态的中国人。他甚至用自己的议论作为注脚，在《故乡》的结尾，就特意说穿了闰

---

[1] 此处所说的"和上下文的复杂联系"，不单是指狭义的上下文的联系，还包括细节、场景和人物之间的各种联系。

土拣走香炉的动机。倘说在一般的情况下，小说中的象征物总是来自作家强烈的抒情冲动，鲁迅笔下的这些象征符号却相反，它们恰恰表明理智对他情感的干预有多么深刻。我不禁想起他早年在《摩罗诗力说》当中对文学认识功能的反复强调[1]，那种企图把整个生活的真相都通过一个具体的形象来告诉读者的构思习惯，在他头脑中是太固执了。

当然，最突出地体现鲁迅这种理智的象征偏好的，还是他对人物的刻画。我可以举出两种看上去截然相反的例子。一种是纯粹把人物当作道具，几乎不做什么刻画，譬如华老栓一家人、单四嫂子，以及七斤之类，形象都非常单薄；至于《示众》里的那一群看客、吉光屯里的各色居民，则连姓名都没有，除了作为庸众的代表，本身简直没有任何意义。一部小说中总会有若干充当陪衬的角色，作家不可能把所有的人物都刻画得活灵活现。但是，鲁迅的好几篇小说的主人公，如《药》和《示众》，竟都是这一类形同木偶的人物，你就不能不觉得，他对这种象征手法的偏好，未免也太强烈了。

第二种情况则相反，他对笔下的有些人物，如《狂人日记》里的狂人，《长明灯》中的疯子，尤其是那位著名的阿Q，倾注了大量的笔墨，极其详尽地描绘他们的性格和内心活动。这似乎表明他非常尊重这些人物本身的形象价值，不再把它们当作单纯的象征符号了。可是，你仔细阅读就会发现，这几个人物身上都有一种矛盾，他们的精神世界和社会身份明显不相符。只要与闰土相比就可以看出，阿Q的性格是过于复杂了，他的许多心理活动，远不是

〈1〉 鲁迅在这篇文章中一面强调文学的非功利性，一面又认定文学有一个特殊的功用，就是"盖世界大文，无不能启人生之闷机，而直语其事实法则，为科学所不能言者"。

一个大字不识的雇农所能产生的,分明是作者把几乎整个民族的精神病态,都植入了他的头脑。尽管按照《阿Q正传》的传记形式,作者应该着重刻画阿Q性格的发展过程,可实际上,他却只是在依次表现阿Q精神的各个侧面,一直到去刑场的路上,阿Q的性格都没有发生什么明显的变化。类似的情形在那两位疯人身上也同样明显,狂人的启蒙呼吁自不用说,就是《长明灯》里疯子的那一段"我只能姑且这么办……"的心理活动,也显得颇为牵强,这个人物不应该有如此清晰的思路,分明是作者把自己那种"绝望的抗战"的意识,掺进他的思路里去了。说到底,鲁迅还是把阿Q们当作象征,只不过与前一种做法不同,不是把他们当作某个情节和理念的底衬,而是让他们充任某一类人,甚至是整个民族的代表。华老栓代表不觉悟的老百姓,疯子则代表不为世俗所容的觉醒者,在他们之间,我实在看不出有什么根本的不同。当年冯雪峰说阿Q是一个"思想的典型",表述虽然有漏洞,他的感觉却是不错的。

也许是因为文明早熟,社会又长期封闭,逼得中国人在相对狭小的生存空间中互相磨砺;也许还因为我们从来就太关心社会现实,视野太狭隘,老是盯住现实的人情世态不放,总之,我们对大千世界的丰富感受,最后几乎都要归结到对人情世态的洞察上面,在某种意义上,中国人简直成了世界上最老于世故的民族。自然,中国的小说家也因此获得了刻画人物心理的优异才能,从《世说新语》到《儒林外史》,更不要说《红楼梦》了,它们给人印象最深的,不都是那些逼真精细的性格描写,尤其是那些透彻练达的心理刻画吗?即便是"载道"观念非常明确的作家,即便他决意宣传某种空洞的道德训诫,只要写到具体的人物,他的笔触也多半会变得切实起来,这在中国古典小说的历史上,真可以举出许许多多的例子。因此,注重对人物性格,特别是人物内心细微的白描式的刻画，早已经成了中国小说的一个特点，一个源远流长的传统。

应该说，鲁迅是出色地继承了这个传统的，就在他那些夸张得非常厉害的小说里，你也随处可见对人情世态的透彻的白描。阿Q拧了小尼姑之后的"九分得意的笑"，自然是不用说了，像《药》的结尾处，华大妈对夏瑜坟上的花圈的妒意，以及《长明灯》里，那位四爷的曲曲折折的心机，都是极为有力的描写。至于《肥皂》中对四铭夫妇的那些含蓄的心理刻画，就更是令人震撼了。一直到现在，我读鲁迅的许多作品，最注意的常常都还是他对病态人心的这种白描。也不单是小说，他的许多散文和杂文，所以给人印象深刻，不也是因为这一类的白描吗？《范爱农》的最后一段，就是一个例子。完全可以说，这种对人情世态的透彻的白描，正是鲁迅小说最动人的特点之一。以鲁迅那样敏感的天性，以他对国民劣根性的深切的感受，我们不难想象，他心中是积存了多少对于病态人心的形象记忆。倘若在更多的小说当中，他都能够像写《肥皂》那样，用平实的白描手法，把它们充分地表现出来，那将会产生多么强烈的艺术效果！即便他现在的这些白描，就表现中国人精神病态的效果来讲，也已经绝不比那些夸张的渲染差到哪里了。

可惜的是，鲁迅并没有这样做，那种对人物象征效果的执意追求，不知不觉就妨碍了他。正是在人物刻画这个最能够促使他纾遣形象感受的领域，他偏偏表现出了对于抽象意义的强烈爱好。无论是把华老栓删削得毫无一点个性，还是把阿Q写成一个畸形心理的集大成者，骨子里都是一回事，都是要借它们来表达某种已经抽象化了的人生感受。因此，要说鲁迅的小说当中，什么东西最能够表现那种以形象来暗示观念的构思方式，那大概就是这种对人物象征效果的刻意的追求了。我由此懂得了，他为什么要用"杂糅"的方法来描写人物。如果是意在刻画具体的个性，那自然可以专以一个人为模特儿，就像写《故乡》和《白光》那样；可他现在却常常是要塑造一个人物来表现集体的精神特点，单个的人物原型就不大够用，只好东拾一毛，西取一发，以杂糅的方法来广采博收了。我也因此懂得了，他为什么要用那样夸张的笔调，来撰写阿Q的个人身世。既是要借他来表现民族的精神病态[1]，那白描方法的局限性就太大，只有夸张他的言行举止，以象征符号本身的变形，才能足够地扩大它的象征范围。在背后操纵这些似乎是纯粹技术性的表现手法的，还是那个功利主义的创作观。

在我看来，情节的突出，各种明确的象征手法的广泛使用，尤其是把人物形象也当作象征符号来使用，这几个特点正构成了鲁迅许多小说共同使用的一套独特的富于理智的艺术表现方法。[2]他主要就是用这套方法，使这些小说形成了非常明确的启蒙主题，从各个方面印证那"愚民的专制"的论断，表达他"改革国民性"的呐喊。不用说，这些印证和表达的理智色彩就相当浓厚，它们固然也能够激起读者的情绪反应，例如你读到《示众》的结尾，就不由得会感到悲哀，但在大多数时候，它们却首先是唤起你理智的辨识能力，你常常还来不及发生怎样深广的情绪共鸣，就被那些理智的暗示吸引住了。因此，倘说这些小说确实能给人强烈的震动，这却主要不是靠形象本身的情感力量，而是靠它们背后的理智的启示。

当然，这种启示与那"救救孩子"式的呼吁并不一样，它不是赤裸裸的思想，而是披上了形象描写的外衣；它和那夏瑜坟上的花圈的暗示也不同，不是出于狭隘的理智权衡，而是来自作者情感体验本身的凝聚和抽象。但是，它毕竟是一种能够脱离形象描写的独立成分，

〈1〉 这一点他自己说得很明白，他是把阿Q当作"沉默的国人的魂灵"来刻画的。

〈2〉 包括《呐喊》中的大部分作品和《彷徨》中的小半作品。

而在我看来，一部真正出色的小说中间，是不应该出现这类独立成分的。小说中的一切都应该融入具体的形象描写，就像精神和肉体那样不可分离。可你看鲁迅的这些小说，情节也好，形形色色的象征符号也好，都不过是一些尽职的向导，一旦将你引到那抽象的启示面前，它们便鞠躬告退，留下你直接面对作者的理智。我们读完这些小说之后的头一个感觉，往往是觉得它们非常深刻，可是，这"深刻"又是个什么词呢？不就是对于那理智启示的评判吗！

曾经有人说，《药》一类的作品过于阴郁，很容易使读者陷入沮丧；鲁迅自己似乎也这样看，所以才勉为其难地添加"曲笔"。可实际上，他这是误解了自己，这些小说的触目的理智色彩，早已经保证了它们的"积极"效果。[1] 只有那些超出我们理解能力的事物，才会使我们感到沮丧，正好像面对一个隐在黑暗中的敌手，因为看不清他，不知道怎样对付他，你就会不自觉地感到恐怖和绝望。一旦我们看清了他，能够掌握他的特点，我们就不会再感到沮丧，因为这对他的理解本身，就预示了我们有办法对付他。鲁迅的小说固然描写了许多令人绝望的现象，可这描写同时又把对这些现象的一种透彻的理智判断，清清楚楚地暗示了出来。我甚至觉得，作者那些描写的最终目的，就是要向读者暗示这种判断：你还有什么可以沮丧的呢？鲁迅用"呐喊"作为这些小说的总名，正是非常贴切的，它们那些触目的理智成分，正聚成了一声声震撼人心的启蒙呐喊。

但我要说的是，鲁迅内心积郁的复杂性，又决定了他的启蒙意

<1> 当然，从严格的审美角度说，像"积极""消极"之类的形容词，是不能用来作为衡量文学作品的价值标准的。

识不可能支配他的全部创作冲动。他那些本来就与启蒙意识相呼应的情感，固然会接受他的理智意愿的调遣，另一些与这启蒙意识并不相合的情感，又会坚决地抗拒理智思维的支配。这抗拒当然不可能全都成功，却总有一些情感能够夺门而出，因此，就在屡屡惊异于他那一套富于理智的表达方式的同时，我又从他笔下读到了另一些截然不同的文字。

　　首先是《孔乙己》，它没有特别突出的情节，甚至可以说没有什么情节；也看不到什么象征的意味，几个主要的细节都写得相当平实；主人公的形象更是异常生动，他那在奚落和哄笑声中的难堪而又可怜的脸相，我在生活中是见得太多了。这篇小说没有给人一个明确的结论，它只是引你生出许多联想，我最后得到的竟是那样一种悲哀，一种痛感到人世冷酷的凄怆。向来以强者自居的鲁迅笔下，怎么也会流溢出如此软弱的情感？再来看《故乡》的开头，简简单单几句话，就勾勒出一派萧瑟荒凉的景色，使你的心禁不住要与作者一起收紧。还有那些对于阴湿天气的描写，在《祝福》中是飘着雪花的阴暗的下午，《在酒楼上》里则是铅色的天和泥泞的雪地，无论这些描写出现在什么上下文中间，总立刻会唤起你一种不愉快的情绪，甚至使你陷入无以名状的忧郁。所有这些都是抒情的片断，《孔乙己》更是整个就像一篇散文，与《范爱农》非常相似。因此，我很难把它们归入那种突出情节和象征意义的表现方式，倘说那种理智化的方式正是鲁迅创造的一种触目的小说表现方式，上面举出的这些散文式的篇章，却分明是构成了他小说中的另一种散文化的表现方式。

　　这两种表现方式常常会构成深刻的对立。这当然不止在字句的组合上，而更在它们表达的意义上。譬如《祝福》，它明显是由两部分组成，　是对祥林嫂　生的记述，这构成一个完整的纵向叙述的故事，用的也正是那种不动声色的白描的笔法；另一个是对"我"的内心感受的描写，是片断式的，文字也明显不同，不但充满浓厚的感情色彩，句法也凝重复杂得多，颇有后来的《野草》的风格。单看祥林嫂的故事，那当然可以说是表现了作者对被压迫者的悲惨命运，特别是他们的精神贫困的痛切认识，是在借祥林嫂的路毙来呼唤启蒙。可是，如果把"我"的内心活动也联系起来看，你的感觉就完全两样了。这后一部分的核心，是"我"对与祥林嫂那番对话的反省：我应不应该把真相告诉她？"何必增添末路人的烦恼"？她竟然当夜就死了，这是否也有我的责任？是不是我把真相告诉她，反而促成了她的死亡？照我的理解，启蒙的一个最起码的目的，就是让大众认清生活的真相，可你看"我"的这番反省，分明是对要不要把真相说出来，产生了不可抑制的怀疑。这怀疑自然不只是艺术虚构的产物，它更是来自作家现实的人生体验。[1] 我甚至觉得，他所以要写祥林嫂的故事，一个主要的原因，就是要借它来表达这种深刻的怀疑：从小说的结构上看，那整个祥林嫂的故事，正是由"我"的反省引出来的。这也就是为什么《祝福》会给人那样沉重的悲凉感觉，无论主人公的故事表达了多么强烈的启蒙的呼吁，它前面的那一大截散文式的表述，却使人禁不住要对这启蒙的效用发生怀疑。

另一个同样明显的例子，就是《伤逝》。我简直觉得它是在重复《祝福》的故事，只不过用子君的悲剧代替了祥林嫂的悲剧，以涓生的悔恨代替了"我"的自责。至于以散文式的独白引出故事的

〈1〉 譬如在 1923 年 8 月离开北京八道湾的住宅的时候，他就在朱安面前经历过一次类似"我"在祥林嫂面前把真话咽回去那样的体验。可参见李允经：《婚恋生活的投影和折光（上）》，《鲁迅研究动态》1989 年第 1 期。

基本结构，抒情和白描两副笔墨交替使用的叙述方法，都几乎与《祝福》一模一样。当然，《伤逝》中那些散文式文句的意思，要比《祝福》更进了一层，"我"还只是怀疑要不要把真相告诉祥林嫂，涓生却已经明确意识到，子君死亡的一个根本的原因，就是他把人生真相的重担卸给了她。读着那大段大段充满激情的怅叹，我不禁会想起《头发的故事》中 N 先生那句愤激的话："还是嫁给人家做媳妇去罢！"而从涓生的悔恨当中，我更似乎窥到了作者的一种隐秘的冲动，一种替那不愿意说出全部真话的知识分子辩解的冲动。《伤逝》中两种表现方式的对立，是比《祝福》更加深刻了。

文学的各种体裁都是互相渗透的[1]，不少散文当中都有小说笔法，更多的小说则包含着散文笔法，在精确的意义上，恐怕谁都无法把它们区分清楚。但是，如果大致地看，小说和散文毕竟是两种不同的表达方式，它们分别代表着人们对世界的两种不同的感受方式。有的人习惯于从动态的角度去体味人生，总是喜欢从对一个事物的纷杂的印象当中，提取对这个事物的变化过程的某种假定，他常常就是依靠这类假定，逐步地形成对大千世界的把握。不用说，这种假定正意味着对感觉经验的重新安排，因此，这种人的想象力往往比较发达，很容易沉醉于自己的想象世界——要照我说，这样的人就应该去写小说，因为写小说的本意，就是讲一个虚构的故事。但是，如果这个人对虚构事物的变化过程不怎么感兴趣，倒是特别擅长对片断的印象本身的剖析和探究，哪怕是再特别的印象，也会激发他的丰富联想，招引来各种相似或者对立的情绪记忆，那他就应该去写散文，一任激情的波流，挟裹他全部的人生体验。

---

[1]　这是指各种纯文学的体裁，不包括杂文和报告文学这样包含其他非文学因素的体裁。

鲁迅是个现实感很强的人，那种竭力要看透现实的愿望，特别深刻地制约着他对人生的情感体验方式，他总是有意无意地将每个强烈刺激他的新印象，与他对人生的整体认识联系起来看，以这种互相参照的方式，来探究它的意义。这结果，就是他往往会从片断的印象当中，领悟出非常深广的人生含义，一粒小小的水珠，都会掀起他整个情感海洋的大波，他所以会对有些外界刺激做出过于强烈的反应，也就是因为这个特点。自然，当他潜心于体味这些现实印象内含的深广意义的时候，他是不大可能放纵那种白日梦般的想象力，忘情地构造非现实的梦幻世界的。从这个意义上讲，鲁迅恐怕并不适合写小说，尤其是写那种篇幅较长的小说，他似乎缺乏那种编织长故事的能力。这在《阿Q正传》中就可以看出，它有许多生动的细节，却缺少一个贯穿始终的情节线索。[1] 即便是《药》、《长明灯》和《示众》里的那些非常突出的中心情节，也都缺少真正的过程，往往只是一个静态的场面。尽管他在短篇小说的结构上做了许多尝试，一半以上都还是采用了横断面式的写法；而那几篇采用纵向结构的小说，除了有人物原型的《故乡》和《祝福》，也都表现出程度不同的结构上的缺陷。不是片断的场面遮没了故事的纵向发展过程，如《端午节》；就是这过程的展开颇为生硬，如《风波》和《弟兄》。

当然，和同时代的许多作家相比，鲁迅讲故事的本领并不弱，他是那样一个富于天才的作家，即便是并不擅长的事情，有时候也能比一般人干得漂亮。但是，就他本身的条件而言，他却还是更适合做一个散文家，他那种借一个具体的形象场面，三言两语就表达

---

〔1〕 因分期连载而断断续续地创作这篇小说，并不能成为缺少这种情节线索的理由，其他作家在同时和以后用同样方式写出的一些篇幅更长的小说，都并不缺少这样的情节线索。

出深厚复杂的意味的抒情能力，明显要比他虚构过程的叙事能力强得多。他的小说创作原就是一辆双驾马车，尽管启蒙思想先占了上风，促使他形成那样一套相当理念化的表达方式，那种纾遣苦闷的冲动却依然存在，它必然会把他拉回到散文化的表达习惯中来。什么时候他的思路逾出了启蒙意识的轨道，进入相对单纯的抒情状态，什么时候这种习惯就会强烈地表现出来。他那篇《怀旧》会呈现出那样鲜明的散文特征，并不是偶然的；他从《狂人日记》开始的许多小说当中，会出现那么多以直接抒情，甚至是以直接议论来挟裹叙事的散文式文句，更不是偶然的。

既然是鲁迅的两种不同的内心活动，造成了他小说中的两种不同的表现方式，我会觉得《祝福》和《伤逝》包含了彼此对立的情感内容，也就毫不奇怪了。事实上，一面表现出居高临下、俯视黑暗的姿态，一面又流露出陷身重围的紧张和激愤，甚至是无力突围的惶惑和悲哀，这种深刻的情感矛盾，绝不仅仅是到鲁迅小说的后期才逐渐显露出来，它一开始就相当明显，只要想想《狂人日记》和《孔乙己》，想想阿Q临刑前的恐惧，再想想《白光》中陈士成落第之后听到的邻人的关门声，你恐怕就会产生一种错觉，仿佛你自己也陷入了冷漠和险恶的包围之中。人都有两面性，尤其在20世纪中国这样社会大崩溃的时代里，越是坚决激烈的叛逆者和勇士，他内心就越可能有相反的一面。我甚至觉得，现代中国知识分子的一个最基本的精神特点，就在于内心充满了无法消解的矛盾，从"五四"到今天，一代一代的知识分子都莫不如此。

当然，无论怎样恶劣的条件，对人的精神发展总会有特别的刺激作用，那些深刻的内心矛盾，固然会缚住知识分子的思想的翅膀，却也同时能帮助他们摆脱特定的思维窠臼，在某种意义上甚至可以说，现代知识分子的精神发展，正是以他的内心矛盾作为动力的，他什么时候能够正视自己的这种矛盾，他什么时候也就迈出了精神发展的又一步。可惜的是，许多人都做不到这一点，他们有的是因为糊涂，更多的是出于怯懦，非但不去探究自己的精神矛盾，反要竭力扮出一副内心和谐、通体崭新的姿态来。应该说，鲁迅也是多少沾染过这样的毛病的，当陷入严重的精神矛盾的时候，他是那样痛苦，就说明他还不能真正冷静地对待这些矛盾。如果把他公开发表的文章和写给朋友的通信对照起来读，你就更会发现，尽管他不惮于解剖自己，在他的整个一生中，他却是努力要维护自己精神世界的统一，并不愿意将内心的矛盾全露出来的。他这样做自然有一些功利的考虑，但是不是也出于某种更深刻的心理原因呢？对任何一个富于理智的知识分子来说，要坦率地承认自己是一个矛盾的人，总是件不大容易的事。

因此，看到鲁迅小说当中这两种表达方式的深刻对立，我不禁又对他生出了一种新的敬意，鲁迅毕竟是鲁迅，他固然是那个时代的一个典型的知识分子，却又能够在许多时候超越同时代人的精神局限，即便在政论性杂文的写作当中，他无法始终保持住这种超越，在他的小说创作当中，这种超越却以一种逐渐增强的趋势，愈益有力地表现了出来。你可以说这种表现还带有很大的下意识成分，它却毕竟是一个明确的证明：鲁迅不但是个敏感而深刻的人，更是个真诚和有勇气的人，中国向来就不缺乏前一种人，后一种人却是太少太少了。

从审美的角度来看，也正是鲁迅笔下这两种表达方式的明显对立，使他的小说能产生比较长久的影响。我总以为，一部小说写得好不好，主要并不看它的主题思想是不是深刻，而是看它的情感容量是不是深广，能不能使读者产生丰富的联想，使他们感觉到这部小说就像大海一样无法穷尽。由于启蒙的冲动过于急切，鲁迅不少小说的理念性都比较突出，这固然能帮助小说形成比较深刻的思想主题，却又同时会大大限制作品的情感容量。幸亏作者还有这散文化的第二种表现方式，能够把心底的积郁释放出来，向小说中输入许多直接的抒情成分，才弥补了它们在审美表达上的狭隘和单一。为什么七十年过去了，鲁迅的一些小说仍然能引起读者的共鸣？我觉得，这在很大程度上就是因为你无法用一个单一的主题去概括它们。越是那两种表达方式深刻对立的作品，对读者的感染力就越强，而那些理智成分占了压倒优势的小说，我们的印象却很容易淡薄，只要将《狂人日记》和《祝福》，与《药》和《示众》比较一下，就可以看得十分明白了。

越是看清楚鲁迅这两种创作动机的尖锐对立，我就越觉得，他那理智的启蒙意识，是很难长久地占据小说创作的头马位置的。他的苦闷太深广了，不会像那种即时性的情绪一样随风飘散；经受了理智那么长久的压抑，一旦掀开重压，流溢而出，它就只会更加汹涌，犹如海底的火山爆发，使鲁迅情感的整个洋面都晃动起来。也就是说，它是不会因为有所宣泄便趋向平缓的，它只会不断地膨胀开来，造成更大的抒情压力。何况在那样恶劣的环境，鲁迅要想保持住坚强的启蒙信念，实在也是非常困难。随着"五四"新文化运动的逐渐平息，社会黑暗日益浓厚，任何一个头脑清醒的知识分子，恐怕都会怀疑启蒙运动的实际功效。看看鲁迅1920年代中期的愤激言辞吧，他的启蒙主义的信心，简直是降到了最低点。倘说在以前那几次精神危机的时候，他的理智都还能够充当启蒙思想的最后堡垒，这一回却不同了，种种怀疑和绝望的念头，早就纷纷闯进了他的理智思维，他无力将它们拒之门外。你想想，一面是纾遣苦闷的冲动的日益高涨，一面又是启蒙意识的力不从心，无论鲁迅是否自觉，他这小说创作的两匹辕马，总免不了要互相对换一下位置。事实也正是如此，尽管在1925年以后，鲁迅仍能够写出像《长明灯》和《示众》这样具有鲜明的启蒙主题的小说，但只要细读《彷徨》集中的大部分作品，你却不难看出，那先前的呐喊的热情，是明显地减弱了许多。我们现在感受最深的，大多是另一类沉郁悲凉的情感，那纾遣苦闷的冲动，显然是占据上风了。

照理说，随着抒情冲动愈益明确地占据头马的位置，鲁迅的创作重心就应该转向散文，转向《孔乙己》那样的散文化小说，为什么他依然写小说，而且还写出了好几篇故事性很强的小说，譬如《孤独者》和《离婚》呢？

认真说起来，任何一种对人生的情绪体验，都多少包含有理性的胚芽，像鲁迅那样的苦闷情绪，尤其蕴蓄着丰富的理性暗示，一旦它们大量地进入他的艺术构思，其内蕴的这种暗示就势必会引起他理智的深切关注。如果这理智完全听命于启蒙意识，那事情倒也简单，即使它领会到了那些暗示的深刻含义，也会因为它们不对自己的胃口而置之不理。偏偏鲁迅的理智当中，早已经涌进那许多怀疑和悲观思想的精灵，它们是那样热烈地拥抱他的苦闷情绪，甚至恨不能和它融为一体。在这种情况下，鲁迅的苦闷就自然会发生变化，不再停留在模糊的情绪的阶段上，而是逐渐发展成为一系列明确的观念，不再仅仅表现为一些对人生命运的抽象的慨叹，而更是表现为一系列对启蒙主义的具体的怀疑。苦闷的类型变了，抒发它的冲动自然也要变，不再仅仅是想倾吐一些阴郁的情感印象，而更是要对这印象本身做一番深入的探究；不再单纯是一种下意识的抒情冲动，而是已经和理智混合，甚至主要就是一种理智的分析愿望了。照我的认识，一个人单只是想要抒情，那他尽可以随意挥洒，只要掌握了以物寄情的方式，任何现成的事物都可以为他所用，无须特地去虚构什么东西。可是，倘若他是打算分析什么事物，那就不一样了，他必须先虚构出一个合适的对象，让它来代表那个事物，以它来引出所有的分析，否则的话，就是有再精辟的分析也没有用，他根本就无法将它们展开来。如果我这个认识大致不错，那鲁迅的继续写小说，也就很可以理解了。他现在的创作心境，已经和写《孔乙己》的时候大不相同，那种分析的愿望非常强烈，他自然就该去编织小说故事，只有通过这样的故事，他才能创造出自己需要的分析对象来。

这是一些什么样的分析对象呢？我想特别来谈谈《孤独者》的主人公魏连殳。他简直太像鲁迅了。鲁迅自小遭受亲戚的欺负，他则是一回村即陷入族人预先排好的阵势，就是死后也没能摆脱他们的包围；鲁迅被 S 城人目为"异类"，他则是被家乡人看作"新党"，也为 S 城人所不容；鲁迅痛恨礼教而孝顺母亲，他则"常说家族应该破坏，一领薪水却一定立即寄给他的祖母，一刻也不拖延"；鲁迅相信青年必胜于老年，他则溺爱隔壁的大良兄弟："孩子总是好的，他们全是天真"；鲁迅向来亲近青年，他的客厅里则是经常坐满了形形色色的年轻访客……甚至相貌也很相像：鲁迅身材瘦小，在绍兴的时候，"头发，眉毛，胡须都非常之黑"[1]，他则是"短小瘦削"，"蓬松的头发和浓黑的须眉占了一脸的小半，只见两眼在黑气里闪光"。无论身世、遭遇，还是性情、思想，就连相貌，他都活脱脱是一个鲁迅。

我当然知道，作家用心刻画的人物身上，多少都有他自己的一点影子，但在鲁迅的小说里，与他本人如此相像的人物，魏连殳还

---

[1] 见当年绍兴府中学堂的学生宋崇厚的回忆文章：《鲁迅先生在绍兴府中学堂》，薛绥之主编：《鲁迅生平史料汇编（第一辑）》，天津人民出版社 1981 年版，第 183 页。

是头一个。像《阿Q正传》一类的作品，都是写作者眼中的麻木者，是那"围在高墙"中的他人，鲁迅还担心自己与对象过于"隔膜"，不能透彻地画出他们的灵魂。[1] 至于狂人和疯子这样的形象，虽然都程度不同地表现出作者的某种思想，这表现却多半是变了形的，是先抽象出自己的某种心绪，再设计一个场面来加以强调，这种夸张的表现方法本身，就已经在作者和这些人物之间，划出了一条分明的界限。因此，看到《孤独者》中魏连殳的形象，我的确是相当诧异，为什么在这个时候，鲁迅要改用写实的手法，来刻画一个几乎与自己一模一样的人物？

仔细想想，这其实不奇怪。当启蒙动机支配他小说创作的时候，他一心只想把自己对人生的观察结果告诉读者，自然顾不上去表现自己这个观察者；为了让读者接受他的看法，他也很自然会运用夸张和变形的方法，来制造种种醒目的效果：在他那些突出启蒙主题的小说中，我们看不到与他自己相似的形象，正是十分自然的。可现在，那启蒙的动机退开了，代之而来的是纾遣苦闷的冲动，是对启蒙主义的怀疑。在极端黑暗的时代里，知识分子对启蒙主义的怀疑，多半都是一种自我怀疑，或者是直截了当地怀疑自己够不上启蒙者的资格，或者是由看出大众的无可救药，而怀疑自己是否有必要坚持启蒙，无论直接还是间接，这怀疑最后总会返回到自身。这两种怀疑鲁迅都有。辛亥革命以后，他会陷入那样深刻的精神危机，就是因为他从对社会黑暗的深究当中，窥见了自己内心的阴影，那种对自身精神二重性的痛切感受，正构成了他当时苦闷的核心部分。但比较起来，那种对大众的昏睡的怀疑，似乎还更强

〈1〉　鲁迅：《俄文译本〈阿Q正传〉序及著者自叙传略》，《集外集》，人民文学出版社1959年版，第76页。

烈一些，从 1920 年代的断言中国人的病根在于"怯懦"，到 1930年代的以为中国从来就未曾有过"王道"，这怀疑简直可以说是陪伴了他的一生。

因此，一旦他的启蒙信心开始下降，种种深刻的自我怀疑就立刻会涌入他的艺术构思，那种在并非昏睡的愚民的包围当中，"我究竟还能够坚持多久"的深刻的疑惑，尤其会激起他一种自我分析的强烈冲动。他的创作重心也就势必要发生变化，由先前的刻画阿Q 的灵魂，转向分析自己的灵魂。不用说，既然是自我分析，用不着刻意去渲染什么东西，越是真实细致就越好，他在艺术表现的方式上，就自然会摒弃变形，专一用写实的手段了。事实上，从《故乡》开始，像《祝福》《在酒楼上》，以及那篇与《孤独者》写于同时候的《伤逝》，凡是抒情色彩比较浓厚的作品，都会有一个令人联想到作者的"我"，鲁迅对这个"我"的描写，也总是那样平实自然。魏连殳并不孤单，有前面的这些同类形象给他引路，他是必然要从鲁迅笔下走出来的。

懂得鲁迅为什么要写魏连殳，也就不难理解他为什么要那样来刻画他。既然是意在分析"我将能够坚持多久"，他就自然要全力去展示魏连殳思想和命运的发展过程。他是那样细致地描写他的精神变化，如何由先前的一味溺爱大良兄弟，变得非要他们磕头装狗叫，才肯给他们买东西；又如何由先前的慷慨好客，亲近失意人，变得越来越冷漠，竟至于怀疑来访者全是出于无聊。他更那样着力表现魏连殳的反抗的变质，如何由先前的竭力振作，继续发表令人不快的文章，变得对整个社会都感到绝望，最后自暴自弃，以自身的毁灭来向社会复仇。小说从头到尾，都是在紧张地探究主人公如何会一步步走上绝路，作者甚至还让他写了一封长信，把自己这变化的心理原因直接告诉给读者。

魏连殳的自毁是那样悲惨，作者对他的分析更是令人压抑，我相信有不少读者，都会怀疑这是不是鲁迅的自我分析。魏连殳是因为始终陷在 S 城里，才遭受这样彻底的失败，鲁迅早已经远离了家乡，他怎么可能再有魏连殳那样的命运？可实际上，这却正是鲁迅的自我分析。他的确是很早就冲出了 S 城，可北京又怎样，全中国又如何？他不是依然如魏连殳一样，陷在黑暗的重重包围之中？看看鲁迅这一时期的文章和通信吧，那屡次的谈论《工人绥惠略夫》，那对自身"鬼气"的种种分析，不都分明显出了魏连殳式的绝望吗？在骨子里，魏连殳正是鲁迅内心那"鬼气"的化身。鲁迅当然不会去当什么杜师长的顾问，但那种以自毁来报复社会的想法，却的确在他心中活跃过。[1] 人都是复杂的，尽管他实际上只能对人生做一种选择，他内心却必定产生过好几种选择的冲动。我们可以说魏连殳的选择不是鲁迅现实的选择，但你能说它不是鲁迅的一种可能的选择吗？鲁迅说："凡是人的灵魂的伟大的审问者，一定也是伟大的犯人。"[2] 这句他用来解释陀思妥耶夫斯基的话，正可以用来解释他自己。

　　真实的东西总是感人的。正因为鲁迅是以自己的灵魂作原型，即便他让魏连殳发生那么剧烈的变化，你也并不会觉得突兀，这个毁灭者的精神变形显得那样可信，你很自然就会觉得，他是必然要走上那条绝路的。大凡不可避免的事情，往往也就无可谴责，因此，读到小说中的"我"责备魏连殳"将世人看得太坏"，自造了一个独头茧，而他回答"但是，你说，那丝是怎么来的？"的时候，特别

〈1〉　鲁迅的《影的告别》，就曲折地表达了这样的想法，见《野草》。亦可参见钱理群：《心灵的探寻》。

〈2〉　鲁迅：《〈穷人〉小引》，《集外集》，人民文学出版社 1959 年版，第 93 页。

是读到他对祖母一生的描述，体味到他这描述中深深的自责的时候，我都觉得简直不能不同意他的意见，那个"我"的责备的确是太空洞了。扪心自问，倘若你处在他那样的处境，会不会也像他一样绝望呢？至少我是不敢说就一定能够避免这样的绝望的。

我觉得，正是对魏连殳精神变形的这种不可避免性的揭示，赋予了《孤独者》一种强烈地震撼人心的力量。在病态的社会里，越是深刻的心理现象，往往也越是具有病态。如果你单是指出这些现象的病态的一面，那也许很容易引起读者的情绪反应，却不大可能造成他灵魂深处的强烈震动，谁会愿意把一个仅仅是病态的心理现象，与自己联系起来呢？可《孤独者》就不同了，它不但显出了主人公精神变形的病态的一面，更显出了他这变形的深刻的一面，无可避免的一面。人心都是相通的，越是深刻的心理活动，越容易引起人的共鸣，不但鲁迅写魏连殳，同时是在写他自己，我们今天读魏连殳，也同时是在读我们自己。正是因为在下意识里，你不知不觉地就会和魏连殳站在一起，他最后的自我毁灭，才会引起你内心的强烈震动。我将永远感激鲁迅，感激他以这样的坦率和洞察力，写出了魏连殳的绝望，使我们也能够深切地体验这一种我们其实并不缺乏，却因为浅薄和怯懦而未能体验的激情。我也要感谢魏连殳，他使我一下子觉得与鲁迅接近了许多。不论鲁迅的杂文如何给人一种冷峻严厉的印象，更不论后人在他脸上涂抹多少神圣的油彩，只要一想起魏连殳，我就觉得，鲁迅仿佛就正在我们中间，也和我们一样满怀愤懑，在失望和怀疑中苦苦挣扎。

我把《孤独者》看作鲁迅最重要的作品之一，我甚至觉得，它对鲁迅小说创作的意义，要比《阿Q正传》更为重大。《阿Q正传》当然是鲁迅小说创作的一座丰碑，它代表了从《狂人日记》到《示众》的一系列作品；对阿Q精神的刻画也当然显示了作家独特的眼力和才情，就对国民性的批判而言，至今大概也没有谁能够超过他。但是，一部文学作品的价值，除了体现在寓意的是否深刻、技巧的是否精到上之外，还有一个更重要的方面，就是看它是否独特，是否表达了作者最独特的人生体验。我相信，只要是一个有才华的作家，他迟早总会形成一种唯他才有，而别人无法获得的人生体验，只有在咀嚼和表达这份体验的过程当中，他才能领悟到真正深邃的人生诗意，也才能创造出真正出色的艺术风格。

可是，那孕育《阿Q正传》的情感的母亲，那促使鲁迅去刻画阿Q的启蒙意识，却不是鲁迅独有的东西。它是那个时代，甚至一直到今天的许多知识分子共同拥有的一种情感，是时代变迁赋予好几代中国知识分子的最基本的精神品质。早在鲁迅之前，就已经有不少论者提出了改造国民性的问题；至于以文学创作来揭示中国人精神病态的作家，那数目就更多了，从鲁迅的同时代人，到1940年代以至今天的作家，我可以举出一连串名字，他们都在做着与鲁迅相同的事情，都在刻画不同时代的形形色色的阿Q。人们常说鲁迅的传统，就是批判病态国民性的传统，而《阿Q正传》，则是这个传统的代表。可实际上，真正独一无二的东西，是不可能成为传统的，只有当在身边和身后聚集了一大群同类之后，某一样事物才会成为传统的代表，因此，《阿Q正传》能够成为一种传统的代表，这本身就证明了它是在表达一种普遍的情感。在批判国民性的道路上，鲁迅并不是孤身一人，只不过由于才能的大小，其他人达不到他那个高度而已。同样，《阿Q正传》也并不是鲁迅艺术才华的最充分的体现，它那断断续续的成形方式，尤其是它内含的种种明显的不协调，似乎都表明它还缺乏足够的吸引力，能够使鲁迅全身心都沉浸入对它的构思当中，向它投入自己全部的艺术激情。

《孤独者》就不同了。产生这篇小说的那些情感冲动，那些深刻的自我怀疑，那种启蒙主义知识分子的困惑和绝望，正是鲁迅独有的情怀。尽管从"五四"开始，就一直有人刻画知识分子的精神弱点，这些刻画者却大多是抱着居高临下的态度，视那些主人公为迷途的弱者，以为他们的悲剧是可以避免的。魏连殳却不同，他并不是弱者，他的悲剧恰恰是一个不妥协的斗士的悲剧，是那种无可避免的悲剧。以今天的眼光来看，魏连殳式的悲剧自然是 20 世纪中国知识分子的一种最深刻的悲剧，像他那样的陷身重围的痛苦，那种启蒙主义者的自我怀疑，也正是中国现代知识分子的一种最深刻的人生体验，它应该为许多知识分子所知觉。可实际上，由于知识分子内在和身外的种种原因，至少在鲁迅生活的那个时代，却极少有人感受到这种痛苦，似乎唯有鲁迅才那样敏锐而持续地沉浸在这种痛苦之中。我甚至觉得，仿佛鲁迅的整个灵魂，就是造化专门安排来体验这种痛苦的，他的天性，他的身世，他成年以后的整个遭遇，都合力把他推向这种痛苦，推向深刻的自我怀疑。

　　每个时代都有天才，但这天才却并不如我们想象的那样，仅仅是一些腾云驾雾，在自己所属的时代头顶上高高飞翔的人。他们其实是一些更深地沉入自己的时代，比一般人更敏锐地倾听到时代老人的隐秘心声的人。鲁迅便是这样的天才，他的独特之处，正在于他比一般人更透彻地体会到了那个时代的悲剧意义，那种先觉者的痛苦和绝望，正构成了他内心最深刻的情感。最初就是这种情感把他引上小说创作的道路的；尽管有启蒙意识的参与，有那些激烈曲折的情感冲突，这痛苦终于还是摆脱了启蒙动机的压制，重新掌握了鲁迅小说创作的主导权。从艺术创造的角度来看，这是怎样令人兴奋的事情！鲁迅有那样出色的才华，就是表达那种普遍的启蒙意识，他也能够写出如此出色的作品，现在他顺着表达自己这份独特的人生痛苦的方向，又势将有怎样巨大的发展？如果把《孤独者》

看作一个坚实的碑座，那恐怕谁都会预料，从这里树立起来的艺术之碑，必将比《阿Q正传》更为高大。

但是，我又想起了魏连殳身边的那个"我"。小说的全部叙述都是从"我"的角度展开的，或者是直接以"我"的口气来议论魏连殳，或者是以复述"我"听来的传闻的方式来介绍他，似乎作者并不想把读者诱入身临其境的错觉，而是相反，极力突出叙述的间接性，要给你造成一种与主人公的距离感。不仅如此，他还不断地强调"我"与魏连殳的差异，不是让"我"当面批评魏连殳，就是让他在那封长信中自己承认，他与"我""终究还不是一路人"。到了小说结尾，他更让"我"在魏连殳入棺之后，感到一阵"轻松"，仿佛是挣脱了悲愤和绝望的重压。这就更加深了这篇小说的复杂性，倘说魏连殳对人生的那种不可避免的绝望情绪，正构成了小说的中心部分，从作者对"我"的描写当中，你却分明感到另一种与魏连殳截然不同的感知人生的方式，就在魏连殳以其深刻的人生体验吸引你向他靠拢的同时，这个"我"却冒出来挡在中间，拼命要把你推回原处。这是怎么回事？

在我看来，这个"我"的出现，表明了鲁迅对魏连殳的一种极其深刻的矛盾心情。我在前面说过，他当初之所以要借小说来纾遣内心苦闷，一个深层的动机，就是想恢复精神的平衡。他毕竟是一个中国人，那种不愿意失去对情绪的控制的愿望，早已经成为他一种根深蒂固的下意识本能。一般来说，所谓精神平衡，无非两种情况，或者是由一种思想或情绪完全控制你的头脑，其他的各种思想都被它牢牢地压制住；或者是由几种主要的思想或情绪，形成一种势均力敌、鼎足三分的局面，在对峙中求得平衡。鲁迅是那样一个思想复杂的人，他要求的精神的平衡，就不大可能走第一条路，而多半是取第二法。因此，倘若魏连殳式的怀疑和绝望，还仅是停留在模糊的情感阶段，又正受着启蒙思想的压制，他就尽可以放手纾遣，不必顾忌这会使笔下的世界过于阴暗。可一旦局面发生变化，心理的天平朝这一面倾斜过来，魏连殳式的绝望逐渐渗入他的理智思维，在魏连殳那个反问面前，"我"竟然无词以答，这段描写本身就说明了，作者自己也觉得单用启蒙主义的思想，并不能驳倒主人公的反诘，他就势必又产生另外一种警惕。倒不是从理智上认定魏连殳式的绝望不对头，而是相反，正因为从道理上无法否定这种绝望，他反而要担心它会冲垮自己的精神平衡。因此，越是启蒙主义的信心下降得厉害，越是看出魏连殳式的绝望不可避免，他反而越觉得这种绝望太沉重，越不敢将它承受下来。就在那绝望不可遏止地滋长膨胀的同时，另一种对这绝望的绝望也日益增强了起来。

正是这两种绝望的互相冲突，造成了鲁迅面对魏连殳时的矛盾心情：他情不自禁地要谈论《工人绥惠略夫》，却又不愿意自己也如他一样疯狂；他有满腹的"鬼气"想要发散，却又不愿意完全没入它的怀抱。不用说，也正是这两种绝望造成了魏连殳和"我"的对峙，造成了《孤独者》在抒情方式上的触目的不协调，既有对魏连殳的绝望的深刻的表现，又有对这种绝望的隐约的谴责。当然，与譬如《狂人日记》中的那种杂文与小说笔法的矛盾相比，或者与譬如《祝福》中的理念与散文化的两种表达方式的对立相比，《孤独者》的这种不协调要含蓄得多，它几乎完全隐没在人物结构和叙述角度当中，你常常需要做仔细的技巧分析，才能够将它明确地抽象出来。可也唯其如此，我就格外感觉到这种不协调的分量，对一个作家来说，还有什么比他创造的艺术形式本身的矛盾，更能够体现他的灵魂的深刻分裂呢？

事实上，类似《孤独者》这样隐没在艺术表现层次当中的不协调，在鲁迅的其他一些小说中也都可以发现。例如《伤逝》里，当讲到打击接二连三地涌来，涓生开始对子君产生不满的时候，作者写道："子君有怨色"——这"怨色"两个字，应该引出多少丰富的内容，我自然急等着要看他接下去怎样展开，谁知道他却转了笔锋，去表现涓生对"怨色"的气愤了。再比如，他几次写出涓生在走投无路的时候，会突然一下子"想到了她的死"，这又是撕开了多么令人惊心的阴暗心理的内幕？可他也没有继续深究，而是以描写涓生"即刻又自责"了的方式，顺手就把裂口缝上了。似乎一触及人性的真正脆弱的一面，刚开始露出一点对这种脆弱的感受，便立刻有一只无形的手，把鲁迅拉了回去。而照我想来，这只手显然不是别的，就是他那种害怕控制不住阴郁心境的自卫本能。

再来看《在酒楼上》里吕纬甫的长篇独白。你仔细阅读就会发现，这其实并不只是他个人的独白，它还包含着"我"对他的隐约的批评，只不过这种批评并不以插话之类的直接方式来表示，而是化身为吕纬甫的理智的自我总结。因此，看上去他是在向朋友讲述自己的经历，实际上却同时在做自我总结，尤其像"敷敷衍衍""模模糊糊"和"随随便便"这几个意思相近的概括词，更简直是在提示你，应该从这个角度去把握他。

看起来，人真是太容易害怕阴郁情绪了，就连在表现自己亲身体验到的阴郁情绪的时候，作家也常常不由自主地要去谴责它。他或许能够约束住自己，不对它做明确的道德评价，但他很难克制住那种对它做抽象概括的冲动，而只要他开始做这样的概括，甚至仅仅是暗示这样的概括，他的谴责意识就很容易混入其中，或明或暗地显露出来。从吕纬甫的长篇独白当中，我就分明感觉到了《孤独者》里的那种隐而不露的谴责意味。我甚至觉得，《在酒楼上》的整个叙事结构，也同样暗含着这种意味。为什么作者不像在《祝福》和《孤独者》中那样，用一系列具体的场面来表现主人公的一生，而偏要让吕纬甫那样发长篇大论？这也许是为了避免表现上的雷同，但我想，一个更重要的原因，恐怕还是在于他不愿意像后来对魏连殳那样，设身处地地去表现吕纬甫的内心苦闷，不愿意自己在情绪上和这个颓唐者过分亲近。划清界限的一个最简便的方法，自然就是让"我"始终站在吕纬甫的对面，充当一名呆板的听众：在叙事结构的生硬后面，还是那个下意识的自卫本能在作怪。

人要维持自己功利性的世俗生存，心理平衡是一个先决条件，鲁迅有那种不愿意失去对情绪的控制的自卫本能，正是十分自然的。但是，作家毕竟和一般人不同，他就像是有着两副头脑，既有世俗的功利意识，又有情绪性的审美冲动。倘说前者受制于具体的时空环境，只能把他造成一个凡夫俗子，一个忠于现实的公民，后者却能够超越这种限制，把他引入对人生和宇宙的无边的遐想，将他造就成一个没有国籍的世界人。大凡优秀的作家，都具有两副面孔，在日常生活和小说世界当中，他尽可以扮演完全不同的角色。因此，作家的创作心态，应该是不会惊动那蹲伏在他世俗意识深处的自卫心理的，即便他在写作时完全沉醉于某种狂热的激情，甚至忘记了自己的世俗存在，一旦他放下纸笔，回到现实，他也多半能很快就恢复常态，无需那自卫心理来从旁强制。有时候，作家在创作过程中越是忘情，情感的宣泄越是充分，他反而越容易在日常生活中维持精神的平衡，这个辩证的道理，早在几千年前就有人看出来了，我不相信鲁迅会完全不懂。可是，为什么他的自卫本能还要那样干涉他的小说创作呢？

我想，这大概就是像鲁迅这样整个意识都具有强烈的现实性，拒绝做白日梦的"现实主义"小说家的不幸了。从思维类型上说，鲁迅正是一个典型的现实主义者，在大多数时候，他的头脑中是既没有天国，也没有地狱，只认得一个现实的人间，无论想到什么东西，他都不由自主地要把它和现实联系起来看。因此，一旦他受到小说体裁的限制，把他那原本是朦胧的情感，化解为一系列明确的形象，组织成具体的故事，他就很容易会忘记它们的虚幻性。他这"现实主义"的构思能力越强，编出来的故事越逼真，他就越容易发生错觉，即便理智上明白，一到情感体验的时候，还是会经常把小说世界和现实世界混淆起来。他当初之所以要借小说来改良人生，也就是因为他相信读者会把小说当作现实的复本来读。在作家的构思和创作过程当中，理智常常并不起主要的作用，因此，一旦作家——哪怕仅仅在情感上——把小说与现实混淆起来，他那功利的平衡本能就立刻会侵入他的构思，他的世俗的人生态度，也就会不知不觉地影响他的艺术表达。这结果，就是我们在鲁迅身上多次看到过的情形：当笼统酝酿的时候，他可以深深地沉浸入自己的那些苦闷，一进入具体的构思和表达阶段，他却下意识地就要克制住自己，不愿意忘情地倾吐苦闷；他分明是被那种悲愤绝望的激情驱迫着提起笔来的，可写到半途，另一种不愿意被这激情压倒的本能，又会愈益有力地牵制住他。

我总觉得，无论一个人在世俗的生活当中多么窝囊，只要他还能够沉醉在个人的神思遐想里面，能够暂时地忘却现实，他就还没有完全被现实挤扁，他的心灵还有一点点自由，还能够保持那么一点对历史和社会的个人独立性。可是，现代中国的许多知识分子却连最后这一点心灵的自由都无法保持，现实一直逼进他们的梦里，无论思路转向何方，总会遇见那个赫然耸立的"现实"。他们思考人生的时候是如此，理解文学的时候也如此，从"文学的世界和现实的世界密切相关"的前提，他们很自然就会推导出"文学的世界就等同于现实的世界"的结论。自"五四"到今天，这种似是而非的推论在作家头脑中是那样普遍，鲁迅会有那样的错觉，实在也是很自然的。可以这么说，只要他的小说创作转入了纾遣苦闷的道路，就迟早会遇上阻碍，那个捍卫精神平衡的自卫本能，是必然要跳出来挡驾的。

鲁迅是陷在一种两难的处境里了：一方面，他不愿意再继续写《药》那样的作品，那种"强聒不舍"的呐喊，"救救孩子"的呼吁，他自己听起来也觉得过于空洞。[1]他只想继续抒发自己的内心苦闷，那是他现在最深刻的人生体验，《孤独者》只是开了一个头，他有多少痛切的感受要继续向世人吐露！可另一方面，他那维持内心平衡的世俗本能又向他提出了严重的警告：你这样把自己深深地淹在绝望情绪当中，又是为了什么呢？既然你并不打算走魏连殳那样的绝路，又何必自己绊自己的腿？绝望之于虚妄，正与希望相同，单是为了继续"绝望的抗战"，你也应该远离这《孤独者》式的抒情！一面是涌自内心深处的抒情冲动，另一面是同样来自那内心的自卫本能：他怎么办？

鲁迅是那样一个富于抒情天赋的人，魏连殳式的绝望又是那样强烈，他当然不可能一下子就从《孤独者》的道路上完全退出来。那写于《孤独者》之后一个月的《离婚》，就依然弥漫着阴郁的绝望气息，你读了之后，甚至会禁不住要打一个寒噤。至于散文诗集《野草》，更是从头到尾都贯穿着《孤独者》式的自剖，那魏连殳的精灵，可说是一直纠缠到他的晚年。但是，鲁迅毕竟更是一个始终以启蒙者自许的知识分子，即便不能一下子退出身来，那脚步却不免会犹豫起来。

---

[1] 见鲁迅：《答有恒先生》，《而已集》。在《英译本〈短篇小说选集〉自序》中，鲁迅说自己"写新的不能，写旧的又不愿"，这所谓"旧"的，便是指《狂人日记》和《药》这一类意在思想启蒙的小说。

当在《野草》里展开自我剖析的时候，他就一改其他散文——譬如《朝花夕拾》——中的那种明白如话的文字风格，写得那么晦涩，又造出那么些怪异的形象，什么影子、死火、持刃相对的裸身男女，还有过客和衰颓的老妓女：倘是粗心的读者，简直看不懂他在讲什么。似乎一到纾遣魏连殳式的痛苦，他就极力要避开各种"现实主义"的表达方式，甚至是避开各种直接的抒情方式；似乎一旦把那种痛苦具体化为现实的人和事，用直接抒情的方式表现出来，就会对他的精神平衡造成极大的冲击，他就会承受不了。

连《朝花夕拾》那样的散文笔法都要避开，他对小说创作的态度也就可想而知，《离婚》成了他的最后一篇小说，他这辆小说创作的双驾马车，几经颠簸，终于因为两匹辕马的冲突过于剧烈，而不免于倾覆。我不禁又想起前面引过的那一段话："我眼前所见的依然黑暗，有些疲倦，有些颓唐，此后能否创作，尚在不可知之数。"莫非他这"疲倦"和"颓唐"，并不单指自己的理智的信心，也同样是指内在的心理平衡，经历了那样一连串失望和怀疑的重压，这平衡已经非常脆弱，再也禁不起更多的《孤独者》的冲击了？

我似乎懂得鲁迅为什么要停止小说创作，可以解开那第二个疑问了。提不起精神也好，行动受限制也好，更不要说缺乏时间了，这些都不是鲁迅收起小说稿纸的真正原因。那个时代太黑暗了，他又太敏感、太深刻了，以致他不可避免地就会产生深刻的怀疑和绝望；他对黑暗的现实又看得太重，不但把小说创作也看成是对黑暗的直接回答，而且执意要使自己的全部回答都能成为反抗现实的战斗呐喊。因此，他不得不耗费绝大的心力来维持绝望情绪和反抗意志的平衡，不得不压制一切有可能破坏这个平衡的内心冲动——他的中止小说创作，就正是这自我压制的一个结果。

我甚至觉得，他当初会在写出《怀旧》之后搁下笔来，也就会在写出《孤独者》之后再次搁笔。在某种意义上，《孤独者》正是回到了当初写《怀旧》那样的精神起点，就那种看透了希望的渺茫，连对自己本身的价值都发生怀疑的悲观心态来讲，鲁迅的确是又回到了当年在绍兴会馆里枯坐抄碑的痛苦之中，而唯其是兜过了一个大圈子，他这痛苦是更深长了。因此，尽管可以为鲁迅的停止小说创作，列出许多具体的理由，譬如南迁东移，譬如家庭生活和社会地位的改变，以及他自己列出的那些理由，等等，我却觉得，最重要的原因，还是在于他那种强自振作，不愿意被痛苦压倒的功利本能，那种与黑暗势不两立，强要他保持精神平衡的战斗激情。

我深深地为鲁迅感到惋惜，也为中国的新文学感到悲哀。人们一直都在喟叹，说20世纪的中国没有大作家。就拿七十年来的那些富于才华的小说家来说吧，他们都能不同程度地获得一份独特的人生感受，却又似乎都无力使这份感受进一步深化。有的人要经过许多次试验和调整，才能谱出一支比较完整的旋律，这以后就精疲力竭，只能一遍遍地重复这个旋律。有的人比较幸运，一上手便能奏出一曲新颖的旋律，可以后也就每况愈下，技巧虽然圆熟了，激情却日益消退。当然，那种因为分心去维持剧场的秩序，终其一生都谱不出一曲合调的旋律的人，数目就更多了。总之，即便是那些出类拔萃的作家，也多半只能重复自己，几乎没有人能够在奏出第一首动人的旋律之后，再唱出第二首更动人的歌。有位学生对我说，无论读哪一位现代作家的小说，都不能超过十万字，倘是读最近十年的新作家，那字数怕还要减去一点：这话自然是说得刻薄了，可我仔细想想，竟也无词以答。

唯有鲁迅是例外。他不但有像《狂人日记》、《药》和《阿Q正传》那样的小说，极其深刻地解剖大众的灵魂，更有像《祝福》、

《孤独者》和《伤逝》那样的小说，同样深刻地解剖自己的灵魂。前一类小说凸显出强烈的启蒙主题，逼迫人从麻木和昏睡中惊醒，后一类小说则浸润着浓厚的疑惑和悲哀情绪，使你禁不住要对整个人生发生更大的怀疑。无论是表达的方式，还是表达的内容，这两类小说都是那样不同，你甚至可以说后者正构成了对前者的一种情感上的否定。因此，倘说《阿Q正传》是代表着鲁迅小说创作的第一乐章的辉煌的完成，那《孤独者》就无疑标志着他已经开始了第二乐章的创作，魏连殳的自毁，正是这乐章的一个动人的开端。也许我太偏执，我总以为，从整个人类社会的角度来看，在个人的各种使命当中，最重要的就是发挥他个人的独特才能。就鲁迅而言，他写杂文，直接参加政治斗争，当然是对社会的贡献，而且是很重要的贡献，但是，这贡献却是别人亦可以做的，别人做的也未必就会比他差到哪里，他能将瞿秋白的杂文署上自己的笔名发表，便是一个明显的证明。然而，却没有人能够代替他写小说，尤其是没有人能够代替他写《孤独者》。在这一方面，现代中国没有一个人的作品配得上署"鲁迅"这个名字。倘若这样来看，那鲁迅最重要的人生使命，恐怕就不在当一个"强聒不舍"的启蒙者，而在做一名悲愤深刻的小说家；不在写杂文，而在写小说，不仅是写《阿Q正传》，更是写《孤独者》。既然魏连殳式的绝望，是表现了现代中国知识分子的一份最独特也最深刻的人生情怀，那鲁迅顺着《孤独者》的方向写下去，又势将创造出怎样伟大的悲剧作品来？就对世界文学的贡献来讲，这样的悲剧至少是不会比《阿Q正传》更缺乏分量吧。

可是，这位现代中国作家中唯一有可能写出伟大作品的人，偏偏停止了小说创作，在以《孤独者》一类作品构成了那样一个坚实的碑座之后，他竟放弃了在其上继续建造艺术丰碑的努力，中国新文学的唯一一条有可能通向世界文学高峰的道路，也就因此而中途被截断，面对这样无情的事实，谁能不感到深深的悲哀？文学是属于全人类的，我们评价一个作家的标准，也只能是以世界文学作为参照。如果这样来看，我就不能不说，鲁迅是一个伟大的启蒙者，却还算不上一个伟大的小说家，尽管以他的人生体验和文学才能而言，他本来是有可能成为这样的小说家的。

1989 年 4 月，上海

《无法直面的人生——鲁迅传》韩文版自序

20 世纪快要过去了。我想已经可以这样说，在整个 20 世纪的中国作家中，无论从哪个角度看，鲁迅都是最重要的一位。也不仅是在文学的领域，就是从整个 20 世纪中国思想和文化的变迁历史来看，鲁迅的思想的重要性，也是很少有人能够相比的。在某个特别的意义上，我甚至觉得，1920 年代以后的中国人是幸运的，他们拥有鲁迅这样一位天才的作家，这样一位热忱而深刻的思想者。他的精神世界是那样丰富，几乎每一个人都能从中汲取共鸣和启示。这也就是为什么我明明知道，已经有许多人写过鲁迅的传记了，却仍然要自己动手，为他再写一部思想的传记。

倘说过去的那些鲁迅传记的作者，或者出于对鲁迅的由衷的崇敬，或者也因为深受那个所谓"革命"的时代氛围的影响，而大多致力于描写鲁迅的"革命"的一面，譬如他的乐观，他的激昂，他的自许为"无产阶级"的"战士"的姿态，等等，那么，当我在 1980 年代重新阅读鲁迅，以自己和自己这一代人的生存经验去理解他的时候，我却更多是体验到了他那深无边涯的痛苦，他那些乐观的激昂意愿的持续的受挫，他那用"战士"的自许所无法化解的沮丧和绝望。不仅如此，我愈益强烈地感觉到，只有深深地进入鲁迅的这些也许他自己都不愿完全袒露的沮丧和绝望，你才能真正懂得他那独特的"绝望的抗战"的精神，也才能真正懂得他作为一个人的伟大。在这本鲁迅传的中文版序言里，我写道："我不再像先前那样崇拜他了，但我自觉在深层的心理和情感距离上，似乎是离他越来越近，我也不再将他视作一个偶像，他分明就在我们中间，和我们一样在深重的危机中苦苦挣扎。"我想，这是把我之所以要写鲁迅传的基本的心情，都明白地说出来了。

　　当然，我也知道，即便我自以为描出了鲁迅精神中最为重要的方面，这毕竟只是他的一个方面。正如同很难想象鲁迅只是一个革命家一样，他也不可能整天紧锁眉头，陷于痛苦之中。他自己就说过，一个人倘若整天痛苦，他根本就活不了。因此，鲁迅的精神世界当中，显然还有其他一些可能同样重要的方面，至今很少有人深入去描述过，譬如他的幽默感，他的那种故意"捣乱"的兴致，等等，就似乎是他的精神遗产中尚未被我们真正继承的部分。你完全可以说，不懂得鲁迅的幽默，也就很难懂得他的精神。但是，要能理解鲁迅的幽默，首先得有适宜去领会这幽默的心情，一个已经被严峻的生活挤扁了的人，他又从哪里去获得这样的心情呢？而一旦顺着这样的思路想下去，鲁迅这一份精神遗产的长久的被湮没，也就愈益反衬出后人的精神上的可哀了。我唯愿这可哀的局面能不再长久地延续下去，因为我愿意相信，一个已经产生出鲁迅式的幽默的社会，是应该能够真正领会它，并且继续发扬它的。

　　我深深地感谢李允姬女士的出色的翻译。如果韩国的读者能通过阅读这本书而增加对于鲁迅和中国现代社会的了解，我想她会和我一样，把这视为对自己的工作的最高奖赏，而感到非常高兴的。

1997 年 4 月，东京

《鲁迅：自剖小说》导言[1]

最近这几年，我每年都会去附近的大学做几次演讲。回想起来，我讲得最多的就是鲁迅。即便有时候讲别的题目，也不断会提及他，甚至大段引用他的言论。有意思的是，我举出的那些鲁迅的言行，常常引起听众的热烈反应。有一回我讲完了，还有学生陪我走出校门，为的是继续和我讨论鲁迅。一个六十年前就已经辞世的作家，为什么还能这样强烈地吸引今天的大学生？在1960—70年代，语文教科书曾经把鲁迅描绘成一具冰冷的神像，姚文元式的御用文人更把他歪曲成一根粗暴的大棒，以致到了1980年代初，不少大学生普遍对鲁迅敬而远之。为什么进入1990年代以后，鲁迅反而重新获得了年轻人的热烈的关注呢？

任何一个对鲁迅稍有了解的人，大概都可以不假思索地说出许多原因：毕竟是1990年代了，谁还会记得那帮御用文人的"鲁迅研究"？那因此而疏远鲁迅的人的数量，自然也就会大大减少；鲁迅的文笔是那样精彩，就是今天的最自傲的作家，也得承认自己及不上他，他当然就能打动今天的读者了，只要这读者认真看过他的文字；鲁迅是一个终生反抗权势的人，他对形形色色的黑暗发出过

〈1〉《鲁迅：自剖小说》，上海文艺出版社1994年初版，列入该出版社的一套针对中学生的中国现代作家作品集。

那么多犀利的抨击，只要这黑暗尚未绝迹，他的文字就自然能继续唤起新一代读者的共鸣……还可以列出许许多多的原因，但我在这里，却想特别指出其中的一点，那就是：鲁迅对现代中国历史命运的独辟蹊径的洞察。

自从19世纪中叶，西方的资本主义、帝国主义和现代文化力量相伴着涌入中国，中国社会就不得不转离原有的历史轨道，被迫开始了追求"现代化"的艰难历程。随着这历程的日趋延伸，种种以"现代化"为最高目标的社会和历史理论、思想和文化模式，乃至生活和艺术趣味，纷纷在中国传播、萌生或膨胀开来。恰似一场连绵不断的长雨，将整个社会浇得透湿，"现代化"的意念渗入了中国人生活的各个角落，不但限定了你的视野，重新编排了你脑中的知识，还进一步规范了你的感觉，甚至直接塑造了你的欲望！既然这"现代化"是从西方开始的，那就很自然，先是西欧，接着美国，一度还有苏联，相继成了中国人心目中的"现代"典范。因此，"现代化"思潮在中国大地上一步步蔓延的过程，也就是中国人的头脑和生活一步步"西化"的过程。越是认定"西方"代表了整个人类"发展"的方向，我们还越要主动地追求这种"西化"。从胡适当年挑衅般地赞同"全盘西化"，到今日都市里的孩子们普遍以"肯德基"为第一美食，"西方化"的程度真是与日俱增，势不可挡。

照常理而言，一样东西能够所向披靡，总是因为它有特别的长处；时至今日，再要像一百年前的士大夫那样"你西方""我中华"地划分界限、拒人固己，也未免太迂腐了。但是，在充分明白中国不得不"现代化"、中国人因此必然得搬用"西方"式概念来理解自己这一几乎可以说是宿命的历史境遇的同时，我们却还应该知道事情的另外一面：这一百年来，当那些热忱、富于决断、一意孤行的改革家、启蒙知识分子和革命者用西方的标尺绘制中国社会的蓝图，并且把整个社会动员起来去实现那些蓝图的时候，当越来越多的普通民众日益习惯于依照西方的事例来理解现实、判断未来的时候，中国社会确实多次悲惨地陷入了名实不副、观念与现实严重脱节的困境。明明是美好的理想，却孕育出邪恶的实践。兴冲冲地大步奔向"现代化"，却一脚踩进了贫困、独裁和四分五裂的深渊。在"西化"的旗号后面，可能正有那早就应该灭亡的事物想要借机还魂；一旦习惯于依外来的词汇展开思想，你或许会连近在眼前的危难都看不清楚。近代以来中国社会之所以遭受重重苦难，当然有许多复杂的原因，一言难尽。但如果专就思想和精神来说，我就觉得，因为过分迷信"现代化"理论而对中国的现实发生错觉，以致在很多时候，知识界乃至整个社会不能恰当地应对自己的真实境遇，正是其中一个非常重要的原因。

正是在这里，鲁迅显出了他的独特的意义。还在青年时代，他的想法就常常和别人不一样，大家都热烈地鼓吹欧洲的科学精神，贬斥宗教意识，他却赞扬中国人崇拜自然的古老传统，更喊出"伪士当去，迷信可存"的激烈口号。[1] 新文化运动兴起以后，他撸袖研墨，撰小说，写随感，发出高亢的启蒙的呐喊，可在内心深处，他却又非常怀疑启蒙的效果，甚至怀疑整个新文化运动的基本的理论预设。到 1920 年代中期，他终于以散文诗集《野草》和一系列表现启蒙知识分子人生悲剧的短篇小说——《在酒楼上》、《伤逝》和《孤独者》，袒露出他久埋于心底的沮丧和悲哀。1930 年代初，他兴奋地加入了左翼文艺的行列，甚至声称"唯新兴的无产者才有

---

〔1〕 鲁迅：《破恶声论》，《集外集拾遗》，人民文学出版社 1959 年版，第 26 页。

将来"⁽¹⁾。可没过几年，他笔下就又开始出现"非左翼"的言论，什么"我要骗人"⁽²⁾，什么"暴露幽暗不但为欺人者所深恶，亦且为被欺者所深恶"⁽³⁾，还对一位年轻的共产党人半开玩笑地说："你们来了，还不是先杀掉我？"⁽⁴⁾

从 1920 年代中期到"抗战"之前的十年间，似乎是中国社会迈向"现代化"的黄金时期，是许许多多留洋学生投身"建国"大业的十年，是胡适和罗隆基那样的知识分子相信国家正在步入正轨的十年，也是许多信仰马克思主义的革命者创建"苏维埃"，以为"革命高潮"正在临近的十年。可是，这些在不同层面流行的意识却没有一个能够罩住鲁迅。对晚清以来的历史，对中国社会的现状，对这社会的看得见的将来，他都有自己独辟蹊径的看法。他不断从表面的繁荣底下，看出持续的荒芜和破产，从"现代"里面，发现明季和宋末的幽灵；从每每遭人轻蔑的底层民众的被动状态中，他看到了深藏的清醒和透彻，从若干新颖的旗帜、姿态和运动当中，他更觉察出向来深恶的专横和奴性。

从 1927 年开始，他逐渐形成了一个与进化论完全不同的历史判断："中国现在是一个进向大时代的时代。但这所谓大，并不一定指可以由此得生，而也可以由此得死。"⁽⁵⁾ 1933 年夏天，他更借评论"小品文"的机会，再一次重复了这个判断："但我所谓危机，

〈1〉 鲁迅：《序言》，《二心集》，人民文学出版社 1958 年版，第 3 页。

〈2〉 这是鲁迅写于 1936 年的一篇文章的题目，意思是他并不真的乐观，但因为"不爱看人们失望的样子"，所以装出乐观的样子来做事。见《且介亭杂文末编》，人民文学出版社 1958 年版，第 18 页。

〈3〉 鲁迅：《朋友》，《花边文学》，人民文学出版社 1958 年版，第 32 页。

〈4〉 陈琼芝：《为什么鲁迅没有加入共产党》，见《鲁迅研究百题》，湖南人民出版社 1981 年版，第 562 页。

〈5〉 鲁迅：《〈尘影〉题辞》，《而已集》，人民文学出版社 1958 年版，第 107 页。

也如医学上的所谓'极期'一般，是生死的分歧，能一直得到死亡，也能由此至于恢复。"[1] 这真是一个极为独特的看法，也是一个极具洞察力的看法。六十多年过去了，昔日那些风行一时的历史判断全都烟消云散，反而是鲁迅这个低调而谨慎的判断，愈益显示出它的巨大的涵盖面和解释力。

这就是鲁迅的伟大了，他总是用自己的眼睛去观察社会，总是依自己的思路来理解世事，他一生都努力学习外来的新思想，但当判断中国的现实的时候，他却显然更相信自己的眼睛。无论怎样炫目的流行思想都难以长久地蒙蔽他，当别人纷纷陷入错觉的时候，他却总是能迅速地拨开迷雾，看清楚究竟发生了什么事情。

我想，这就是鲁迅对于今日社会的重大的价值所在了。他当然是出色的作家，有伟大的人格，但对今天的中国人来说，他恐怕更是一个眼光独特、能够洞悉社会和人生真相的批判者。我们的社会正愈益深刻地陷入"全球化"的旋涡，那种不问青红皂白、一概以"现代化"的视角来理解世事的冲动，正发作得非常猛烈。越是懂得这冲动的浩大来历，我就越觉得，那种鲁迅式的特立独行的心力、智慧和洞察力，可能正是今天的中国社会所特别需要的一种品质吧。因此，我也更愿意相信，鲁迅今天之所以能获得年轻人的关注，一个很重要的原因，就在于他激发起了人们洞察世事、把握真实的强大的灵感。

不用说，鲁迅的这个特点贯穿了他的大部分文字，包括摆在你我面前的这两部小说集：《呐喊》与《彷徨》。它们包括了 25 篇作品。这些作品的水准并不一致：其中有几篇，像《一件小事》、《头发的故事》和《示众》，内容都过于单薄；另外的几篇，如《兔和

---

〔1〕 鲁迅：《小品文的危机》，《南腔北调集》，人民文学出版社 1958 年版，第 133 页。

猫》、《鸭的喜剧》和《社戏》，则应该算是散文，不必当小说读。⁽¹⁾但是，余下的却几乎篇篇是精品，值得我们仔细琢磨。既然是小说中的精品，含义就自然相当丰富，故事、人物、一段景物的描写，甚至一件器皿的摆放，都可能蕴含作者的暗示，召唤你从不同的角度去深入体会。越是好的小说，越不会只内含一种意义，在这篇简短的导言里，我就更不该越俎代庖，为读者规划进入鲁迅小说的路径。但我想提出两个建议：一是请大家仔细地读一遍《〈呐喊〉自序》，想象一下鲁迅是坐在怎样的院落里、抱着怎样的心情开始写小说的；二是请你们从头脑中暂时拂去以前读过的那些对现代中国历史和社会——包括鲁迅及其小说——的定义，无论那是来自教科书，还是别的什么地方。古人做一件重要的事情之前，常有一种"沐浴熏香"的仪式，意思是借此排除干扰，擦亮感官，使自己能更快地进入状态，更敏锐地领悟那"事情"发出的所有启示。我以为，对于阅读鲁迅的小说，也是值得这么做的。

2000 年 6 月，上海

〈1〉　在 1920 年代初期，鲁迅创作《呐喊》中的这些作品的时候，中国的现代短篇小说的创作还处在草创时期，对"短篇小说"和"散文"这两种文体的区别，当时也尚未形成公认的判断。

就鲁迅答《南方都市报》问

南方都市报：今年是鲁迅先生逝世 70 周年，寻找真实的鲁迅成为坊间的呼声。在"文革"之前，对于鲁迅的解读，带有很重的意识形态色彩，或者是斗士与旗手，或者是大棒；"文革"后，学者开始把鲁迅纳入学院派文化系统进行学术研究；而在政治系统、学院派系统之外，还有其他的鲁迅存在于民间和大众的印象中。作为研究鲁迅的学者，在您看来，鲁迅到底是怎样一个人？

王晓明：很难用一两句话来概括鲁迅。我们对他的感受会因为我们自己心绪的变化而变化。1980 年代中期，我写过一篇谈鲁迅的长文，题目是"现代中国最痛苦的灵魂"，这是我当时对他的概括。1990 年代初我写他的思想传记，书名叫"无法直面的人生"，那又是一种概括。今天，如果也要用一两句话来描述他，我愿意这样说：他是一个竭力"睁了眼看"的人，一个看得很深、很透彻，而且一定要清楚地说出所见的人，一个虽然痛苦、身心遭受很大损害，却能在大多数时候保持幽默感的人。

对这个幽默感，我要多说两句。鲁迅是一个性格活泼的人，小时候就很顽皮。但是，他能将这种活泼发展成一种特别的幽默感，并且一直保持住，却主要不是因为天性，而是因为建立了一种面对黑暗事物的精神——包括智力——的优越感，他基本上一直是居高临下地望着那些他所讽刺和抨击的对象的，说得极端一点，他经常是觉得它们太蠢笨、太粗陋，因此太可笑，构不成与自己分量相当的对手。正因为是出自这样的优越感，他的幽默感就成为一个强有力的心理因素，支撑他继续直面压抑和沉重的现实。和这鲁迅式的幽默相比，今日流行的种种搞笑的风气就可怜多了，它们背后没有精神的自信作支撑，于是就变成发泄，即那种受了压迫、感觉屈辱之后的发泄，或者变成自娱，以各种一时的快乐，减轻怎么也挥不去的生活的紧张。

南方都市报：在1980年代或之前的知识分子的主流言说中，鲁迅是反帝反封建的斗士和思想家。但到了1990年代，鲁迅研究的新思路开始明显呈现（其中不少是从1980年代开始出现的），比如钱理群以《心灵的探寻》深入鲁迅的内心世界，汪晖从西方现代存在主义哲学角度透视鲁迅，而您的研究着眼于考察、分析鲁迅生活心理和创作心理的矛盾。在这种种言说里，鲁迅由斗士变成了一个陷于孤独苦闷、在精神危机中苦苦挣扎的老头子。请问怎么理解这种研究思路的转变？怎样理解近些年文化界一些反对鲁迅、拒绝鲁迅，解构文化神话的研究文章？

王晓明：你的概括大体上是准确的。至于为什么会有这些转变，我的理解是，它们背后有一个大的社会心理和思潮的转变。1980年代是一个巨大的希望和失望交替的时代，新的变革激发了无数人，特别是青年知识分子的理想主义的热情。但唯其如此，随着"改革"的不断展开和变形，人们的挫折感和失败感也不断激化，愤激和苦闷成为那一时期的普遍心态。在这样的心态中阅读鲁迅，就很自然会被他的那些深刻的内心"鬼气"吸引，而鲁迅对这"鬼气"的压制和反抗，也就成为研究者关注的焦点。在1980年代中期以后，《野草》会得到那样广泛的讨论，正是因为讨论者从这些堪称晦涩的散文当中，清楚地读出了自己的心绪。

到了1990年代，社会心理又不同了。这似乎是一个一切都已经结束了的时代，你欢迎也好，反感也好，事情就是这样了，不会再有别的方向了，生活就这么一路下去了，而且还变本加厉，越来越厉害。在这样的情况下成长起来的新一代人，特别强烈地感觉到物质生存的压力。欲望和现实之间的巨大鸿沟，个人面对社会的强烈的渺小感，使他们不敢放纵自己的不满和悲观，而是本能地要寻找各种给自己减压的方式（例如搞笑），既是发泄，也是回避，以此减轻生活的紧张，降低向现实妥协的不安。在这样的时候，鲁迅那种犀利、尖锐的文字，自然就显得过于沉重了。当人们不愿意——或难于——正视自己生活中的严峻一面的时候，自然要躲避鲁迅。

南方都市报：1990年代以来，有学者对鲁迅的研究从心理学转入社会学角度，先是在鲁迅与左联的关系中发现矛盾，将鲁迅脱离左派，然后，对鲁迅也热爱自由的品行进行加工，将其加入了中国自由主义大家庭的谱系，还有学者抬高胡适贬低鲁迅，请问您怎样看待这种现象？怎样看待在左派与自由主义之争中的鲁迅解读？

王晓明：从历史上看，鲁迅并非孤身一人，他有思想、志趣和学术上的师承，也始终和不同类型的同时代人合作、争论、一起做事、分道扬镳。正是在这样的多重关系中，鲁迅形成了自己独特而丰富的精神气质，也给后人留下了可以从多方面阐释的空间。如果这样来看，1990年代初以来研究界对鲁迅思想的多向解释，如果做得好，能因此形成不同见解的有深度的分歧，那是非常有意义的。因为这不但是在解读鲁迅，也同时是在解读他那个时代，更是在解读他的时代和我们这个时代之间的深刻的关联。

但是，从现有的情况来看，这样的局面还没有出现。说实话，除了一些接近于贴标签的做法之外，我还没有看到对鲁迅思想的新的较为深入的分析。从"自由主义"的角度也好，从别的什么主义或者"派"的角度也好，我都没有看到能令人眼睛一亮的新成果。[1]

2006 年 10 月，上海

〔1〕　在这段答问后面，记者还问了一个问题："当下的中国正处于转型期，资本主义的全球化正以巨大的力量在改造着社会和人，在这种语境下，纪念鲁迅具有什么现实意义？今天的人们应该怎样纪念鲁迅？"我对这个问题的回答与本书附录（《〈鲁迅：自剖小说〉导言》）中的相关段落大同小异，故删去。

"当代学术" 第一辑

美的历程
李泽厚著

中国古代思想史论
李泽厚著

古代宗教与伦理
儒家思想的根源
陈 来著

从爵本位到官本位（增补本）
秦汉官僚品位结构研究
阎步克

天朝的崩溃（修订版）
鸦片战争再研究
茅海建著

晚清的士人与世相（增订本）
杨国强著

傅斯年
中国近代历史与政治中的个体生命
王汎森著

法律与文学
以中国传统戏剧为材料
苏 力著

刺桐城
滨海中国的地方与世界
王铭铭著

第一哲学的支点
赵汀阳著

生活 · 讀書 · 新知 三联书店 刊行

生活·讀書·新知 三联书店 刊行